公共社会学

[1] リスク・市民社会・公共性

盛山和夫・上野千鶴子・武川正吾──［編］

東京大学出版会

PUBLIC SOCIOLOGY 1
Risk, Citizenship, and Publicness
Kazuo SEIYAMA, Chizuko UENO,
and Shogo TAKEGAWA, Editors
University of Tokyo Press, 2012
ISBN 978-4-13-050177-4

まえがき

　本シリーズは，東京大学社会学研究室が10年近くにわたって取り組んできた共同研究の成果をまとめたものである．共同研究といってもそれほど緊密な組織化をとったのではなくて，それぞれの教員が抱えている専門的な研究テーマをゆるやかに結びあわせる形で展開したものであった．ただ，研究室としての共同研究を遂行することが，たんに1つの研究室やその成員たち自身のためだけではなくて，社会学そのものにとって重要で意義あるものになるだろうという認識は，わたしたちのあいだで一致していた．

　この共同研究の一環として，2004年度から2007年度にかけて，「ジェンダー，福祉，環境，および多元主義に関する公共性の社会学的総合研究」（基盤研究（A）研究代表者・上野千鶴子）という課題名の文部科学省科学研究費補助金の交付をうけて，いくつかの調査研究を実施した．その成果も取り入れられている．

　このタイトルに現れているように，わたしたちの研究は，今日の社会学の実態を反映して，一方ではさまざまに異なる多様な領域に広がっているものの，同時に，そこには共通に「公共性」という理念で表されるような問題関心がともに抱かれていた．そこから自然に，この共同研究を総称しかつその学問的特徴を表現するものとして「公共社会学」という名称を掲げることがふさわしいと考えるようになったのである．ある意味で「公共社会学」という語は，社会学がもともと持っていた実践的でありながら理念的な研究志向を学問的に表しており，社会学の特性を再確認させる意義を担っているように思われる．

　むろん，本シリーズはその学問的実践の第一歩を踏み出しただけである．公共社会学の内実は，さらにこれからの研究によって深められなければならないだろう．

　本シリーズを企画し，各執筆者に協力をお願いしてからずいぶんと時間が経ってしまった．3人の編者のうちの2人もが，すでに東京大学を退職している．

この間，刊行の遅れにじっと我慢していただいた執筆者の方々には深くお詫びして感謝申し上げたい．

　最後に，東京大学出版会の宗司光治氏には，企画の当初から刊行に向けた作業に一緒に取り組んでいただいた．その懇切かつ辛抱強いサポートと助力に，心からの感謝と御礼を申し上げる．

　2012 年 6 月

盛 山 和 夫
上 野 千 鶴 子
武 川 正 吾

目次

まえがき　i

序　現代の危機と公共社会学という視座──盛山 和夫　1

I　公共社会学の理論

1　公共社会学とは何か──盛山 和夫　11
1　なぜ公共社会学か　11
2　社会学における「外的視点」問題　16
3　公共社会学の理論構想　21

2　公共性の歴史的転換──佐藤 健二　31
1　問いかけとしての「公共圏」と「市民社会」　31
2　「市民＋社会」で捉えようとしたものの歴史的地層　33
3　ことばの「身体性」と「社会性」　42

3　信頼と社会関係資本──瀧川 裕貴　51
コールマンの分析的公共社会学
1　コールマン社会理論における2つの規範理論　52
2　交換理論の基本枠組み　54
3　権利に関する合意はいかにして可能か　55
4　権利の合意理論から社会関係資本の理論へ　60

5　結論――コールマン公共社会学の可能性　66

4　システム合理性の公共社会学 ―――――三谷　武司　71
　ルーマン理論の規範性

　1　規範主義からの距離化　71
　2　機能主義における方法と理論　73
　3　システム合理性という評価概念　79
　4　経験科学と規範科学の分断状況の克服という問題軸　82

5　責任の社会学 ―――――――――――――常松　淳　87
　自然主義的アプローチをめぐって

　1　はじめに　87
　2　責任と2つの自然主義　88
　3　神経科学による道徳的直観"批判"　90
　4　もう1つの"自然"――処罰欲求と進化論　96
　5　責任の社会学と自然主義　99

II　市民社会の公共性

6　〈実践知〉としての公共性 ―――――――似田貝香門　107
　阪神・淡路大震災の自立支援

　1　自立支援と市民社会　107
　2　1960–70年代の住民運動の「公共性」の実践的-理論的視点　108
　3　1990年代以降の〈公共性〉の実践的-理論的視点　112

7 市民的公共性と芸術 ──────────── 宮本　直美　123
市民社会における再現前的公共性

1 ハーバーマスにおける芸術と公共圏　123
2 再現前的公共性と芸術　125
3 交響曲における2つの公共性　128
4 芸術の自律性と公共性　131

8 多民族社会における高等教育の公共性
マレーシアにおける国家と民間 ──────────── 吉野　耕作　139

1 ポスト複合社会としてのマレーシア　139
2 高等教育とエスニック間の調整　140
3 民間の高等教育の拡大とエスニック・ディバイド　144
4 グローバル資本主義・マルチエスニシティ・イスラム　149

9 世俗社会における宗教と公共性 ──────────── 飯島　祐介　157
ハーバーマスの宗教論をめぐって

1 問題の所在　157
2 宗教の公共的役割の再構想／哲学的立場の再構築　158
3 宗教に学ぶ姿勢　161
4 民主政治のアクターとしての宗教　164
5 開かれた中立性の困難／合理化論の困難　167

10 現代中国における儒学的公共性 ──────────── 李　永晶　175

1 公共性という現代中国への視座　175
2 現代中国における公共性原理の構造転換　177
3 1990年代以降の中国における儒学の社会化と政治化　180
4 儒学的公共性の構造　183

5 課題としての儒学的公共性へ　186

III　テクノサイエンス・リスクのゆくえ

11　テクノサイエンス・リスクと知的公共財
　　　　　　　　　　　　　　　　　　　　　松本三和夫　193

1 問題設定——個人の肩入れと公共性　193
2 公共財としての科学技術——知的公共財のジレンマ　195
3 公共社会学と反公共財の悲劇——知的公共財のジレンマのあらわれ方　198
4 テクノサイエンス・リスクの社会学的含意　207

12　原子力発電所をめぐる公共性と地域性
　　　　　　　　　　　　　　　　　　　　　寿楽　浩太　213

1 はじめに：等閑視される「公共性」——原子力発電所立地問題　213
2 「民意」を軸にした事態の変容
　　——新潟県巻町における原子力発電所立地中止事例　214
3 住民投票の意義——公共性の復権？　218
4 実質的な意思決定と法制度上の意思決定の位相のずれ——既成事実化批判　219
5 技術の特性に対する予断と公共性——法制度設計への影響と公共的討議　222
6 まとめ：エネルギー施設立地の意思決定の課題——公共性の真の復権とは　225

13　ダイオキシン論争の分析　　　　　　　　　定松　淳　233
政治性に対する政治的な批判を越えて

1 問題設定　233
2 リスク論者によるダイオキシン対策批判　235
3 ダイオキシン研究者によるリスク比較　236

    4 ダイオキシン研究におけるリスク評価の潮流　238
    5 それぞれのリスク比較の違い　240
    6 リスク論者によるダイオキシンのリスク評価　241
    7 ダイオキシンのリスクの捉え方の違い　243
    8 考　察　244
    9 結　論　246

14 環境問題における批判的科学ネットワーク
　　長良川河口堰問題の1970年代と1990年代─────立石　裕二　251

    1 環境運動と科学の関係の両義性　252
    2 長良川河口堰問題とは何か　253
    3 専門への限定と争点への限定　255
    4 科学と環境運動の間の距離　255
    5 重なり合う科学と環境運動　258
    6 批判的科学ネットワークと環境問題における公共性　261

序　現代の危機と公共社会学という視座

盛山　和夫

現代的危機を前にして

　東日本大震災と福島第一原発の事故は人びとにはかりしれない災厄をもたらした．多くの命が失われただけではなく，多くの地域社会が生活の基盤を奪われてしまった．

　このまさに未曾有の事態を前にして，自然科学はもとより，社会科学，人文学を含む学問全体の社会的意義があらためて問われているように思われてならない．アカデミズムに何ができるかが問われているというだけではない．災厄のかなりの部分は，アカデミズムが深く関与する形で発生したとも考えられるのである．

　かつてドイツの社会学者U.ベックは，環境問題，反原発運動，反核運動などがヨーロッパで盛り上がった1980年代に，現代の科学技術文明に潜む問題を「リスク社会」という概念でとらえた．彼の「リスク社会論」には，「リスク社会」概念の曖昧さに加えて，独特の階級社会論や個人化論などが絡み合っていて批判も少なくないのだが，ここで提示された「リスク社会」という概念には，現代社会の直面している「危機」のある構造的な特性が示唆されていたとみることができなくもない．

　たとえば，ベックの議論には取り上げられていないが，「福祉社会の持続可能性」という問題がある．第2次大戦後，先進諸国ではどこでも「福祉社会化」が進展した．年金，医療を中心とする社会保障制度が整備され，老後の生活保障への支援や病気治療にかかる個人負担の軽減など，われわれの生活にはめざましい恩恵がもたらされた．「社会保障」という名の通り，「個人的なリスク」に対する備えが，政府の責任において制度化されていったのである．それはそ

れぞれの国の国民に圧倒的に支持された政策で,「福祉社会」ないしそれに類似した社会理念に疑問をはさむ人はほとんどいなかった．アメリカでさえ，ジョンソン政権の「偉大な社会」構想には大きな支持があったのである．

　ところが，今日，すべての先進諸国において，福祉制度は巨大な負担として重くのしかかっている．

　奇しくも東日本大震災が勃発した 2011 年の春ごろから，ギリシャに端を発するユーロ経済圏の危機が世界経済に深刻な影響をもたらしてきているが，その問題の（全部ではないが）大きな要因の 1 つは，それぞれの国におけるいわば（あえて，誤解を覚悟で表現すれば）「充実しすぎた」福祉制度である．グローバルにみた場合，福島第一原発の事故も世界中の人びとと政府に重大な不安と懸念を引き起こしたが，ユーロ危機はそれ以上に現実的で甚大な被害を世界中に巻き起こす危険をはらんでいる．実際，南欧諸国の失業率は常識的に考えて耐え難いほどの高さに達しており，その数字の背後には，何百万人あるいは何千万人という多数の人びとが「働く場がない」という悲惨な境遇におかれているのである．

　あるいは，数年前にさかのぼって，リーマン・ショックがもたらした世界への災厄を考えてもいい．それは，局所的にはたんなる一民間金融機関の破綻に過ぎなかった．リーマン・ブラザーズの社員は職を失うかもしれないが，世界の 70 億の人びとからすれば何十万分の一にしかならない．しかし，その破綻によって，日本の工場でそれまで順調に働いていた多くの人たちが突然職を失い，日比谷公園のテントで寝泊まりしなければならなくなるという事態が生じたのである．

　これは，地震や津波のような自然災害ではなく，明らかに社会的な災害である．むろん，2008 年の金融危機がなぜ引き起こされたか，誰に責任や原因があるのか，どうすれば防ぐことができたのか，という問題は簡単に答えがあるわけではない．しかし，ある一国内の一部の人びとへの住宅ローンの破綻が，世界中を巻き込んだ深刻な経済危機に拡大し，数年以上にもわたって世界の人びとの生活を脅かしているというのは，厳然たる事実である．

　リーマン・ショックやユーロ危機はまた，金融システムという問題だけではなく，今日のグローバル化した世界が抱える問題の複雑さと新しさを浮き彫り

にしているといえる．貨幣（といっても，実際にはコンピュータ内の電子情報だが）が世界を動き回るだけではなく，物もサービスも情報も人びとも，そしてむろん放射能を帯びた大気や震災がれきも世界を動き回っている．かつては国民国家というシステム内だけを考えればよかったと思われていたような問題が，もはやそうではなくなっている．失業問題も，経済成長も，したがって福祉制度の持続性も，純粋にはけっして一国家内で解決しうるものではなくなってしまった．

ここには，現代社会が作り上げた「システム」自体がはらむ「制御可能性問題」が現れていると考えられるのではないだろうか．

社会の再帰性と三次元的視座

福祉社会にしても，現代金融制度にしても，基本的には人びとの生活の保障や経済取引の効率性など，公共的な利益の増進をめざした制度である．にもかかわらず，それが人びとの生活を脅かし，今日の危機を作り出している．

この構図は，かねてより科学技術の領域では周知のことであった．「環境問題」とは，自然界にもともと存在していた問題のことではなく，公害，環境汚染，地球温暖化など，人間自身によって作り出された問題のことである．そこでは，「核兵器」や「原子力発電所」に代表されるように，最先端の科学技術の粋を結集して作り上げられたものの社会的な意味が問われている．それらに限らず，環境問題の背後には，生活の利便性や生産の効率性をめざした人間の活動がある．そしてそこには，アカデミズムにおける科学的研究も深く関与しているのである．

生命倫理にも似た構図がある．生命を救い，病気を治療しようとして発展してきた医療技術が，生殖技術や延命治療の発達を通じて，それまで人類に存在しなかった新しい問題を生み出してしまった．そうした分野に関わる研究や技術開発には，法律などによる一定の規制がかけられてはいるけれども，十分な合意が確立されているわけではないし，いつ新たな問題が生み出されるとも限らない．

自然科学のそうした展開と同じように，今日見られる福祉社会の成立には，それぞれの国においてさまざまな分野の社会科学者とその研究が積極的に関与

してきた．充実した社会保障制度の構築に寄与することは，社会科学者にとって大きな使命であり社会的責務だと考えられてきた．また，現代金融制度や金融技術の構築には，ノーベル賞を受賞したような最先端の金融工学の成果が活かされている．

しかし，いまやそうして作り上げられた諸制度自体が，社会に危機をもたらしているのである．

現代社会を取り巻いているさまざまな諸問題は，人間社会の営みが作り出したものがわれわれ自身に跳ね返ってくるという再帰性 (reflexivity) を大きな特徴としている．「リスク社会」という概念がとらえようとしたのも，この特性であった．

私には，この再帰性の問題構図には，社会学として取り組むべき重要な課題が存在しているように思われる．それをここでは，社会問題に対する視点ないしアプローチにおける「三次元的視座」という言葉を用いて説明してみたい．この言葉は，「一次元的視座」や「二次元的視座」と対立するものとして考えられている．

まず，「一次元的視座」という言葉で，社会の問題を単なる「管理，制御の対象」とみなし，それに対しては「科学技術やそれに基づく合理的な政府の政策」が適切に対処しうる，という見方をさすことができる．こうした視点のもちかたは，啓蒙主義にはじまり近代化論や社会工学，社会システム論さらには未来学などの学問的諸潮流に広く共有されてきた．そこでは，管理・制御の対象である「社会」と，管理・制御の主体である学知および政府 (官僚) とは，「制御されるもの」と「制御するもの」として完全に分離されていた．

近代国民国家が法制度や教育制度を確立し，鉄道・道路・港湾を建設して経済を発展させ，さらに社会保障制度を整備していった過程は，この一次元的視座によって主導されたといっていいだろう．それを中心的に担ったのは啓蒙官僚たちであるが，かれらはアカデミズムと密接に連携していたのである．

その構図に反旗を翻したのが，社会理論における「二次元的視座」であった．それには，一次元的視座と密接に結びついている諸問題を「管理社会」「生活世界の植民地化」として批判し，その背景にある (とされる)「道具的理性」や「科学主義・実証主義」などに取って代わる社会認識の方法を模索していったさ

まざまな社会理論や思想の試みが含まれる．そこでは，既成秩序に潜む亀裂や対立を明るみに出し，一次元的視座によってもたらされる抑圧，差別，権力などからの解放と，より根源的な人間的自由の回復とがめざされてきた．その延長上で，国民国家やジェンダー秩序など，それまで自明視されてきた社会観が根底から批判されるに至ったことは周知のとおりである．

　二次元的視座は，社会と学知との分離を乗り越えようとしており，社会的世界の構築性を明らかにすると同時に，それまでの社会理論において「客観的」と見なされてきた事柄の「自文化中心主義性」を鋭く告発してきた．1970年代以降の社会学および隣接領域の広範な学問分野において，もしかすると己の存立基盤さえも掘り崩しかねないほど，自らの「客観性」への痛切でラディカルな懐疑と自己批判が展開されてきたのは，そのためである．まさに「脱構築」がはかられてきたのである．

　しかし，この二次元的視座には重大な欠陥がある．それは，一次元的視座に対する真に有効な代替選択肢の提示に失敗しているということである．一次元的視座は，超越的な視点からではあれ，とにもかくにも何らかの形で「社会を秩序づけること」を自らの任務としてきた．二次元的視座はその超越性を解体することには成功した．しかし，「では，対象としての社会に対して超越するのではない視点において，いかにして社会の秩序づけに参画しうるか」について，満足しうる構想を提示できていないのである．

公共社会学の視座と課題

　今日の社会において生起している深刻な諸問題は，運営・制御の単なる対象だとは見なすことができない性質をもっている．なぜなら，問題の根幹にあるのは，政策や学知によって作り出された制度やテクノロジーそのものだからである．そして，そこで生み出された問題を制御するのも，結局のところは政府であり，政府はやはり学知をあてにせざるをえないだろう．ここには，問題を生み出すものがいかにして自らをうまく制御できるかというパラドクシカルな状況がある．これがまさに「制御可能性」問題の根源をなしているのではないか．

　1990年くらいから，「市民社会論」という名の試みが，「国家」が「社会」を

運営・制御するという構図に対する批判的理念として登場してきた．直接的なきっかけは，ソ連型社会主義圏の解体に伴うそれまでの国家主義的社会理論からの決別であった．それに，やはり国家主導的な福祉社会への疑問も加わっている．市民社会の理念は，究極において，国家のような一次元的視座にたつ超越的主体を否定しつつ，なおかつ単なる批判的解体に終始する二次元的視座にとどまるのではないかたちで，いかにして市民たち自らの手でよき社会秩序を構築していくかという問題関心に導かれている．

似たような問題意識は，J. ロールズの『正義論』(Rawls, 1971) を契機として発展していったリベラリズムやリバタリアニズムなどの現代正義論にも共有されている．ここでは，個人の自由，自律，責任などのキー概念を基盤にして，国家や政府によっても侵すことのできない価値を擁護し保証することがめざされたのである．

市民社会論や正義論がどこまで成功しているかについては，当然，検討の余地がたくさんある．それらをそのまま受け入れる必要はまったくない．しかし，ここには，「三次元的視座」とでもいうべき学知の展開が試みられているということは，強調していいだろう．脱構築主義的議論が展開されていた傍らで，社会の新しい秩序づけの構想が探求されていったのである．

そこで「社会学」である．1970年代以降の社会学は，それまでの近代主義的で機能主義的な主流派理論の軛から，いかにして自らを解き放つかを大きなテーマとして展開されてきた．そこでは，現実社会における差別や格差や不公正などの秩序の亀裂が鋭く明るみに出され，告発されてきた．それはそれで重要な探求であったことは間違いない．

しかし，もともとの社会学の出自を訪ねれば，伝統的にある種の「三次元性」とでもいうべき学問特性が備わっていたことに気づかされるのである．たとえば，かのA. コントは「社会の再組織化」という課題を担う実証的学問として「社会学」の名称を創始したのであるが，それは，神学や啓蒙主義のような一次元的視座への批判を基盤にしていた．そのしばらく後のG. ジンメル，E. デュルケム，M. ヴェーバーらは，進行しつつあった産業化を目の前にして，その意味を問い直すという課題を担う学問として「社会学」を構築していった．それから以後，社会学にとっての中心課題は，産業化や近代化という巨大な変化の

中で，社会の秩序なかんずく人びとの共同性はいかにして可能であるかという問いであった．

　こうした探求を通じて，社会学に備わっていったのが「社会の再帰性」への関心である．ベックらの『再帰的近代化』(Beck, Giddens and Lash, 1994) では近代の特性として強調されているが，もともと，社会は意味世界として再帰的に構成されている．というのも，社会を構成しているのは人びとの「思念」であり，なかんずくその共同性なのであるが，各人の思念の共同性は，それぞれのふるまいを媒介とする再帰的 (reflexive) で相互的なプロセスを通じて支え合われているからである (盛山, 1995, 2011 参照)．

　社会の再帰性を前提にするとき，リベラリズムのような超越的な正義論の試みはけっして有効ではないだろう．なぜなら，個人にとっての価値自体が構築されたものであり，したがってそれを「不可侵のもの」として絶対視することはできないからである．

　日本語の「公共性」という言葉は，「正義」概念が孕むそうした問題を乗り越えて，社会の秩序がめざすべきより適切な理念を表現しようとするものとして用いられている．むろん，「公共性とは何か」について簡単に答えが見つかるわけではない．しかし，社会学という学問の立場から，よりよい社会秩序のあり方を探求しようとする営みにふさわしいのはやはり「公共性」の語で表される理念になる．そして，その探求を担う社会学が「公共社会学」なのである．

　公共社会学は，三次元的視座に立って社会の問題にアプローチしようとする．むろん，その方法がすでに確立しているわけではない．しかし，政策や学知が埋め込まれた社会制度が作り出す危機の構造を解明することを，重要な課題として引き受けるものである．

　もともと社会学は，現代の危機問題はもとより，現存の秩序に潜むさまざまな亀裂を中心に，社会の再帰的構造を明らかにしていくことを通じて，よりよい秩序の構想に寄与することをめざす学問であった．その意味で，社会学はデフォルトとして「公共社会学」であるといえる．ただ，これまで社会学の特性をそのようにとらえることは稀であった．そこで，その点をあえて強調し，そうした探求を自覚的に担うものとしてここで「公共社会学」という名称を掲げるのである．

本シリーズ2巻のうち，本巻は社会学と公共性に関する理論的考察のほか，市民社会論と科学技術のリスク問題とに焦点をあてた諸論考を収録した．第2巻では，福祉社会と少子高齢化に焦点をあてて，公共性という理念の可能性を探求している．合わせて，現代社会の再帰的な危機に関する社会学からの新しい取り組みの第一歩としたい．

【文献】

Beck, Ulrich, 1986, *Riskogesellshaft: Auf dem Weg in eine andere Modern*, Suhrkamp Verlag（東廉・伊藤美登里訳，1998，『危険社会――新しい近代への道』法政大学出版局）．

Beck, Ulrich, Anthony Giddens and Scott Lash, 1994, *Reflexive Modernization: Politics, Tradition and Aethetics in the Modern Social Order,* Polity Press（松尾精文・小幡正敏・叶堂隆三訳，1997，『再帰的近代化――近現代の社会秩序における政治，伝統，美的原理』而立書房）．

Rawls, John, 1971, *A Theory of Justice,* Harvard University Press（川本隆史・福間聡・神島裕子訳，2010，『正義論』[改訂版]紀伊國屋書店）．

盛山和夫，1995，『制度論の構図』創文社．

盛山和夫，2011，『社会学とは何か』ミネルヴァ書房．

I 公共社会学の理論

1 公共社会学とは何か

盛山　和夫

1　なぜ公共社会学か

Public Sociology への反響

　今日，世界の社会学者たちが盛んに公共社会学 Public Sociology について語っている[1]．きっかけは，M. ビュラウォイによる2004年のアメリカ社会学会会長講演であった (Burawoy, 2005)．彼は2008年の日本社会学会大会にも招かれて，短いながら身ぶり手ぶりを交えた話し方が大変印象的な講演を行った．
　ビュラウォイの提唱した Public Sociology が多くの社会学者に関心をもたれたのは，必ずしもその特徴的な講演パフォーマンスのせいばかりではないだろう．明らかに，今日の社会学が直面している深刻な問題状況についての共通の関心を広範に呼び覚ましたのである．その問題状況とは，外的には，隣接する他の学問と比べて，社会学という学問の意義と魅力がアピールできていないことであり，内的には，社会学のアイデンティティが拡散して学問共同体が解体の危険にさらされているのではないかということである．実際，真正面から論じられることは稀であるものの，さまざまな国際的な学会や専門誌の場で，今日の社会学の危機や混迷に言及されることは少なくない．ビュラウォイの Public Sociology は必ずしもこの危機への直接的な応答ではないが，この問題意識に訴えかけるものであった．
　ただし，ここで考えている「公共社会学」は決してビュラウォイのいう Public Sociology にならったものではない．意味も大きく異なっている．ビュラウォイの Public Sociology は「公衆への発信」だけに焦点があって，社会学の学問

的な中身への問題関心が欠けている．公衆への発信，言い換えれば社会の公共的な討議の場に向けて発信することは当然重要なことだが，ビュラウォイ流だと単に社会学が社会運動に参加するだけになりかねない．

公共社会学の概念は，むしろ J. ロールズを中心とする現代公共哲学の問題関心に密接に関連している．ロールズは，異なる境遇や文化や利害関心を持つ人々からなる多元的社会において，自由で平等な市民たちが自発的に社会的協働に参加しうるための公正さの条件を「正義」の概念によって探求した（Rawls, 1971, 1993）．「正義」概念には社会を司法的にとらえる視点，つまり裁判で判決を下すかのように「正 - 不正」を識別しようとする視点がつきまとっていてやや問題だが，ロールズによって，個人道徳とは別に「社会制度の徳」とは何かを明示的に探求する学問が「正義論」ないし「公共哲学」として確立したのである（盛山，2006b）．

したがって，「公共社会学」も基本的に「社会制度や社会秩序の望ましいあり方を探求する社会学」のことを意味している．むろん，こう言っただけではとくに目新しいことはあまりない．社会についての研究や研究者で，そうした問題関心から始まっていないものはないだろう．もともと，社会学そのものがこの意味での公共社会学以外の何ものでもないと言っていい．わざわざ「公共社会学」などと言い立てる必要はないように見える．

しかし，それではなぜビュラウォイの Public Sociology が世界中の社会学者から大きな反響を呼んだのだろうか．それはたんに，社会学に公衆への発信が不足しているという問題のせいではない．明らかにこの背景にあるのは，今日の社会学の深刻な危機意識である．そして，まさにこの危機意識への応答として「公共社会学」は構想されるのである．

社会学の危機

率直に言って，今日の社会学はきわめて深刻な学問的危機にさらされている．それはまず第 1 に，信頼しうる教科書の不在から明らかだ．むろん，A. ギデンズのもの（Giddens, 1997）をはじめとして，国際的に定評のある教科書がないわけではない．日本でも最近，長谷川公一ら（2007）のような工夫を凝らしたよい教科書が出版された．しかしこれらに共通して言えるのは，そこに記され

ているのがほとんど既存の社会学的諸研究と諸概念の紹介であって，統一的な理論枠組は言うに及ばず，個別的なレベルでの理論命題の提示さえもが見られないということである．つまり，こうした社会学の教科書が示しているのは，これまで社会学はこれこれの研究を行ってきましたという学史的事実だけであって，現象を理解したり説明したりするために共有すべき学問的知識が何であるかはほとんど示されていないのである．

　第2に，社会学とはどんな学問であるかについての理解の共有がますます乏しくなっている．これはかつてR. アロン（Aron, 1965）が「一人一人の社会学者がなにを社会学の現状と考え，現段階の真理と考えるか」は異なっていると述べたように，社会学の伝統的事実なのだが，社会学とは何かについて一定のコンセンサスがなければ，学問共同体は成り立たないし，学問としての発展の方向性は見失われる．これがますます悪化している．この点は，現在の社会学の教科書に見られる「社会学の定義」でも明らかである．たとえばギデンズは社会学を「人間の形づくる社会生活や集団，社会を研究し，社会的存在としてのわれわれ自身の行動を研究対象とする」ものとしてしか定義していない．J. J. マキオニスとK. プラマーの教科書では，単に「人間社会の体系的研究」（Macionis and Plummer, 2005）としか言っていない．これらは，社会学者のあいだで抱かれているさまざまな概念化からその共通部分を取りだしたようなものだとも言えるが，まったく意味をなしていない．こうした定義だと一般的な「social studies」と何ら変わらないのである．これでは社会学のアイデンティティは解体するばかりだ．

　第3は，まさにこれと関連して，社会学に対する他の学問分野からの蔑視ともいえる冷ややかな視線がある．物理学者のR. P. ファインマンによる悪口はよく知られているが[2]，経済学などの隣接分野からは「調査屋」というイメージを持たれている．むろん，ギデンズ，P. ブルデュー，あるいはN. ルーマンのような社会学者，あるいはJ. ハーバーマスやM. フーコーのような社会学的な思想家など，個別的にはその仕事が社会学を超えてよく知られている個人はいる．日本国内でもそうだ．しかし，それらはあくまでそれぞれの個人的達成として知られているのであって，社会学という学問分野のイメージやその向上には結びついていない．

第4に，社会学的研究の「拡散」と「分離独立化」がある．かつては社会学の一部を構成していたともいえるマスコミ研究，社会心理学，あるいは社会福祉学などが独立した学問領域として発展していったのはやむをえないだろうが，今日では別のタイプの拡散が進行しつつある．たとえば地域研究である．社会学者として出発した研究者が個別の地域社会をフィールドとして専門的研究を深めていくにしたがって，研究成果の発表や研究交流の場が次第に社会学とは無関係なものになっていく．同様の事態は，労働社会学，産業社会学のほか，スポーツ社会学，余暇研究，メディア研究など，多くの分野で進行している．

　こうした拡散化が生じる原因ははっきりしている．それは，社会学という学問が具体的な研究を進める上での基盤となるものを備給することに失敗しているということだ．つまり，理論枠組，概念，用語などのほか，研究の方向性，目的・理念において，社会学から提供されるものが少ないかほとんどないために，具体的なフィールドの専門的研究者にとって，社会学に立ち戻って他のフィールドの研究者や理論家と交流する意義が薄いということである．要は，本来であれば社会学を構成しているはずの広範な専門領域にとって，社会学という学問共同体にとどまり続けることに魅力を感じるような新しい展開が極めて乏しい，ということにほかならない．

　ここには今日の社会学における危機の深刻さが如実に表れている．結局のところ，今日の社会学の共同性は，M. ヴェーバーや E. デュルケム，あるいは T. パーソンズ，R. K. マートン，A. シュッツくらいまでの「共通の先祖」を持つということによってしか成立していないと言っても過言ではない．したがって，社会学の研究領域から，個別分野はますます離脱していって，過去の理論に関する「学説研究」のウェイトだけが高まっていく．学説研究はいわば，かつての文化的栄華の香りを後世に残し伝えていくという役割を担った，和歌における冷泉家のように貴重な存在ではあるが，新しい創造を通じての求心力があるわけではない．この深刻で根深い危機からの脱却，すなわち，新しい創造を通じての社会学の学問共同体の再生，これこそが，あえて「公共」の語を冠した「公共社会学」の構想を通じてめざそうとしていることなのである．

21 世紀型社会問題と社会学

　その一方で，今日の社会が直面している現代的な諸問題の解決という課題にとって，社会学に期待しうるものは決して小さくはない．実際，個々の問題領域においては，社会学的研究がすでに大きな役割を果たしつつある．たとえば，格差・階層，貧困，介護・医療，子育て，家族・ジェンダー，教育など，従来から社会学の主要研究領域であったところでは，数多くの研究者がそこに生じている新しい問題の構造を解明し，よりよい解決の方向性を探求するという課題に取り組んでいる．

　さらに，現代社会が直面している問題の多くは，社会の仕組みの奥深い構造変動と密接に関連している．まず，近代社会を特徴づけてきたさまざまな枠組や秩序原理への信頼が衰退し，見直しを求められつつある．家族しかり，国民国家しかり，そして産業文明そのものがそうである．そのうえ，それまでほとんど誰も予測していなかったような新しい問題群が1970年代以降出現した．たとえば少子化である．それ以前は基本的に「人口増加」が問題であったものが，突如として「人口減少」が問題になった．あるいは温暖化を中心とする地球環境問題もそうである．さらには，医療や生命科学の発達によって生じたさまざまな生命倫理問題もまったく新しい．

　少子高齢化，人口，社会保障，環境，リスク，グローバリズムなどは，「21世紀型社会問題群」を構成している．そして，これらの諸問題の「新しさ」は，その解決に向けての取り組みそのものにおける新しさ，つまり社会の秩序構想の新たな構築を要請しているのだと見ることができる．

　実際，すでにさまざまな社会学的研究がこれら21世紀型社会問題に向けて行われている．いわば「秩序構想の学としての社会学」という本来的な課題に応えようとしているのである．ただし，今日，先の「社会学とは何か」への答え方から明らかなように，「秩序構想の学」というアイデンティティが提示されることはほとんどない．

　「公共社会学」の構想がめざしているのは，一方において，21世紀型社会問題群への社会学的な取り組みの実践と整備を通じて秩序構想の学としての社会学を自覚的に再構築し，他方において，それによって社会学の学問共同体としてのアイデンティティと責任を回復することにほかならない．

2　社会学における「外的視点」問題

秩序構想の学からの撤退

　21世紀型社会問題に応えようとする，といっても，話はそう簡単ではない．ただし，その理由は問題が難しいからではなく，社会学という学問そのものの本来的な事情にある．

　社会学がもともと秩序構想の学として出発したことは，A. コントとH. スペンサーのほか，W. G. サムナー，L. F. ウォード，あるいはA. W. スモールらアメリカ社会学の創立をになった人々が「社会学」の名において何をめざしていたかを考えれば明らかだ．それは端的に言って，政治革命と産業革命によって生じた社会的混乱を，社会についての実証科学を打ちたてることによって克服しようとする学問運動だった．この系譜はF. テニエス，デュルケム，C. H. クーリー，G. H. ミード，シカゴ学派，パーソンズ，あるいは今日，リベラリズムに対抗するコミュニタリアンの一角を占めるR. ベラー，A. エチオーニ，P. セルズニックらに脈々と受けつがれている．フランクフルト学派やハーバーマスも例外ではない．もともと，マルクス主義自体がそうした意味での秩序構想の学だったのである．

　ここには，科学的で実証的であることによってこそ，よりよい秩序構想を提示することができるという大前提があった．1970年代以前に，これに明示的に（あるいは表面的に）異を唱えていたのはヴェーバーだけだと言ってよい．20世紀初頭の知識界は，G. E. ムーアの「自然主義的誤謬」，ヴェーバーの「価値自由」（Weber, 1904），あるいはH. ケルゼンの「法実証主義」（Kelsen, 1945）など，「事実／価値二分法」テーゼの確立をめざす動きの方がむしろ主流だったのだが，社会学は全体としてその動向を，無視はしないまでも軽視するかたちで成り立っていたのである[3]．

　ところが，この幸福な無知のまどろみは，1968年を軸とする思想革命ないし知的構造変動によって根底的に揺るがされ，打ち破られてしまった．「実証的な秩序構想」というものには「自文化中心主義」がつきまとって離れないのだということに，人々が気づいていったのである．変動はそれ以前から始まってい

た．1963 年に H. ベッカーの *Outsiders* でレイベリング論が登場し，1966 年には社会学的構築主義の嚆矢というべき P. バーガーと T. ルックマンの *The Social Construction of Reality* が現れている．これらは，人々にとっては自明で客観的なものに見える規範や制度が，そのじつ，人々自身によっていわば恣意的に構築されたものであることを明らかにしたのだが，それは「客観的に正しい制度的秩序とは何か」を探求しようとする秩序構想そのものの客観性を脅かすものであった．ほぼ同じ時期に，フランスでは，C. レヴィ＝ストロース，フーコー，あるいは J. デリダたちによって，もって回った晦渋なレトリックのなかで，歴史意識の自文化中心性，正常と異常の社会的構築性，そして，客観的だと見なされていた諸カテゴリーの形而上学性などが指摘されつつあった．つまりは，コントが構想した，社会についての実証的な科学などというものは，実際のところ，実証的な客観性という外見によって，差別や抑圧に満ちた不当な秩序を隠蔽するだけのものだ，という告発がなされていったのである．

　アメリカにおいて 1968 年からの学生叛乱とヤング・ラディカルズたちの社会学観を代表したのが，A. W. グールドナーの *The Coming Crisis of Western Sociology* で，その標的となったのがパーソンズ社会学だった．パーソンズ社会学は，単に 1950 年代から 60 年代にかけての社会学の知的権威であったというだけではない．それこそまさに「リベラルなアメリカ社会」という理念を唱導する秩序構想の学としての社会学であった．そして学生たちは，その普遍的に正しく見える理念の中に，ベトナムへの軍事介入を正当化し，環境破壊をもたらし，女性や少数民族の抑圧を覆い隠すものが潜んでいると感じとったのである[4]．

　秩序構想の学というプロジェクトは，実証性と規範性との結合から成り立っている．社会についての実証的な解明こそが，規範的に正しい秩序のための基盤を与えてくれる，という展望である．しかし，これまで客観的に正しいとされてきた秩序の根拠のなさが明らかになってくると，いかなる実証的事実がいかにしてどのような秩序構想を根拠づけるかの理路が見失われ，そもそもそうした理路なるものが存在しうるかが疑わしくなってくる．こうして，1968 年以降の社会学は，長らく忘却していたヴェーバーの「事実／価値の二分法」テーゼ，すなわち，「社会学は人に何を意欲すべきかを教えることはできない」に立

ち返ることになってしまった．

客観主義戦略としての外的視点

それ以来，社会学はひたすら外的視点に立った経験主義に徹することで，客観的な学問たろうとしてきた[5]．「外的視点」とは，対象である社会的世界から距離をおいて外部観察者としてみる視点である．もともと社会的世界は意味秩序からなっている．規範や制度は，意味秩序にしたがって人々のふるまいやモノを構成し，解釈し，秩序づけることによって成り立っている（盛山，1995）．そうした意味秩序に肯定的にであれ否定的にであれコミットするのは「内的視点」である．日常生活者として，人は誰でも内的視点を生きている．たとえば，大学で講義をし，試験の答案を採点して教務に報告する社会学者は，大学人としての内的視点，シュッツ風にいえば自然的態度を生きているのである．

しかしそれをあえて括弧にくくり，そこに存在している意味秩序を外部から観察するというアプローチこそが，社会学の方法だとみなされるようになった．これは，現象学的エポケーあるいはE. ゴフマンの役割距離を学問の方法としたとも言える[6]．

外的視点と経験主義との結びつきは，エスノメソドロジーと社会問題の構築主義においてよりはっきりと見ることができる．エスノメソドロジーという言葉は，もともと日常生活者が社会学者に負けず劣らず社会学的概念を構築しつつ日常的世界を秩序づけているさまを分析する研究としての名称であったが，しだいに自らを日常生活者の概念世界とは異なる「客観的」な地平に立って行う研究だと位置づけるようになった．その方法としてとられたのが会話分析である．エスノメソドロジーの観点からは，会話こそは，人々が日常生活を秩序づけているしかたについての最も直接的で紛れのない経験的な資料なのである．このため，会話はニュアンスやイントネーションや途切れや重なりなどを含めてできるだけ「正確」に記録されなければならない．その「正確な記録」へのこだわりは，通常の素朴実証主義的な社会調査をはるかに凌ぐものだが，そこには，経験的な方法こそが客観的な認識への唯一の道だという信念がある．

社会問題の構築主義は，周知のように，「社会問題」をいかにして客観的なレベルで同定できるかという問題に直面し，一部の論者たちは「クレイム申し立

て」という行為でもって同定できるという解決策を示した．ここには，社会学者自身は何が社会問題であるかの評価的な判定を下さなくても，当事者たちの「クレイム申し立て」を「経験的」に同定すればいい，という判断がある．

しかし，この経験主義戦略を突きつめていくと，一般的に「何がXという社会現象であるかは，『日常生活者たちが，何がXという社会現象だと考えているか』によって同定される」ということになる．たとえば，「国家とは何か」という社会学的問いは，「人々が，何が国家だと考えているか」に帰着される．あるいは，「階級とは何か」も「人々が，何が階級だと考えているか」を解明すればいい，ということになる．これによって，社会学者は「対象世界へのコミットメントの危険」を免れることができる．しかし，その一方で，この経験主義戦略が，社会学がこれまで重要な研究課題だと見なしてきた多くのものを手放すことになるのは明らかである．

一部には，社会学の本来的な内部性の主張，つまり社会学的営為それ自体が社会的世界に埋め込まれ，その一要素にすぎず，そこから結局は抜け出すことはできないと考える人もいる．一時期の「社会学の社会学」や「レトリックとしての社会学」がそうである．これは，社会学に限らず，より一般的に「科学」そのものの「社会内在性」を指摘する科学論，つまり，P.ファイヤーアーベントに代表される構築主義的，ポストモダン的科学観と気脈を通じている．

また内部性を自覚しつつも，K.マンハイムの言う「浮遊する知識人」と似て，日常生活者の内的視点からは距離をとって，既存の秩序を自由に相対化しうるような視点に立つのが社会学だ，という見方も有力だ．これを代表するのが脱構築系の論理に依拠する人々で，たとえばS.サイドマン（Seidman, 1992）は，系譜学的社会分析と局所的ナラティブによって「人びとを拘束している本質主義やアイデンティティから解放すること」を社会学の使命だと考えている．日本の入門的な社会学書の多くが，しばしば「常識を疑うこと」「新しい視点で見ること」「斜めに見ること」が社会学の特徴だと書いているのも，ほぼ同じスタンスに立っていると言えるだろう．

他方，ルーマンの社会学は，構築主義的経験主義や脱構築とは異なる独自の理論戦略で脱内的視点をめざしたものだ．ルーマンの「システム」の特徴は，コミュニケーションを要素とし，作動において閉鎖的であり，自己準拠的であ

り，パラドクシカルなものを含みつつも脱パラドックス化が可能で，オートポイエティックである．これはじつは，社会的意味世界のシステムを外側から記述したものにほかならない．セカンド・オーダーの観察とかパラドックスというのは，境界のないところに境界を設け，根拠のないところに根拠を想定し，秩序のないところに秩序を見出したり構築したりしている社会的意味秩序の性質そのものなのである．

　こうしたルーマンのシステム論は，意味世界を外的視点から記述していこうとする理論戦略を表している．これには，疑いもなく，数多くの有意義な示唆やアイディアが含まれてはいるが，次の点で重大な欠陥をもっていると思われる．それは第1に，システム論という形での外的視点は，社会的世界の当事者たちの主観的意味を外側からいわば形式的に捉えるだけにとどまるので，結局は意味的世界の内部に分け入ることができないという点，そして第2には，まさにそのために，「当事者たちの主観的意味」という経験的レファレントから切り離されてしまうので，ルーマン理論が学問共同体の共有財産になりにくいという点である．

　ハーバーマスはルーマンのシステム理論について，それは「データへの意味理解的な接近と，行為主体がその中で自己自身を理解する［中略］意味連関の再構成とを，ともに禁じる」(Habermas and Luhmann, 1971: 訳226) と批判しているが，その通りであろう．

　社会学の危機は，社会学の本来的な性質に根ざしている．もともと実証性に基盤をおいた規範的社会構想の学として出発した社会学であったが，1968年以降のポストモダン的思潮の荒波をうけて，自らに潜む自文化中心主義性をいかにして脱却するかという潔癖症的自己懐疑にはまり込んでしまったのである．アイデンティティが拡散し見失われていくなかで，多くの社会学者たちは，思い思いに切り取った社会的世界の部分領域をひたすら克明に記述していくことでもって，学問を実践していると考えるようになった．しかしそれは，社会学の解体でしかない．たんなる「社会や人間集団の研究」では，学問共同体にはなりえないのである．

3 公共社会学の理論構想

規範的社会学研究はいかにして可能か

社会学のアイデンティティは再構築されなければならない．それは，社会学を秩序構想の学として再定義し，この自己定義にふさわしい諸概念と諸理論の発展に取り組むことである．ただし，このためには克服しなければならない次の課題が存在している．

(1) いかにして自文化中心主義に陥ることなしに，秩序構想の学が成立しうるか．
(2) 社会学はいかなる秩序を構想すべきなのか．

以下，この2点について解説しよう．

まず重要なことは，内的視点性と自文化中心主義とを区別することである．内的視点性は避けられない．けれども，自文化中心主義は，たとえ完全ではないにしても，自覚的に克服をめざすことができる．そして，その克服への志向こそが秩序構想と即応する．

したがって，内的視点に立ちながら，自文化中心主義を克服しようとする志向がもつ理念的価値が求められる．私はそこにまずもって「共同性」という価値を想定することが適切だと考える．共同性とは，G. ジンメルにおける「社会化」（Simmel, 1908），デュルケムにおける「連帯」，あるいは多くの社会学者によって使われてきた「結合」や「統合」の概念にほぼ対応する理念である．ただし，現代における規範的な社会学にとっては，かつてのように単に「現存する共同性」を見出すことにとどまるのではなく，「よりよい共同性」を探求することが重要である．

ここで，「共同性」という理念が，そもそも社会学に限らずすべての学問に共通する基底的な価値であることに注意しておきたい．

どんな分野のどんな学問であれ，いやしくも学問だという自意識を持つ営みは，普遍的に妥当する知識に志向している．ここには，知識の中身における共

同性と，その探求プロセスにおける共同性との二重の共同性が関わっている．中身の共同性については，自然科学と文化・社会科学とで若干の違いがある．純粋な経験科学としての自然科学の場合には，いかなる文化からも独立している経験的世界の存在が前提されるので，それについての知識の「普遍性」は，そうした客観的経験的世界との関係つまり「真理性」に帰着させることができる．

しかし，意味からなる社会的世界についての知識の場合には，純粋な意味で「経験的な真理」を想定することができない．なぜなら，社会的世界はまさに文化そのものであって，文化から独立した存在ではありえないからである．にもかかわらず，学問としての文化・社会科学は依然として「誰にとっても妥当しうる知識」に志向している．それを「共同性」と呼ぶことができる．

普遍的に妥当しうる知識への探求という共同目標を抱く人びとの間での共同性こそが，学問共同体を成立させる．これは宗教とも共通する面であるが，次の点で決定的に異なる．それは，少なくとも近代的な学問の場合，「いかなる知識が共通に妥当しうるか」を共通に判定しようとするプロセスの中に，「批判」と「討議」を不可欠な要素として組み込んでいることである（ちなみに，これがハーバーマスの討議倫理学のモデルになっている）．つまり，批判と討議を通じて共同に共有すべき知識を探求するのが学問というものだ．

学問共同体をその理想レベルで考えると，共同性の理念の1つのモデルを提供しているといえるだろう．学問共同体は，知的誠実性や真理への奉仕のような道徳規範，学会や専門誌における協働と競争，それに大学，研究資金，政府などのさまざまな制度や機関によって秩序づけられている．不当な差別の禁止，権力的支配の排除，少数意見の尊重などといった諸理念は，一般の社会に劣らず重要である．つまり，共同性の秩序構想は学問共同体における日常的で実践的な課題なのである．真理を権力に帰着させたがるポストモダン科学論（盛山，2000参照）に反して，実際の学問世界はもっと真面目に共同の価値を探求している共同体である．

共同性の学としての社会学

学問世界を超えた一般的な社会について，「共同性」のありようを経験的およ

び規範的に探求するものとして，社会学を捉えなおすことができる（盛山，2011）．

　社会科学一般をみれば，じつはすでにそうした「共同性」に志向して展開されているのである．たとえば経済学は，市場メカニズムの効率性や財の分配における人々の厚生のレベルなどを基準とした規範的探求に従事しているが，効率性や厚生は「共同性」の1つの側面を構成している．政治学もまた，政治権力や政治的決定のしくみのあるべき姿という側面での共同性を規範的に探求しているといえる．

　そうしたなかで，ひとり社会学だけが自文化中心主義嫌悪症に罹っているのは奇妙なことだ．これには，経済学や政治学と違って，社会学が「社会全体」や「ミクロなレベルでの不当な秩序」をテーマにしたために，内的‐外的の区分に敏感にならざるを得なかったという事情があるだろうが，もはや潔癖症からは脱却すべきである．外的視点という不可能なことを追求するのではなく，共同性の理念を内的視点から探求する学というアイデンティティを再確立すべき時にきている（もっとも，社会学の探求すべき共同性は，経済学や政治学のそれとは当然異なるだろう）．

　社会学が共同性についての学問だということは，誰もがうすうすとは知っていることであるし，時には明示的にそう主張されたりしてきたことである．社会学は共同性という価値に志向した秩序構想の学である[7]．これは，社会学の成立当初からそうであった．

　たとえば，M. シェーラーをはじめとする現象学的社会学が「いかにして（独我論の否定としての）共同主観性は成立するか」を問題にし続けたことはよく知られている．これは，もっとも基礎的なレベルでの共同性すなわち「通約可能性」「理解可能性」あるいは「コミュニケーション可能性」の成立根拠を探求したものであった．

　自文化中心主義への自己懐疑に陥っている今日の社会学においても，基本的には変わりはない．たとえば1970年代以降，共同性に強く志向した研究領域として，ジェンダー，エスニシティ，障害者などに関わるマイノリティ研究がある．なぜなら，それらの研究は，社会的世界に現存する差別や権力的支配や排除の構造を解明することに熱心に取り組んできたのであるが，それはまさに

「共同性の破れ」を検証することにほかならなかったからである．あるいは，1970年代以降に登場した環境社会学とは，環境問題という一見自然科学的な問題に潜む社会的共同性の危機と回復をテーマとするものである．

ところでいうまでもないが，「共同性」の理念には危うさや曖昧さがつきまとっている．

第1に，共同性の探求はややもすると既存の共同体の再生や強化を考えるだけに終わってしまう危険がある．現代リベラリズムとの対比においてコミュニタリアンの議論がそうした傾向を持つことは否めない[8]．戦前日本の農村社会学が，地主・小作等の階層対立よりはむしろ村落共同体における結合の論理に眼を奪われたことも事実である．つまり，共同性の探求はしばしば「現状維持」や「閉鎖性」に帰着してしまう．

第2に，社会学におけるこれまでの探求はどちらかといえば「既存の秩序の中にある共同性を経験的に同定すること」に重点を置いてきた．先ほどの戦前期の農村社会学がそうであるが，ほかにも，市場的貨幣経済のもとでの共同性を強調したジンメル，近代的個人主義の中に共同性を発見しようとしたデュルケム，あるいは移民街とそこに住む不良青年グループにおける秩序を詳細に記述した『ストリート・コーナー・ソサエティ』（Whyte, 1943）や生産効率性実験のなかに労働者集団のインフォーマルな共同性を発見した「ホーソン実験」など，枚挙にいとまがない．これらは一部で思われているほどには現実の社会が個的でも利己主義的でも無秩序でもないことを発見したのであるが，結果として，既存の秩序に対して無批判的になる面がないわけではない．

このように，共同性の探求が既存秩序の正当化に帰着する傾向が少なくなかったということが，1970年代以降の社会学における自己懐疑の1つの大きな要因だったとも言えるだろう．この点は反省されなければならない．しかしこれは共同性の探求に必然的なことではない．われわれはいつでも，既存の探求を批判し，そこにおける共同性の中身を規範的に問題にすることができる．

したがって，共同性の探求は単に現にある共同性を確認することに終わるのではなく，「よりよい共同性とは何か」「それはいかにして可能か」を探求するものでなければならない．このことは，共同性をそれより上位にある価値理念から評価することを意味する．そうした価値を表す言葉としてふさわしいのが

「公共性」である．先に述べたように，現代リベラリズムは異なる文化や利害を超えて妥当すべき社会的な価値を「正義」の概念によって探求してきたが，その基礎づけ主義的な形而上学性を取り除いたものとして「公共性」という価値理念を立てることができるのである．

公共性とは共同性が持つべき価値である．ただし，「公共性」にもある種の胡散臭さがつきまとっていることについて，一言述べておかなければならない[9]．これまで，日本語の「公共」はしばしば，(1)「公共事業」のように，政府や自治体が行う事業や制度をさすための形容詞として，あるいは(2)「公共の福祉」や「公共精神」のように，なにか誰もが尊重すべき価値や心的態度を漠然と言いあらわすための言葉として使われてきた．こうした使い方の中に，実際には個別的な利害であるものを覆い隠したり，人びとの自由や尊厳を抑圧したりする働きがあることは事実である．つまり，「公共」という名において，現実には「公共性」にもとる政策や制度が「正当化される」という事態が起こっているのである．このため，「公共」という言葉が現れるときは眉に唾をつけて聞こうという批判的態度にとどまらず，そもそも「普遍的に誰にとっても利益であるもの」としての「公共性」なるものが存在しうるか，という疑いを持つ論者は少なくない．

こうした懐疑には十分な理由がある．

しかし，公共性に限らず，正義や共同性，あるいは神や仏でさえ，「実際に提示されるもの」は常に不完全で偏りを伴うものだ．「経験的に提示される理念の不完全さ」は否定できない．そのことは，「科学的な真理」や「理性」についても明らかである．

重要なのは次の点である．すなわち，「そうした不完全さや偏りにもかかわらず，われわれは何らかの共同の価値や理念を想定することによってのみ，社会を成立されることができる」のであり，「想定するに値するよりよい共同の価値や理念」としての「公共性」を探求することには意味があるのだ，ということである．

公共社会学の構想

先に述べたように，社会学はもともと共同性の理念を追求する秩序構想の学

であった．決して社会集団や人間関係についてのたんなる経験科学ではない．そして，1970年代以降におけるタテマエ的な外的視点化の傾向にもかかわらず，社会学の実践は常によりよい共同性としての公共性への問題関心によって支えられてきた．

近年，こうした社会学の底流を最もよく表面に浮かび上がらせているのが，社会関係資本と信頼についての研究である．もっとも，社会関係資本の概念がブルデューによって使われ始めた際には，それは文化資本や象徴権力と同様に，個人的利害の追求において活用されうる社会関係資源のことを意味していた．つまり，どちらかといえば共同性に反するような階層的秩序の再生産に寄与するものであった．

Social capital の語を，むしろ共同性の増大に資するものの意味で用いたのはJ. コールマン（Coleman, 1990）であり，それを大々的に広めたのが政治学者R. パトナム（Putnam, 1994, 2000）であった．コールマンは，合理的な個人の前提から出発しながら，いかにして規範や信頼のような公共財としての社会関係資本が生成されるかを探求し，パトナムはイタリアにおける州政治の機能水準についての実証的な比較検討を通じて，州間の違いの背後には人々の間での市民的共同性や信頼という社会関係資本の充実度の差があると指摘したのであった．

もともと，パーソンズ的統合（Parsons, 1951）が解体した1970年代以降の社会学における多様な模索のなかに，個人的合理性を仮定した上で，いかにして社会的ジレンマの解消や規範生成が可能かを数理的に探求する一群の試みが存在してきた．これは，G. C. ホマンズやP. ブラウの交換理論によって媒介されつつも，ジンメルの「社会はいかにして可能か」という問いや，パーソンズの「秩序問題」（Parsons, 1937）を継承しており，共同性への明示的な社会学的探求の復興運動であるともいえる．ロールズの『正義論』（Rawls, 1971）とそれに続く現代リベラリズムもまた，社会学とは異なるアプローチをとりながらも，広い意味で「秩序問題」への取り組みである（その証拠に，コミュニタリアンと呼ばれる理論家たちに多くの社会学者が含まれている）．コールマンの『社会理論の基礎』にはそうした社会学と公共哲学における秩序問題へのアプローチが反映されている．

いうまでもなく，コールマン理論や社会関係資本論は，今日の社会学におけ

る規範理論的探求のほんの一角を占めるに過ぎない．それに，コールマンやパトナムの方法や前提には，批判的な検討が必要である．しかし，次のことは明白で疑いえないことに思える．すなわち，社会学はすでにジェンダー，エスニシティ，マイノリティ，環境，科学技術，福祉，少子高齢化，社会的不平等など，さまざまな新旧の社会的問題に取り組むなかで，それぞれのやり方において，新しい共同性を規範理論的に探求しているのである．

「公共社会学」というのは，そうした社会学の実践についての自覚的な名称であるにすぎない．

1) *The British Journal of Sociology* 誌の 2005 年 Vol. 56, issue 3 や *Critical Sociology* 誌の 2005 年 Vol. 31, issue 3 などで，特集が組まれている．なお，ビュラウォイに先だって，Agger (2000) が「public issue に向けて発信する」という意味で Public Sociology の語を用いている．
2) R. P. ファインマン『ご冗談でしょう，ファインマンさん』（大貫昌子訳，岩波現代文庫）下，178–179 頁．ここでファインマンは，1950 年頃，「平等の道徳性」についての学際的な会議でのある社会学者が報告した論文について，次のように述べている．「読んでいるうち，僕の目玉は飛び出しそうになってきた．とにかくいくら読んでも，いったい何を言おうとしているのか，てんでつかみどころがないのだ」．そこで，一つ一つの文を何回も読み直して翻訳してみた．「こうして翻訳してみると，実に内容のからっぽな文章ばかりだ．『人はときどきものを読む．人はときどきラジオを聴く』などというようなことしか書いていないのに，いかにもご大層な，もってまわった書き方がしてある」と．
3) 清水 (1972) がこの二分法に不満だったのはよく知られているが，これは社会学者の一般的な気分を表しているといえるだろう．なお社会学とは別に，最近では哲学者の Searle (1969, 1995) や Putnam (2002) などが「事実／価値の二分法」に異を唱えているが，それについては別稿で論じたいと思う．
4) パーソンズは Parsons (1965) にみられるように，決して保守的ではなくリベラルな思想家であった．しかし，その社会体系論が「共有価値による統合」を前提にしているという理論構成 (Parsons, 1951) と，アメリカ社会の共有価値（とみなしたもの）を高く評価するという姿勢 (Parsons, 1971) とから，アメリカの現状に批判的な人たちからみれば，「保守」としか映らなかったのである．
5) もっとも，社会学が経験科学だという自己認識は，コント以来のものだ．しかし，コントやデュルケムに明白なように，その経験主義は秩序構想の学という自己認識と一体のもので，それゆえに，1970 年代以降の「自文化中心主義嫌悪症」からの批判をまねくことになるのである．
6) 当事者の主観的意味世界と観察者（社会学者）の意味世界を分離させ，前者に対して後者が外的な視点に立つという位置づけのしかたは，もともとヴェーバーの理解社

会学 (Weber, 1921) に根ざしており,シュッツ (Schütz, 1932, 1973) によって明確に示されたといえる.
7) ここで,「社会学は社会現象を人間の生活の共同という視角から研究する社会科学である」と定義した青井 (1993) の炯眼は指摘しておかなければならない.
8) コミュニタリアンの議論については,それぞれの論者の著作をご覧いただくのがいいが,とりあえずは盛山 (2006b) を参照.
9) 公共性の理念への関心は日本の社会学者のあいだで高まっているが (長谷川, 2000;橋爪, 2000; 土場, 2006 など),必ずしも独自の理論が展開されているとは言い難い.

【文献】
Agger, Ben, 2000, *Public Sociology*, Rowman & Littlefield.
青井和夫,1993,「社会学」森岡清美・塩原勉・本間康平編『新社会学辞典』有斐閣,pp. 599-602.
Aron, Raymond, 1965, *Main Currents in Sociological Thought*, Basic Books (北川隆吉ほか訳,1974,『社会学的思考の流れⅠ』法政大学出版局).
Becker, Howard S., 1963, *Outsiders*, New York: Free Press (村上直之訳,1978,『アウトサイダーズ』新泉社).
Berger, Peter L. and Hansfried Kellner, 1981, *Sociology Reinterpreted: An Essay on Methods and Vocation*, Anchor Press (森下伸也訳,1987,『社会学再考——方法としての解釈』新曜社).
Burawoy, Michael, 2005, "For Public Sociology," *American Sociological Review*, 70 (1): 4-28.
Coleman, James S., 1990, *Foundations of Social Theory*, Cambridge: The Belknap Press of Harvard University Press (久慈武利監訳,2004-2006,『社会理論の基礎』(上・下) 青木書店).
土場学,2006,「公共性と共同性のあいだ——公共性の社会学の可能性」『応用社会学研究』48,立教大学社会学部.
Durkheim, Emile, 1895, *Les règles de la méthode sociologique*, Paris: Presses Universitaires de France (宮島喬訳,1978,『社会学的方法の規準』岩波書店).
Garfinkel, Harold, 1967, *Studies in Ethnomethodology*, Cambridge: Polity Press.
Giddens, Anthony, 1997, *Sociology*, 3rd edition, Polity Press (松尾精文ほか訳,1998,『社会学』[改訂第3版] 而立書房).
Gouldner, Alvin W., 1970, *The Coming Crisis of Western Sociology*, New York: Basic Books (岡田直之ほか訳,1978,『社会学の再生を求めて』新曜社).
Habermas, Jürgen and Niklas Luhmann, 1971, *Theorie-Diskussion theorie der Gesellschaft oder Socilatechnologie*, Frankfurt: Suhrkamp Verlag (佐藤嘉一・山口節郎・藤沢賢一郎訳,1984-1987,『批判理論と社会システム理論』(上・下) 木鐸社).
長谷川公一,2000,「共同性と公共性の現代的位相」『社会学評論』50 (4): 436-450.
長谷川公一・浜日出夫・藤村正之・町村敬志,2007,『社会学』有斐閣.
橋爪大三郎,2000,「公共性とは何か」『社会学評論』50 (4): 451-463.

Kelsen, H., 1945, *General Theory of Law and State*, Russell & Russel（尾吹善人訳，1991，『法と国家の一般理論』木鐸社）．
Luhmann, Niklas, 1984, *Soziale Systeme: Grundriß einer allgemeinen Theorie*, Frankfurt: Suhrkamp（佐藤勉監訳，1993，『社会システム理論』（上）恒星社厚生閣）．
Macionis, John J. and Ken Plummer, 2005, *Sociology: A Global Introduction*, 3rd ed., Pearson Education Limited.
Mills, C. Wright, 1959, *The Sociological Imagination*, Oxford University Press（鈴木広訳，1965，『社会学的想像力』紀伊國屋書店）．
Parsons, Talcott, 1937, *The Structure of Social Action*（稲上毅・厚東洋輔訳，1974–1989，『社会的行為の構造』（1–5）木鐸社）．
Parsons, Talcott, 1951, *The Social System*, New York: The Free Press（佐藤勉訳，1974，『社会体系論』青木書店）．
Parsons, Talcott, 1965, "Full Citizenship for the Negro American?" *Daedalus*, November. Reprinted in *Politics and Social Structure*, Free Press, 1969（新明正道監訳，1973–1974，『政治と社会構造』（上・下）誠信書房）．
Parsons, Talcott, 1971, *The Systems of Modern Societies*, Englewood Cliffs: Prentice-Hall（井門富二夫訳，1977，『近代社会の体系』至誠堂）．
Putnam, Hilary, 2002, *The Collapse of the Fact/Value Dichotomy and Other Essays*, Harvard University Press（藤田晋吾・中村正利訳，2006，『事実／価値二分法の崩壊』法政大学出版局）．
Putnam, Robert D., 1994, *Making Democracy Work: Civic Traditions in Modern Italy*, Princeton University Press（河田潤一訳，2001，『哲学する民主主義——伝統と改革の市民的構造』NTT 出版）．
Putnam, Robert D., 2000, *Bowling Alone: The Collapse and Revival of American Community*, Simon & Schuster（柴内康文訳，2006，『孤独なボウリング——米国コミュニティの崩壊と再生』柏書房）．
Rawls, John, 1971, *A Theory of Justice*, Harvard University Press（矢島鈞次監訳，1979，『正義論』紀伊國屋書店）．
Rawls, John, 1993, *Poilitical Liberalism*, Columbia University Press.
Schütz, Alfred, 1932, *Der Sinnhafte Aufbau der Sozialen Welt*, Wien: Springer Verlag（佐藤嘉一訳，1982，『社会的世界の意味構成』木鐸社）．
Schütz, Alfred, 1973, *Collected Papers I: The Problem of Social Reality*, Hauge: Martinus Nijhoff（渡部光ほか訳，1985，『アルフレッド・シュッツ著作集 第1巻：社会的現実の問題［I］，第2巻：社会的現実の問題［II］』マルジュ社）．
Searle, John R., 1969, *Speech Acts: An Essay in the Philosophy of Language*, Cambridge University Press（坂本百大・土屋俊訳，1986，『言語行為』勁草書房）．
Searle, John R., 1995, *The Construction of Social Reality*, Penguin Books.
Seidman, Steven, 1992, "Postmodern Social Theory as Narrative with a Moral Intent," in S. Seidman and D. G. Wagner, eds., *Postmodernism and Social Theory*, Blackwell, pp. 47–81.

盛山和夫, 1995, 『制度論の構図』創文社.
盛山和夫, 2000, 『権力』東京大学出版会.
盛山和夫, 2004, 「公共哲学としてのパーソンズ社会学」富永健一・徳安彰編『パーソンズ・ルネッサンスへの招待』勁草書房, pp. 3-16.
盛山和夫, 2006a, 「規範的探究としての理論社会学——内部性と構築性という条件からの展望」富永健一編『理論社会学の可能性——客観主義から主観主義まで』新曜社, pp. 28-46.
盛山和夫, 2006b, 『リベラリズムとは何か——ロールズと正義の論理』勁草書房.
盛山和夫, 2011, 『社会学とは何か——意味世界への探究』ミネルヴァ書房.
清水幾太郎, 1972, 『倫理学ノート』岩波書店.
Simmel, Georg, 1908, *Soziologie*, Duncker & Humblot (居安正訳, 1994, 『社会学』(上・下) 白水社).
Spector, Malcom and John I. Kitsuse, 1977, *Constructing Social Problems*, Menlo Park, CA: Cummings (村上直之ほか訳, 1990, 『社会問題の構築——ラベリング理論をこえて』マルジュ社).
Weber, Max, 1904, *Die Objektivität sozialwissenschaftlicher und sozialpolitischer Erkenntnis* (富永祐治・立野保男訳, 折原浩補訳, 1998, 『社会科学と社会政策にかかわる認識の「客観性」』岩波書店).
Weber, Max, 1921, "Soziologische Grundbegriffe," *Wirtschaft und Gesellshaft*, Tübingen: J. C. B. Mohr: I, 1-30 (阿閉吉男・内藤莞爾訳, 1968, 『社会学の基礎概念』角川書店；清水幾太郎訳, 1972, 『社会学の根本概念』岩波書店).
Whyte, William Foote, 1943, *Street Corner Society* (奥田道大・有里典三訳, 2000, 『ストリート・コーナー・ソサエティ』有斐閣).

2 公共性の歴史的転換

佐藤　健二

1 問いかけとしての「公共圏」と「市民社会」

1990年代に書かれた花田達朗の「公共圏と市民社会の構図」は，2つの概念が別々の言語空間のなかにたがいに持ち込まれた，その「交錯」の指摘から始まる．その概念とは，ドイツ語の言語空間から英米語の言語空間にもたらされた「Öffentlichkeit（公共性）」であり，英米語からドイツ語にもちこまれた「civil society（市民社会）」である（花田，1996: 151–155）．固有の意味の負荷を帯びたことばが，すでに特有の奥行きを有する，それぞれの思想言語の空間に輸入された．そのことは，それまでに積み重なった意味の配置を変化させながら，その新しい用語が論議を媒介し，考える手段として使われるようになったことを意味する．

ここであらためて論じようとするのは，そうした談論（ディスコース）を通じて，構築され，更新され，変容する公共空間である．それは，思想の空間であると同時に，生活の空間でもあり，言語の空間であると同時に，身体の空間である．重要なのは，そうであればこそ，この空間はそれぞれの文化において，固有の相と形態とを有して現れるという歴史的事実である．その固有性と普遍性とを明晰に対象化することが，「歴史的転換」あるいは「構造転換」を論ずるものに求められるからである．

2つのことばの相互貫入

英米言語圏で「public sphere」という表現で公共性が理解されていくのは，

1980年代の中頃からである．1960年代はじめに書かれ，1975年に『公共性の構造転換』（Habermas, 1962=1973）というタイトルで邦訳される論考が，1冊まるごと英語で読めるようになったのは，意外にも遅れていて1989年であった（Habermas, 1989）．その紹介の背景には，英米の社会でサッチャリズムやレーガニズムとして推し進められた「小さい政府」「市場原理の活性化」の政策の影響がある．それまで人びとが「public life」と表現してきた生活空間に，社会問題として対処されるべき困難が生まれ，危機感が深まっていった．忍びよる危機感のもとで「パブリックなるもの」の再構築を追求し，あるいは生活空間の再活性化を願う問題意識が，この訳語に現れていると花田は論じる．

　これに対して，市民社会をあらわすドイツ語のZivilgesellschaftは，英米において論じられてきたcivil societyが，ほぼそのままの形でドイツの言語空間に持ち込まれたという性格を有する．その新語は，社会を「自由」の展開として把握したG.W.F.ヘーゲルや，「支配」の展開として分析したK.マルクス以来の伝統をもつ「bürgerliche Gesellschaft ブルジョア社会」という理解との異同や，同じくZivilgesellschaftと訳されて導入された思想家A.グラムシのsocietà civile概念との弁別など，受け止めかたをめぐって「複雑な波紋」を広げている，と花田は指摘している．この背景に，1980年代初頭からの「現実に存在する社会主義」に対する変革として登場した，ポーランドの独立自主管理労組「連帯」と，続く東欧革命の影響がある．理念として書かれた社会主義ではなく，政治として行われた社会主義を批判し，国家体制を変革しようとした．その社会運動の高まりが，西欧近代の歴史の蓄積から掘り起こしたcivil societyの記号は，ふたたびドイツに逆輸入されて「現実に存在する民主主義」を批判する問題意識へと引用されていく（花田，1996: 164）．

　2つの思想空間をまたがって交錯した「ことば」の力の差異に寄り添いながら，花田が鋭くえぐり出しているのは，J.ハーバーマス自身の「公共性」を論ずる枠組みの，この30年を挟んだ微妙な変容である．『公共性の構造転換』の1990年に加えられた再版の序文において，ハーバーマスはこの本の中心的な問題設定は「市民社会（Zivilgesellschaft）の再発見」であると書いて，ほぼ30年前に「公共性」を問題にしてきたまなざしと，新しく持ち込まれたカテゴリーである「市民社会」とを，まったく重ねているかのようにもみえる．しかしな

がら花田が注目しているように，1962年の段階では「定冠詞の付された歴史的範疇」の位置づけが強かった，この思想家の「Öffentlichkeit」が，1980年代の論文においては相対性の文法的な表現である「複数形」でも表現されることが増えたとすれば，その意味を軽視すべきではない．花田はそれが「実体としての公共圏の多様な様相が想定されるようになったから」ではないかと論じ，さらに公共性の担い手として光をあてている「アソシエーション」の帰属空間が「私的領域から公共圏へと移動している」のではないか，という変容を指摘している（花田，1996: 168）．

あらためて花田に導かれつつハーバーマス自身が構築した図式を読み直すと，「市民」の位置づけの規範的な理念性とその啓蒙に傾いた社会認識が，公共性の「構造転換」の把握においても不十分なものを生み出しているのではないかということに気づく．とりわけ，文芸的公共性から政治的公共性の転回の位置づけが，自然な成長のように議論されている点は，理論枠組みとしても，また歴史分析としても不十分である．いうまでもなく『公共性の構造転換』の「転換」は，初期近代の「生活世界」の可能性に満ちた対抗力が失われ，国家「システム」の介入力が強まった構造変容に焦点をあてている．その問題は重要であるが，同じような構造の転換が，文芸的公共性から政治的公共性への展開においてもあったのではないか．ある種の親密性を前提とした「会話」と，必ずしも政治的な共同性への回帰が予定されているわけではない「議論」とのいささか安易な接続については，すでに富永茂樹が『理性の使用』（2005）において批判している[1]．歴史社会学のまなざしからすると，いまだ解明不十分な課題が，そこに多く残されているように思う．

2　「市民＋社会」で捉えようとしたものの歴史的地層

ドイツ語や英語の言語空間ではなく，われわれの生活世界を支えている日本語の言語空間のなかで，ここで問題にしたようなことはどう伝えられ，またいかに考えられてきたか．冒頭で論じたように，それぞれの言語空間の固有性を考えるならば，そのことばが担った特性の検討を省略するわけにはいかない．「公共性」という現代日本語が，具体的に何を指すのか，共通にイメージされる

ものは貧しい．そのことばの用例のもつ広がりの探索が，相互に重ねられて検討されておらず，歴史的な蓄積の分析もまた充分でない．そうであるならば「公共性」そのものを，ことばとして追うことが効果的とも思えない．むしろ，戦後社会科学が熱心に論じてきた「市民社会」ということばのほうが，日本語の言語空間のなかで公共性の構造に迫るにあたって，手がかりとなるものが多いだろう．

「市民＋社会」ということばで，表現しようとしたこと，捉えようとしたことは，いったい何だったのか．このことばを使いながら，あるいは関連するカテゴリーを用いながら，人びとは，いかなる問題と向き合ってきたのだろうか．

「『市民社会』とは，この国では，しょせん，外来の抽象概念でしかなかった」（平田，1969: 151）と，経済史研究者の平田清明は指摘している．たぶん多くの社会科学者の実感でもあろう．日本語空間での「市民社会」は，ドイツ語における「公共性 Öffentlichkeit」とは違って，日常生活世界で使われることばではなかった．そのため，ある意味で宙に浮いていて，具体的な事物との対応が希薄であった．実体をもたない，現実に存在しないものであるがゆえに，ユートピア的な理念としての強さをもって成立したともいえる．その点では，一時期の「社会主義」ということばの不安定さとも似ていた．

平田もまた，西欧社会で形成された bourgeois や citizen, citoyen との関係を問い，その翻訳の困難において「外来の抽象概念」であることを嘆かざるをえなかった．しかし一方で，原語の本来の意味がどうであるかとは別に，日本語として使われるなかで新たに出会い，あるいは創出され，定着していった意味の結び目もある．しかも，外来の原義と新語の文脈との双方は微妙に重なり合い，意外な意味の厚みを加えている．その固有性の描き出しは，むしろ日本語のなかで公共社会学を唱える，われわれの課題である．

結び目となる4つの論点とできごとの歴史的累積

われわれが使っている「市民＋社会」に刻みこまれている特質を，かんたんに4つに整理してみよう．① 政治への参加と抵抗，② 共同体からの独立と個人の確立，③ 都市との結びつき，④ 主体性と身体性，である．それを，次の図1のような歴史的なできごとの重層の，まさしく歴史社会学的な関わりのなか

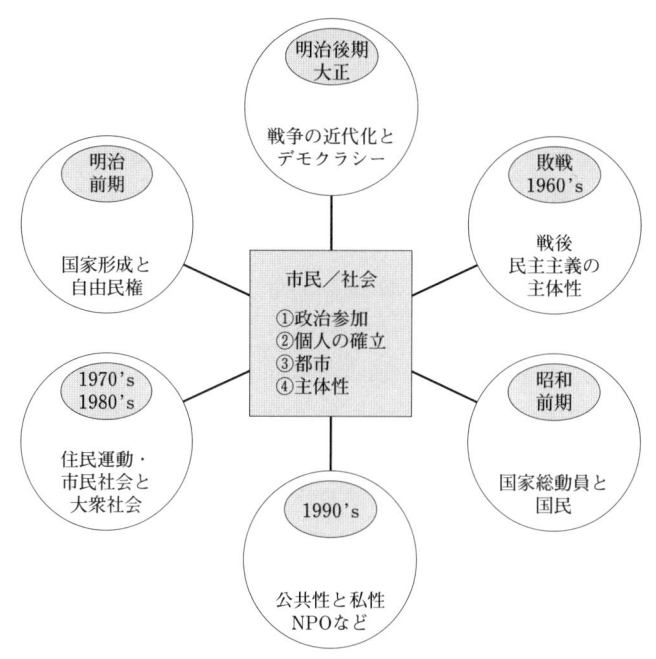

```
       ┌─────────┐
       │明治後期 │
       │  大正   │
       └─────────┘
      戦争の近代化と
       デモクラシー
┌─────┐                    ┌─────┐
│明治 │                    │敗戦 │
│前期 │                    │1960's│
└─────┘   ┌─────────┐      └─────┘
国家形成と │市民／社会│      戦後
 自由民権  │①政治参加│     民主主義の
           │②個人の確立│     主体性
┌─────┐   │③都市    │      ┌─────┐
│1970's│   │④主体性  │      │昭和 │
│1980's│   └─────────┘      │前期 │
└─────┘                    └─────┘
住民運動・                  国家総動員と
市民社会と                    国民
 大衆社会
       ┌─────────┐
       │ 1990's  │
       └─────────┘
       公共性と私性
        NPOなど
```

図1　相互的構築的な呼応のイメージ

で解読し，配置しておきたいというのが，この節の任務である．

　図1のまわりの円に記したできごとの互いの位置関係には特別な意味はないことを，あらためて確認しておきたい．すなわち隣り合っていることや，対称軸上にあることは意味をもたない．図2のような年表を思わせる直線的で順序的で一次元的な形式を避けることで，無意識のうちにも呼びよせられてしまう発展史的で段階論的な関係の理解を切断しておきたかっただけである．円環への無作為で無秩序な配置は，そのための工夫である．

　もちろん，私は年表の分析を含む歴史分析の意義を，いささかも軽んじていない．むしろ，重視すらしている．だからそれぞれのできごとのなかで，以下で論ずるように呼応しつつ生み出された論点がいかなる布置において「市民＋社会」の理解に関わっているかは重要な問題であり，分析の対象であると考えている．しかしながら，この図はそこに踏み込んで，なんらかのメカニズムを

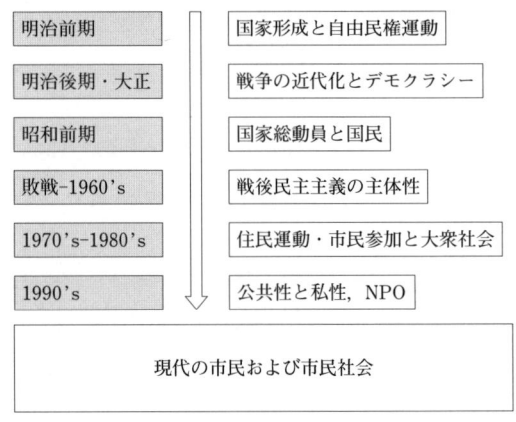

明治前期	国家形成と自由民権運動
明治後期・大正	戦争の近代化とデモクラシー
昭和前期	国家総動員と国民
敗戦-1960's	戦後民主主義の主体性
1970's-1980's	住民運動・市民参加と大衆社会
1990's	公共性と私性，NPO

現代の市民および市民社会

図2　年表的順序的な発展のイメージ

図解するものではない．ただ現在のことばの意味を考える場合に，こうした歴史のできごとが残した意味の累積を，見落とさずに考えなければならない．その姿勢を一般性において伝えているだけである．

であればこそ，それぞれの時代のできごとの「累積」を，単純に地層の順序的な重ね合わせとしてイメージしてしまうのは，間違っている．中央部にある「市民」あるいは「市民社会」の現在的な含意は，周囲にあるさまざまなできごとのなかで，形成され，記憶された意味を，いわばランダムに読み出して，組み合わせることで構成されている．当然ながら，忘れられて読み出されない論点や文脈もあれば，過度に強調されての意味の変形も混じっている．それゆえ，私は時代のできごとに沿って「年表」的な意味で歴史的に論ずるのではなく，4つの理念枠組みのもとで，時代を自由に横断し越境しつつ論ずることにしたい．

政治参加あるいは社会への積極的な関わり

さて，第1の結び目すなわち核として指摘するべきは，主体的に政治に参加するという行為が，このカテゴリーの中心に据えられていることである．市民ということばには，政治システムのうえでの，政治的な意思決定のシステムへの積極的な参加を核とした主体が，イメージされている．これは「丸山真男」の中心的な課題，すなわち戦後民主主義のひとつの大きなテーマ領域であった．

図1でいえば，敗戦から1960年代の円にあらわされた議論のなかで，大きく前景に浮かびあがったものである．その議論のなかで結晶化した政治参加する主体は，他の時代の政治運動においても有効なものとして重ねあわせて使われていく．1960年代の「ベ平連」は，市民運動という名づけのもとで反戦運動を展開し，自らを60年安保闘争における「声なき声の会」(小林・岩垂，2003)の運動や，戦争下の「わだつみの声」(日本戦没学生手記編集委員会編，1949)などとつなげることで，市民的な政治運動としての性格づけを明確にしていった．あらためて「ベ平連」の会議の記録などを読むと，これが脱走兵の支援などをテーマ化したことは，装置あるいは制度としての国家と，主体としての市民という対立を浮かびあがらせた点でも象徴的であった[2]．

この対抗図式それ自体は，西洋思想史が発展させてきた社会の理解とも共鳴している．近代の出発点におかれた「市民社会 civil society」の理解も，国家と社会とを対抗させる，基本的な対立図式のうえにあったからである．J. ロックは国家としての絶対王政に対して，経済的自由のうえに立つ市民が織りなす社会を対置し，ヘーゲルもまたその対立を踏まえたなかでの「統合」の弁証法的な関係に「発展」をみている．市民という主体を表すことばは，こういったできごとがからまって，1つの意味の「結び目」を作っている．

しかしながら，国家と市民，あるいは国家と社会という対立が，日本のなかで定式化されていくプロセスについては，さらにきめ細かで自由な観察と，その時代の社会に対する考察とが必要である．ある面ではT. ホッブスやJ.-J. ルソーやヘーゲルが論ずるにあたって引用した，社会と国家の対立のリアリティそのものが，時代の「構造」によって規定されるものでもあったからである．たとえばC. クラウゼヴィッツのいう総力戦 total war の時代は，第1次大戦に始まるとされているが，その戦争概念の変容は，近代社会の枠組みを考えるうえで重要な構造転換であった．そして，総力戦の理念は国家と社会の対立軸を，ある意味では溶解させていく(Clausewitz, 1832–1834=1931)．

これもかんたんに図式化すれば，産業化が進んだ結果として把握できるだろう．産業化は，同時にまた軍備そのものの機械化であり，経済力や科学技術力までが戦力の不可欠の要素と見なされるようになっていく．時間の上では「戦時」と「平時」の区別がなくなり，空間としても「前線」と「銃後」の区別が

消滅させられてしまう．そのような状況の変化に，われわれの社会は直面するにいたった．実際にその区別の消滅が可視化されるのは，飛行機の登場とその航続能力の向上が生み出した「空爆」によってではあるものの，総動員の概念はすでに産業化する国民国家の論理の内側で，確かに用意されつつあったのである．すなわち戦争は，限られた兵士のみの経験から，国民全体，社会全体をおおうようなものになっていった．その結果として，社会の隅々にまでわたる人間と資源の総動員，すなわち国家総動員が生まれてくる．ハーバーマスが『公共性の構造転換』において，近代社会の古典モデルからの変容として重視した，国家と社会との溶融とは，ある意味ではこのような構造の成立を指していたともいえる．

　国家による上からの総動員を通じての溶融が，やすやすと生まれてしまった日本の構造こそ，丸山真男が経験し，また生涯を通じて批判した，いわゆる「天皇制国家」であり「無責任の体系」だった（丸山，1956）．であればこそ，この論点は戦後だけの課題でない．と同時に，文化の伝統的パターンに還元してしまえば，かえって変化の手がかりをとらえそこね，克服の足場が見失われる．日本近代のできごとを見るために，概念の微細な動きにわたる歴史分析が必要となる．「文化政策」ということが非常に熱心に語られはじめたのも，「資源」という概念が登場するのも，じつは昭和前期のこの総力戦時代であった（佐藤，2007）．それは，国家という制度が，封建制のような領域支配の上に載せられている，生活世界からは切り離された抽象性ではなく，国民が配置された社会や，国土という空間と不可分のシステムとして，国家が生活世界にあらわれてくることを意味したのである．

　その意味では，市民ということばを持ち出せば国家批判の根拠地が確保でき，政治参加の積極性が保証されたかのような公共性の理解は，単純にすぎる．

個人の確立と共同体からの自立

　第2の論点として，個人の主体化がある．あまりに曖昧に言い古されているがゆえに，かえって内包する困難が見えにくくなった課題である．戦後日本の社会学では「市民」（あるいは「市民社会」）ということばが，「封建遺制の克服」，あるいは「状況への情緒的依存」，また「共同体の解体と個人の自立」と

いうテーマにいかに強く結びつけられ，それゆえに縛られてしまっていたか．ある意味ではその意図せざる効果として，共同体としての「家」や「村」が与えてくれる生活世界のリアリティが弱体化したあと，「個人」の語も「市民」の語も，ひどくイデオロギー的で，手がかりの少ない理念となってしまった．

とりわけ市民社会ということばのもとでは，個人の自立，主体性の確立というテーマが偏重された．「個人主義」と「集団主義」というようなやや曖昧な概念を，社会学が不用意に流布させてしまったことも，この偏重を強めている．そこには欧米と日本，あるいはユダヤ人と日本人，さらにはタテ社会論や文化のパターン論が接合して，いささか通俗化した「封建遺制」（日本人文科学会編，1951）の常識を作り上げていく．しかし，本当は「個人」という日本近代の新語がいかなる理念として，社会学をはじめとする日本の社会科学に実装されたかを，あらためて問うべきではなかったか．

丸山真男『日本の思想』（1961）は，一面において共同体の解体を語っても共同体の形成の課題を語ろうとしない，一方的な解体論という傾きを有していた．そこには，いかなる共同性の解体であっても，それを個人の主体化を約束する福音とみるかのような批判の，早とちりの強調が混じる余地があった．相互規制と相互扶助が，ただの裏表としてしか認識されない平板さがあり，村での紐帯や家という絆の機能の厚みが，充分に探られ，記述され，理解として共有されたうえでの議論であったとはいいがたい．1970年代のカウンターカルチャーと結びついたコミューン論や共同体再評価[3]は，ある意味では，戦後のこの近代主義の理念的な抽象性に対する反作用でもあった．思想史のなかから強く主張された理念としての近代主義は，「文化型」であるかのように固定された「封建遺制」の批判ばかりに熱中して，社会の現実のなかで進みつつある産業主義・工業主義の副作用に対して無批判であったからである．

と同時に，個人の主体化を理念として掲げる近代主義のなかでは，公共性の構築という重要なテーマが，じつは全体主義批判，総動員批判，天皇制批判，国家批判の抽象化された理念のなかに埋もれてしまっていることも見落とされてはならない．つまり，すこしひねった言い方をすると，市民社会の「市民」に熱中するあまり，「社会」とりわけ社会形成という論点のほうが背景に退いてしまったともいえる．しかも，歴史的な厚みのなかで考えてみると，じつは「社

会」という翻訳それ自体[4]が，公共性の構築をどう自分たちが使うことばのなかでつかまえるかという課題を含む過程でもあった．この点こそ，現代の社会学がふたたび「公共性」を自らの理論的対象，すなわち「社会」という関係システムの原点において問わなければならない理由ともなっている．「個人」と「社会」との関係という課題は，ふたたび声としてのことばをとりあげる第3節で触れることとして，ここでは「市民」ということばに刻みこまれている，公共性の問題が見えにくくなっている事実だけを指摘しておこう．

都市という論点とその枠組みの空虚さ

次に，市民と都市という場との結びつきの認識も，逃れられない主題である．文字として「市」が共通に入っていることを，単なる偶然として無視することはできない．「都市」あるいはその中核としての「市」は，いかなる空間であったか．それは，市民社会ということばの理解にとっても重要な実質をなす．

しかしながら市民という近代の日本語それ自体が，非常に形式的なところをもっている．論者はそうした困難にすぐに出会うだろう．それは，明治前期の終わり頃から，市町村制度という形で地方自治の枠組みの整備が急がれた歴史とじつは無関係ではない．市町村という自治体制度の上からの形成は，市民ということばに，どこか空虚な属性概念の趣きをあたえることになったからである．

日本では，「市」という行政枠組みの形成が，明治国家の上からの地方自治制度として設定された．そのために，現実生活の実態に即して名づけたというより，持ち込まれた制度の枠組みだけの存在にならざるをえなかった．明治21(1888)年の市町村制の発足では，かなり強引で大規模な町村合併のもとで町村数が5分の1になった．そのように作りあげられた新しい枠であったがゆえに，じつは単位となる範域を支えるような核をもたず，複数の近隣生活共同体の寄せ集めでしかなかったのである．「市民」が結局のところ，ある行政区画の住民というていどの意味しか，もちえなかったのは，この政策として生み出された行政区画が，生活の現実の共同とは関わりあいのない，単なる枠組みでしかなかったからだ．もちろん，それが問題含みのものとして意識されるのは，かなりあとのことではある．

しかしながら，たとえば歴史家の鹿野政直（鹿野編，1978）や成田龍一（2003），社会学の中筋直哉（2005）が注目している，大正デモクラシーの前提となった，米騒動から日比谷焼討につながる系譜は，検討してよい素材だと思う．「都市騒擾の時代」という表現で，この群衆運動が都市という場の特質とたいへんに深く結びついていることが暗示されている．同じような研究は，じつはヨーロッパの19世紀の都市群衆運動の研究[5]などから，いろいろと出てきている．

1960年代に流行った「大衆社会」論は，1910年代から議論された群衆論の新しいバージョンだが，このなかで群衆の匿名性は，市民のもっている個人の自覚や責任意識と違うというような理解がされている．しかしながら，これは無条件に依拠してよい区分線ではない．

法的・政治的な仕組みとしての市民社会の登場は，制限選挙から普通選挙への変化だと見れば，日本の場合は議会制民主主義と政党政治が展開した1925年の普通選挙からだと考えることもできる．普通選挙の基本的な形式である無記名投票は，ある意味で匿名性における自由を保証されたがゆえの，弱い個人の表現を保証する制度だったことも見落とせないのである．このあたりは，インターネット社会における，匿名性が引き起こすさまざまな社会問題が議論されている時代だからこそ，単純簡単に結論を出さずに，もっと主体性を立ちあげる構造原理や効果に立ち戻って考えていく必要がある[6]．

主体概念と社会概念のズレ／主体性と身体性／空間としての公共性

「市民」と「市民社会」ということばは，新しい人間類型の理想と新しい社会類型のモデルを指ししめすものであった．しかしながら，その2つがいかに無自覚に重ねあわされて語られてきたか．とりわけ，市民という主体さえ形成されれば，すなわち自立的で批判的な人間さえ登場すれば，自動的に「市民社会」が現れてくるかのような論理の癒着があった点には，あらためての批判が必要である．そのことが，市民を平板な一枚岩の単一の存在と考えるような傾向をも呼びよせた．「市民」ということばの濫用でまとめられてしまうなかに，じつは，常民とか，庶民とか，臣民とか，国民とか，私民とか，住民とか，マイノリティとか，エスニックグループとかの多様なことばで表象される主体が潜み，

そのそれぞれがさまざまな具体的な職業や，生活様式をもっているという，あたりまえの事実が背景にしりぞき，イデオロギー的な立場性だけが全面を覆うようなカテゴリーになってしまった．

しかしながら，たとえば1970年代には，住民ということばにおいて，市民社会の認識に新しい力が吹き込まれた事実も見落してはならない．「住民運動」といわれる，開発反対や公害訴訟の運動である[7]．その意味では，住民という形でくくられた主体の運動のなかに，理念としての市民社会のありようを読み込める部分もある．住民運動は，労働運動から社会運動への展開と位置づけられる．公害問題や環境問題をひとつの契機に，生産点での運動としての労働運動とりわけ労働組合運動を中心としたものから，生活を中心とするがゆえに，多様な職業や立場の人びとを主体とする社会運動へという図式のなかに，住民運動研究は位置づけることができる．これが1990年代になると，たとえば阪神・淡路大震災などの経験を経て，ボランティアとかNPOとかいった活動が，市民ということばの大まかな括りのなかに入ってきて再び前景化していく．問題は，そこにおいてあらわれてくる「主体性」を，いかなる「身体性」すなわち具体的な「身ぶり」（実践）と「場」（空間）の分析のなかで対象化できるかである．そこに公共性の社会学のアリーナがある．

そして再び注意を喚起しておくべきは，主体の分類概念を検討しただけで，そこでの特質を社会や運動の分類・分析に横すべりさせてはならない[8]という論点である．

3 ことばの「身体性」と「社会性」

媒体＝道具としてのことばは，なぜ「公共性」を立ち上げうるのか．ことばという資源＝媒体を，さらに掘り下げる必要がある．ハーバーマスの公共性の構造転換の議論も，コミュニケーション行為へのまなざしも，たしかに「空間」を問題にし，その実態的で歴史的な複数性に焦点をあてているという花田の社会学的な解釈に，私も同意する．しかし，ハーバーマスにはどこかで理念として抽象された社会の構造すなわち枠組みに焦点をあててしまって，その分だけ具体的な身体をもつ人間のことばを話す実践から公共性の内実を解読しつつ，

議論を積み上げていく姿勢にとぼしくなるという欠点があった．文化に焦点をあてるのであれば，「ことば」は不可欠の生産手段であり，その道具がメディアとして人間の社会生活になにを可能にしたのかは，公共性の考察にとっても重要になる．花田やハーバーマスの「コミュニケーション」の重視を，道具としてのことばの歴史的なありようの探究としてさらにおしすすめ，公共性を「空間」の問題としてとらえる見方と，その「空間」のありようを観察する社会学の必要をむすびつけて，論ずる必要がありはしないか．

ことばの身体性

まずはじめの礎石として置いておかなければならないのは，ことばの身体性である．ことばは，まず声の身体性において，人間が生み落とした新しい道具である．A. ルロワ-グーランが『身ぶりと言葉』(Leroi-Gourhan, 1964=1973) であざやかに論じたように，それは脊椎動物という内骨格の体の組み立てをもつ生物の身体において，実現された直立歩行の副産物である．すなわち「足」の役割から解放された「手」の自由と，「手」の役割から解放された「口」の自由とが重なり合って，「ことば」という文化の生産技術は身体に装備されていった．人間という動物は，その身体という装置の構成と，その運動能力とによって，声としてのことばを獲得する．これまでの動物の段階での「鳴く」「叫ぶ」「吠える」「いななく」「うなる」「さえずる」といった音の伝達とは異なる，複雑な構造をもち，明確で，安定的な記号性を備えた「声」による言語を発達させていったのである．人間の公共空間形成の基礎的な能力[9]は，まさしく，この声によって与えられた．

なぜことばが社会性をもつのか．その秘密もまた，じつは声としてのことばの身体的な起源にある．

最初にあらわれた「ことば」は，M. マクルーハン (McLuhan, 1962=1986) や W. J. オング (Ong, 1982=1991) を引用するまでもなく，間違いなく「声」であって，それは，人間の身体の内部の振動それ自体を素材につくられたものであった．しかし，この「身体の内部の振動」に，声帯だけではなくて「耳」が含まれていることを見落としてはならない．

しかも，その「耳」の存在形態が，すでにして二重である．すなわち，「声」

の宛先となる他者の耳がそこにあるとともに,「声」の発信人である自分の耳もまた,同時に同じ声を聞いている.この2つの身体が,共鳴して二重写しに意味をたちあげ,理解を反復するところに,ことばという道具のもつ集団性・社会性あるいは間－身体性の実質がある.

　科学啓蒙書の受け売りだが,耳という装置は,カブトウオやメクラウナギといった,背骨をもつ原始的な魚の平衡器官から発達したらしい.その段階では,ごく低い振動数の音を多少感じるというだけで,今日でいう「聴覚」とまではいえなかったという.やがて「浮き袋」をもつ魚があらわれ,この浮き袋がいわば身体内部での増幅器の役割を果たして,身体を浮かべている環境としての水の動きを感じることで,ふつうの意味でいう「聴覚」が生じたのだそうだ.しかし,ほんとうに鋭敏な聴覚が生まれたのは,水よりも音の伝達力が弱い空気のなかで,動物が生活するようになってからだという.

　つまり,人間という動物の身体は,いわば空気のなかに浮かんでいる.「声」としてのことばはまさに,その環境としての空気を動かして,「耳」をもつ身体と身体とを共鳴させる.ことばが,意味記号としての共有以前に,すでに現象としての社会性をもつのは,それゆえである.ことばの意味が,その集団の成員に共通のものとして共有されているから,ことばが社会的なのではない.「耳」にとどく「声」の,ことばとしての振動それ自体が,すでに身体的であると同時に,社会的なのである.

　公共性が最初から空間を内包した概念であるという理解は,その基本的なコミュニケーションの媒体である「ことば」の特質から導きだすことができる.

意味作用の相互調整

　もちろん,ここで使われている「社会的」の「社会」は,1つの価値を共有して統合された組織ではない.あるいは「万人は万人に対してオオカミである」というホッブス的な「自然状態」を克服する「社会契約」の合意を共有する集団,という意味までは含んでいない.むしろ,空間を共有しているという,具体的な共在状態の指摘と確認にとどまっている.しかし,そこが社会学の出発点である.

　人間界の困難は,この「社会」が常に,1つにまとまった共同と一致とを生

み出すわけではないことをめぐって立ち現れる．人びとの暮らしのリアリティは集団的で社会的であるとしても，集団は分立し，社会は多層化し，それゆえに声の意味は分裂しやすい．今日の世界が，耳ですぐには理解できない多様な言語に分割されてしまっている事実に表されているように，現象としては身体間の共鳴である「ことば」は，合意と統合と理解と和解の共感をいつも生み出すわけではない．

　コミュニケーションという概念に，どこかで一致を前提とし，伝達を重視してしまう傾向が埋め込まれてしまっているのは，われわれの身体が，新聞や放送などの同時に多くの人びとに同一の情報を報知する「マスメディア」が発達した環境に慣れてしまっているからである．しかし伝達を中心とし，意味の一致を理想とするコミュニケーションの視点からは，どこかで「ことば」のもつ力の大切なところが見落とされる．その大切なところとは，すこし先回りしていってしまうと，フィードバックによって生み出される調整であり，それを可能にするすでに使われていることばの積み重ねの厚みである．ここでいうフィードバックは，ことばの意味の位置と動きの調整である．身体と身体の共振が立ち上げる「意味すること」の調整であり，声の身体性と社会性の調整でもある．

　声の直接性においてすら，そこで生じた意味のズレを，続くコミュニケーションのフィードバックにおいて回収できない事態はしばしばある．ましてや声と耳の身体性を離れた，文字でのことばにおいては，音の強さも調子もない沈黙のなかで，そうした「わからなさ」「伝えにくさ」の奥行きと向かいあわなければならない．であればこそ，そのことばが担っている力の位置を調整していく，丹念で綿密な作業が必要になる．ここにおいて，ハーバーマスが試みたような，公共性の歴史的転換について，メディア史的視点を介在させつつ掘り下げていく実践が必要となる．

　声をもつ身体の獲得以降に限っても，われわれのことばは，固有の厚みのある歴史を背負っている．文字という技術は，ことばに記録性という新たな可能性を加え，印刷革命はその複製力を通じて新たな社会性を実現した．電話とラジオとテレビの電子技術は，もういちど声としてのことばに，これまでにない力を与え，インターネットの空間は，文字のテクノロジーを含めて新しい局面を，ことばの文化につきつける．それらの空間の具体的で多様な形態をまえに，

「文芸的公共圏」「政治的公共圏」のカテゴリーは，あまりに理念的であって，しかも網の目が粗いといわざるをえない．

見えない「皮膚」としてのことば

そしてもういちど社会性を経由した身体性に立ち戻って，ことばの道具としての可能性と「公共性」論との接合を確かめておこう．ことばは伝達の道具であると同時に，思考の道具であり，ある意味では感覚を分かち合う道具でもある．

すこし乱暴だけれど，ことばは道具を制作する高い能力を実現した動物としての人間が獲得した，もうひとつの見えない「手」である．

この手は，物体としての石斧をつかむことはできないが，イメージのようにあるいは意味のように，形がなくてさわれないものをつかむことができる．あるいは，それを動かせる．持って，相手に渡すことができる．「定義」や「概念」のように，抽象的なものをつかんで，組み立てたり分解したりすることができる．「手」の比喩は道具性に重きをおいてみたものだが，素材である身体性を強調して，もうひとつの見えない「皮膚」だ，という言い方も可能だろう．

皮膚は，身体の内側と外側をわける膜であると同時に，感覚をそなえたインターフェースである．ひとはその膜の外側に広がる世界を「環境」と呼び，内側を「自分」と感じている．皮膚の内側である「自分」は，なかなか扱いにくい存在で，喜んだり怒ったり悲しんだり笑ったり，さまざまな感情を有し，恐怖や快楽にゆりうごかされる．現実の皮膚は，そこに接するものの温かさや冷たさを見分け，圧する強さを痛さややさしさとして感じるだけだが，ことばという透明なもうひとつの皮膚は，もっと複雑かつ微妙な意味の動きや肌ざわりを感じ分ける．それゆえに，深く傷ついたり，思いわずらったり，心を動かされたり，まさに身体がふるえるような思いを味わう．

ことばという道具が，身体的なものであるという意味は，そうした力の複合性において受け止めるべきだろう．だから，ことばを問うことは，辞書を引いて意味を調べることには終わらない．ことばを問うことは，そのことばを理解し使うひとたちの，身体にまで考察をおよぼすことである．それを，目には見えない「手」として使い，透明なもうひとつの「皮膚」として感じるひとたち

の，身ぶりにまでさかのぼって，その意味を考えることだ[10]．

　ことばを考えていくと，生活世界としての社会，すなわち公共性をもつ空間のありように深く分け入り，感情や意識を伴う自己の内面へと観察を進めざるをえないのは，それゆえである．そして，ことばは人間が作り上げてきた文化であるから，それを改善していくことも，改悪していくこともできる．ことばに刻まれた微妙な差異，微妙な意味をきちんと味わいわけて使うことは，歴史的蓄積としての公共性としての言語空間を改良していく，不可欠の手だてである．それがいかに実現され，あるいははばまれているのかは，まさに公共社会学の課題なのである[11]．

1) 富永茂樹は「サロンをその一部にふくむハバーマスのいわゆる『文学的公共領域』は世論と習俗のなかで革命を準備した，また現実に各種のサークルや読書クラブがのちの民衆協会の母胎となったとされるという意味では，革命期のクラブや協会はアンシァン・レジーム期に頂点を迎えたコミュニケイション空間に連なっているのだが，しかしそれらは革命のなかで政治化したとたんに，その起源にあったのとはまったくことなる集団となりはててしまうのだ．この集団の政治化とともに生じる断絶は，元に戻って会話と議論との決定的な差異をきわだたせる」（富永，2005: 190）と述べて，「一八世紀の『公共領域』について錯誤に充ちた議論を繰り返してきた政治哲学者」（同: 240）の理論的な錯誤をえぐり出している．
2) 一例として，小田実・鶴見俊輔・吉川勇一編 (1973)，吉川勇一 (1991) などを参照．
3) たとえば野本三吉 (1970)，松本健一 (1972)，鶴見和子・市井三郎編 (1974)，真木悠介 (1977) など．それが日本だけのできごとでなかった点は，Roszak (1969=1972) や高橋徹編 (1973) など．
4) société, society の翻訳としては，①「会」（公会，会社，仲間会社，衆民会合など），②「社」（結社，社友，社交，社人，社中など），③「交」（交социального，交際，世交など），④「人」（人間，人間道徳，人間仲間，人間世俗，人倫交際など），⑤「群」（為群，成群相養など），⑥「相」（相生養之道，相済養など），⑦「世」「俗」（世俗，俗化，俗間，世間，世道，世態など）⑧「民」（人民，国民など），⑨ その他（懇，邦国，政府など）のさまざまな文字の力を組み合わせた工夫があり，「社会」以外にこんなにも多様に訳されている事実がある．仲間とか，会社とか，交際とかまで含めた，つながりの厚みのなかで，なんとか理解し，位置づけようとしたことがわかる．なかには，とても日本語とは思えないような漢字の羅列まで含めて，それは近世までの身分社会の経験にない，新しい結合に関する理解を開こうとするものであった．もちろん，ひとつの手がかりにすぎない．たとえば「世間」という一語を採用するだけでなく，「世話」すなわち「ケア」の重要性や，「世相」「世態」の観察課題をつなげて「世」の文字を活かすような想像力もまたありえたが，そのようには定着しなかった．
5) 喜安朗 (1982)，良知力 (1985) などの社会史的な研究を思い浮かべている．

6) 「社会」領域の設定において「神」の問題は歴史的にだけでなく理論的に重要である．誰もが1票しか発言権をもたない「多数決原理」は，民主主義の現実的で効率的な手続きの1つだが，それは神の前の平等（もしくは死の前の平等）と同じ構造を基礎にもつと同時に，一定の位相における「匿名性」を許容しうる強さをも有している．その結果，多数決という，もうひとつの「社会的な」争いの場も生み出している．匿名において意見を表示しうる「権利」が，成員を確定する制度的な枠組みと，成員として存在することに伴う「義務」によって裏打ちされていることを忘れてはならないだろう．「多数決」の公共性はそうした規範の存在のもとで，はじめて可能になっている．その一方で，成員の確定によって成り立つ民主主義の閉じられた性格がはらむ問題点についても，議論が必要である．
7) たとえば，石牟礼道子編（1974），松原治郎・似田貝香門編（1976）など．
8) たとえば「大衆」と「大衆社会」「大衆運動」などが，その反面教師となる事例だと思うが，「市民」と「市民社会」あるいは「市民運動」もまた同様の問題を抱え込んでいる．
9) いうまでもなく，ことばは自己という意識の担い手である脳が作り出した「意味記号」ではない．脳という超越的な「意識」をもつ一種の「神」が意味を書き込んで通用するように発行したものではなく，身体的で，しかも対人間的・対社会的な「声」という現象のなかから，「記号」として立ち上がってきたものであり，意識としての脳はそれを道具として受容したにすぎない．ことばの意味は，たとえて言えば，糸と糸との「結び目」のようなものである．梅干しや果実の中心にある「種」や「核」のイメージよりは，網やからくり仕掛けの，構造をなす糸の「結び目」のほうが，その機能の実態に近い．結び目は，ネットワークの「目」「節」の形をもつ部分であると同時に，他との「結び」「絡み」のつながりによって全体を支えている．しかも，構成された「結び目」としての意味を，社会的に保存したり，再生したり，更新したりして調整する媒体（メディア），すなわち道具としての役割を果たすというところに，その本質がある．
10) 花田達朗の公共性論が「手触りの公共圏」（花田，1996: 189）という比喩で語ろうとしている可能性も，あるいはこのような視点と重なりあうかもしれない．
11) この論点は，私の歴史社会学における柳田国男論の中心課題のひとつでもある．柳田国男の方言への関心は，古語への憧憬でも失われた日本語への愛着でもなかった．「自由にはぜひとも均等が伴わねばならぬ」（「喜談日録」，全集31，柳田，2004: 232），という民主主義の理念を掲げ，「口真似の国語教育」の弊害が「政治の深部」に及んでいると批判し（「話し方と読み方」，全集31，柳田，2004: 555），近代日本語における標準語と生活語，外向きの言語と親密圏の言語との「二重生活」の労苦が「言う言葉」と「思う言葉」の分裂をもたらし，「時としては口先ばかりの，心には無いことを言う危険」（「教育と国語国策（一）」，全集31，柳田，2004: 51-52）を招き寄せていると批判する．それは近代日本語の言語空間が，「これほど複雑また多様なる人生の活動，それを一つ一つ見分けている微細なる感覚が，今尚五分の四以上まで言い現わす言葉を与えられておらぬ」（『国語史新語篇』，全集9，柳田，1998: 191）状態に留められていることの批判であるとともに，その根源を「民間にはこの言葉づくりの機能を放棄し

た者が多く何でも人まかせにして都府をまねてさえいればよいように考える傾きが強くなったこと」(『国語の将来』, 全集10, 柳田, 1998: 42) に求める批判でもあったことは, ある意味で, システムと生活世界の対抗のなかを生きる主体にとっての, ことばというコミュニケーションの道具のもつ希望を信じたハーバーマスとも重なるものがある.

なお本章の第3節は, 現在印刷中の『ケータイ化する日本語――デジタル時代の感じる・伝える・考える』(大修館書店) で展開している「ことば」論の一部分の要約である.

【文献】

Clausewitz, C., 1832–1834, *Vom Kriege: hinterlassenes Werk des Generals Carl von Clausewitz*, Dummler (馬込健之助訳, 1931, 『戦争論』(上・下) 南北書院).

Habermas, J., 1962, *Strukturwandel der Öffentlichkeit: Untersuchungen zu einer Kategorie der bürgerlichen Gesellschaft*, Hormann Luchte rhand Verlag GmbH (細谷貞雄訳, 1973, 『公共性の構造転換』未來社); → 新版, 1990, *Strukturwandel der Öffentlichkeit: Untersuchungen zu einer Kategorie der bürgerlichen Gesellschaft: mit einem Vorwort zur Neuauflage 1990*, Suhrkanp (細谷貞雄・山田正行訳, 1994, 『公共性の構造転換――市民社会の一カテゴリーについての探究』未來社).

Habermas, J., 1989, *The structural transformation of the public sphere: an inquiry into a category of bourgeois society* (translated by Thomas Burger with the assistance of Frederick Lawrence), MIT Press.

花田達朗, 1996, 『公共圏という名の社会空間――公共圏, メディア, 市民社会』木鐸社.

平田清明, 1969, 『市民社会と社会主義』岩波書店.

石牟礼道子編, 1974, 『天の病む――実録水俣病闘争』葦書房.

鹿野政直編・解説, 1978, 『大正思想集 II』筑摩書房.

喜安朗, 1982, 『パリの聖月曜日――19 世紀都市騒乱の舞台裏』平凡社.

小林トミ著・岩垂弘編, 2003, 『「声なき声」をきけ――反戦市民運動の原点』同時代社.

Leroi-Gourhan, A., 1964, *Le geste et la parole*, Albin Michel (荒木亨訳, 1973, 『身ぶりと言葉』新潮社).

真木悠介, 1977, 『気流の鳴る音――交響するコミューン』筑摩書房.

丸山真男, 1956, 『現代政治の思想と行動』(上・下) 未來社.

丸山真男, 1961, 『日本の思想』岩波新書.

松原治郎・似田貝香門編, 1976, 『住民運動の論理――運動の展開過程・課題と展望』学陽書房.

松本健一, 1972, 『孤島コンミューン論』現代評論社.

McLuhan, M., 1962, *The Gutenberg galaxy: the making of typographic man*, Routledge & Kegan Paul (森常治訳, 1986, 『グーテンベルクの銀河系――活字人間の形成』みすず書房).

中筋直哉, 2005, 『群衆の居場所――都市騒乱の歴史社会学』新曜社.

成田龍一，2003，『近代都市空間の文化経験』岩波書店．
日本人文科学会編，1951，『封建遺制』有斐閣．
日本戦没学生手記編集委員会編，1949，『きけわだつみのこえ——日本戦没学生の手記』東大協同組合出版部．
野本三吉，1970，『不可視のコミューン』社会評論社．
小田実・鶴見俊輔・吉川勇一編，1973，『市民の暦』朝日新聞社．
Ong, W. J., 1982, *Orality and literacy: the technologizing of the word,* Methuen（桜井直文・林正寛・糟谷啓介訳，1991，『声の文化と文字の文化』藤原書店．
良知力，1985，『青きドナウの乱痴気——ウィーン 1848 年』平凡社．
Roszak, T., 1969, *The making of a counter culture : reflections on the technocratic society and its youthful opposition,* Doubleday（稲見芳勝・風間禎三郎訳，1972，『対抗文化の思想——若者は何を創りだすか』ダイヤモンド社）．
佐藤健二，2007，「文化資源学の構想と課題」山下晋司編『資源人類学 02 資源化する文化』弘文堂，pp. 27–59．
高橋徹編，1973，『アメリカの革命』平凡社．
富永茂樹，2005，『理性の使用——ひとはいかにして市民となるのか』みすず書房．
鶴見和子・市井三郎編，1974，『思想の冒険——社会と変化の新しいパラダイム』筑摩書房．
柳田国男，1936，『国語史 新語篇』刀江書院（→ 1998，『柳田國男全集 9』筑摩書房，pp. 141–245）．
柳田国男，1939，『国語の将来』創元社（→ 1998，『柳田國男全集 10』筑摩書房，pp. 21–214）．
柳田国男，2004，『柳田國男全集 31 昭和 18 年〜昭和 24 年』筑摩書房．
吉川勇一，1991，『市民運動の宿題』思想の科学社．

3 信頼と社会関係資本
コールマンの分析的公共社会学

瀧川　裕貴

　J. コールマンは言わずと知れた数理社会学の泰斗である．だが，コールマンの業績が狭義の数理社会学を超えて，今日的な意味での「公共社会学」的仕事にまでわたっていることはあまり知られていない．彼の経歴の中では，公共社会学とジャンル分け可能な仕事が数理社会学と同程度の位置を占めており，かつ彼の数理社会学と公共社会学は密接に関係しているにもかかわらず，コールマンの公共社会学は概して無視されてきたのである．そこでまず，彼の経歴を振り返り，公共社会学的業績の位置づけを確認しよう[1]．

　コールマンが『数理社会学序説』(Coleman, 1964) を著したのが 1964 年である．この書物は，数理社会学という分野そのものの確立を決定づけたといってもよいほど重要な著作だ．しかし，公共社会学上の業績という点からいえば，同時期に行われた教育機会の平等に関する政策調査とそれに基づく「コールマンレポート」がそれ以上に重要かもしれない (Coleman et al., 1966)．この報告書が教育政策にかかわる公共的議論に与えたインパクトはきわめて大きく，まさに模範的な公共社会学上の仕事であったといってよい．また，コールマンは，社会学者としてはきわめて異例なことに，かなり初期の時点で，J. ロールズの政治哲学との対話を開始している．その内容は，ロールズの正義の理論 (Rawls, 1971) を，自らの教育機会の平等に関する実証的調査知見にも依拠しつつ，批判的に検討するものであった (Coleman, 1974a)．その他の公共社会学的著作として『権力と社会の構造』(Coleman, 1974b) や『非対称社会』(Coleman, 1982) を挙げることができるが，何よりも主著『社会理論の基礎』(Coleman, 1990) は数理社会学と公共社会学との統合を試みた著作だということができる．この著作は，少なくともその企図としては，前半部で社会理論の厳密な分析的基礎

を定式化し，その上で後半部では現代社会の諸問題を社会学的に分析することで，これら諸問題を解決するための公共政策を提示する，という構成をとっている（ただし，本章で論じるように，この企図は失敗している）．だから，コールマンの公共社会学は彼の数理社会学理論の単なる余技ではない．むしろ規範的貢献を可能にする社会学，「社会の合理的設計」（Coleman, 1993）に資する社会学の創出こそが彼の宿願だったのである．

本章の目的は，数理分析を主軸とした経験的社会理論と規範的社会理論との架橋を試みたコールマンの公共社会学の論理を検討することにある．最初に第1節でコールマンの規範理論の分裂について簡単に述べた後，本章の構成を示すことにしたい．

1　コールマン社会理論における2つの規範理論

コールマンの社会学を検討するにあたって注意しなければならないのは，彼の規範理論には2つの異なる議論が混在しているということである．『社会理論の基礎』の冒頭で定式化されるホッブズ的リバタリアニズムとでもいうべき規範理論と，体系化はされていないがより実質の伴った，共和主義的とでもいうべき規範理論である．本章で主として着目するのは後者であるが，まず前者がどのようなものであるかをごく簡単に述べよう．

ホッブズ的リバタリアニズムはコールマンの合理的選択理論に基づく交換理論の自然な延長として提出されている．かいつまんでいうとこうである．まず理想的なシステムを考える．そこにおける「規範自由で自己利益追求的人格」（Coleman, 1990: 31）を出発点にし，社会的交換による均衡の結果生じる社会状態を最適と定義する．しかし，現実の社会的システムでは，自由な交換は様々な理由から不可能であり，正／負の外部性が発生する．そこで，仮に交換が行われたとしたら生じるだろう社会状態を最適な状態とし，その社会状態に近い社会的システムほど効率的だと評価する．いくつかの手続きを経て最終的に提示されるのは，権力によって重みづけされた一種の功利主義基準である．これは一言でいえば，強者の利害をより重視せよ，という規範命題に他ならない．

さて，コールマンの公共社会学が以上で尽きるならばこれ以降，彼の議論を

検討する必要はない．ここで提示されるホッブズ的リバタリアニズムは規範理論としての魅力をあまりにも欠いているからだ．しかし，すでに予告しておいたように，彼の社会理論にはいわばもう1つの公共社会学がある．そしてこのもう1つの規範理論はホッブズ的リバタリアニズムによってカバーできない豊富な内容を含んでいるばかりか，明らかにそれと矛盾する方向性をもっているのである．

　コールマンの公共社会学の主題は，近代社会における公式組織の台頭，つまり法人権力の増大とそれに伴う法人と自然人との権力の非対称性の問題にある．これらのテーマは，『権力と社会の構造』，『非対称社会』，そして『社会理論の基礎』の後半部において精力的に論じられている．ここでのコールマンの規範的問題関心は，いかにして国家をはじめとする巨大な法人権力による支配を制御すべきか，あるいは，いかにして巨大な権力に抗して家族や地域コミュニティの自律性を確保するか，といった点にある．また，社会関係資本と信頼に関するコールマンの有名な議論もこの文脈に位置づけることができる．巨大権力の台頭著しい現代社会において，いかにして諸個人の公共的関心を喚起せしめることが可能か，という問題関心が，社会関係資本や信頼に関する理論構築の背後に存在するのである．

　このように支配の削減や信頼，市民的徳性を重視するコールマンの公共社会学は今日の政治哲学でいうところの共和主義的問題関心と大きく重なる[2]．そこで，これをホッブズ的リバタリアニズムと区別するために，コールマンの共和主義的公共社会学と呼ぶことにしよう．この共和主義的公共社会学は，権力の非対称性から生じる問題を鋭く問うという問題関心に裏付けられている点で，ホッブズ的リバタリアニズムとは明らかに矛盾し，かつより魅力的な規範理論たりうる潜在能力をもっている．だが，それと同時に，この理論は基礎理論との結びつきが明らかではなく，体系性を欠いている．

　ではなぜ，コールマンはかかる公共社会学を体系的に展開することに失敗したのだろうか．本章では次のように議論したい．まずコールマン理論には基礎理論の水準で深刻な矛盾が存在する．これが彼の規範理論の分裂の主要因である．そこでまずその矛盾の所在を特定し，その内容を検討する．その上で，可能な限り，彼の共和主義的公共社会学に適合するように，理論の再構築を図る．

かくして，彼の公共社会学をより確固としたものとし，社会学的な規範理論の構築に向けた価値ある遺産として位置づけ直すことにしたい．

2　交換理論の基本枠組み

コールマン社会理論に潜在する深刻な矛盾とは何か．それは方法論的個人主義に基づく合理的選択理論を基底とした交換理論と間主観的で集合的な権利の合意理論との間に存在する矛盾である．コールマンのホッブズ的リバタリアニズムは前者に由来する一方，共和主義的な公共社会学は主として後者と親和性をもつ（ただし共和主義的公共社会学は，明示的な理論的体系化を与えられているわけではなく，実際には2つの理論傾向が混在し，両義的な性格を帯びている），というのが本章の診断である．

本節では，まず準備段階として，合理的選択理論を基底とした交換理論の論理を確認しよう．その上で次節では，交換理論が自足的理論たりえないこと，つまりこの理論が権利の合意理論とでもいうべきより根底的な理論を必要とすること，そしてこの両者の間には深刻な矛盾が存在することを明らかにしたい．

コールマンの定式化した交換理論の基本的主張を命題の形でまとめると以下の通りになる．

(1)　社会的システムの構成要素は行為，事物，制御，利害の4つである．
(2)　行為者は事物に対して制御と利害という2つの関係にある．行為者の制御下にある事物が資源であり，行為者は特定の出来事に対して利害を有する．
(3)　行為者は自らの制御する資源を用いて，自分が利害を有する出来事を実現させようとする．この際，行為者は合理的に行為する．
(4)　自己利害の実現を試みる行為者の行為により出来事が実現し一定の帰結が生じる．

システムが社会的システムであるとはどういうことか．そのためには，行為者間で相互行為がなければならない．これが広い意味での交換である．交換が

発生するための条件は，行為者が自らの利害を満たしうるだけの資源をもっておらず，かつ当該資源を他者がもっている場合である．このとき，自分の有する資源，より一般的にいえば権力を用いて，他者の資源を獲得し，自己の利害を充足する営みが，交換である．コールマンはこの意味での交換がすべての社会的システムの基本にあると考えるのである．

しかしながら，現実の社会的システムでは，必ずしも交換が常に可能とは限らない．そこで様々な社会的機構が交換の機能的等価物として発達する．これら交換の機能的等価物の中で，コールマンによってきわめて重要な地位を与えられているのが，規範である．

コールマンによれば，規範に対する利害が成立する条件は，「ある行為が複数の他者に同等の外部性をもたらし，しかも行為制御権市場を確立することが難しく，かつ制御権の獲得のために個人が単独で交換に従事することが不可能な場合である」(Coleman, 1990: 251)．そこで，コールマンは，規範を交換の代替物として社会的効率性を保障する機能により定義する．すなわち，「取引コストの存在する現実の社会的システムでは，規範は社会的に効率的な帰結を生み出すべく取引の必要性を縮小することができる」(Coleman, 1990: 261)．

ここで確認しておくべきは，合理的選択理論を基底とした交換理論にとって規範は二次的に成立する派生物だという点である．交換理論自体はむしろ，規範自由かつ自己利益的人格から出発しており，規範はそれ自体としては重要な社会現象であるとしても，あるいはそうであるからこそ，行為，事物，制御，利害という4つの構成要素によって「説明」されるべき対象なのである．

3　権利に関する合意はいかにして可能か

前節でみたように，合理的選択理論を基底とする交換理論の基礎的概念は，行為，事物，制御，利害の4つであり，規範は派生物である．しかし，ここで規範の位置づけについて次のような疑問が生じるかもしれない．すなわち，規範は単なる交換の代替物などではなく，むしろ交換を統制するより基本的な存在ではないのか．例えば，次のような反論を考えてみよう．交換のシステムは多くの規範的なものを前提として成り立っている．それは事物についての正当

な所有を定義する所有権や,いかなる過程が正当な交換であるかを定める移転の正義といった諸概念である.したがって,交換のシステムは行為,事物,制御,利害のみならず,権利といった規範的概念を必要とするはずである.

このような反論を想定したか否かは定かではないが,実はコールマン自身も交換のシステムが権利を前提とすることをあらかじめ認めている.それどころか,彼は権利が人々の間主観的合意に基づくということを認めさえしているのである.

> 暫定的に次のことがいえる.権利行使の影響を受ける当事者全員がそれを異論なく受け入れる場合,行為者は行為を遂行する権利,ないし遂行された行為の結果を得る権利を有する,と.だがこれは行為の理論にとって非常に強い含意をもつ.先の章では私は制御(権)の構造を客観的構造(特定の行為者から切り離された構造)として扱った.だがここでの権利の暫定的定義によるとこれは本当ではない.権利は間主観的合意に基づくのである.……実際には行為者の数だけ私的世界がある.行為者の私的世界は行為者の利害と彼の認知した限りでの権利の全体的分配状況からなっている(Coleman, 1990: 50).

ここでいわれているような,権利が「間主観的合意に基づく」との見解を権利の合意理論と呼ぶことにしよう.はたして権利の合意理論は,合理的選択理論を基底とする交換理論と矛盾しないだろうか.矛盾するというのが私の答えであるが,その前にコールマン自身がこの言明で何をいわんとしていたのかを見定める必要がある.

まずコールマンは,交換理論の基本枠組みとなる「客観的」構造が,実は,行為者の「主観的」理解,信念に依存するものであることを認めている.しかしここで仮に,人々の権利に関する「主観的」信念が規範的であるとしよう.つまり,ある人は何らかの正当な理由により権利をもつのであるから,当該個人の自由や請求を尊重すべきである,という規範的信念が権利に関する信念の内実だとする.だが,このような規範的信念を導入することは,「規範自由」な人格から出発するという交換理論のプロジェクトと矛盾をきたす.したがって,

		誰が権利をもつかに関する非喫煙者の考え	
		喫煙者	非喫煙者
誰が権利をもつかに関する喫煙者の考え	喫煙者	1	2
	非喫煙者	3	4

図1　喫煙をめぐる紛争

　コールマンがとるべき戦略は，何らかの意味での規範的なものを導入せずになお権利に関する集合的合意を説明するという戦略であるはずだ．事実，コールマンは権利行使の影響を受ける他者が行為者に権利を認めることが合理的だといえる条件を提示することによって，権利の存在をそれ自体交換理論の枠内に収めようと試みているのである．

　権利に関する合意を交換理論的に説明することは可能か．コールマンは権利についての人々の理解が食い違うときに，いかなる形で合意が達成されるかについて，喫煙をめぐる仮想的紛争を例にとって分析している (Coleman, 1990: 50–51)．この議論を検討し，彼の企図が失敗していることを明らかにしよう．

　図1は，「喫煙者」と「非喫煙者」のそれぞれが，公共の場での喫煙の権利の所在についてどう考えているかを表している．例えば，セルの1では喫煙者も非喫煙者も同じく，喫煙者自身が喫煙するかどうかを決める権利をもつと考えている．これに対して，セル2では喫煙者は喫煙者自身が喫煙の権利をもつと考えている一方で，非喫煙者は喫煙者が公共の場で喫煙してよいかどうかを決める権利をもつのは非喫煙者である（例えば，喫煙者は喫煙する前に非喫煙者の許可を得なければならない），と考えている．

　ではセルの2のような権利の所在に関する行為者間の理解の不一致が存在する場合，いかにして両者は合意に至ることが可能か．すなわち，一方の行為者が他方の行為者から自らの権利主張の承認を得ることができるのはいかなる場合だろうか．

　コールマンの挙げる3条件は，(1) ある行為者の行為の帰結に他者が何の利害も有さない場合，当該行為を行使する権利は他者によって承認されうる，(2) 他者が行為の帰結に利害を有している場合でも，行為者が十分な権力を備えている場合，権利を他者に承認させうる，(3) 多数の行為者が当該クラスに属する諸

行為の権利を所有していると主張し，かつその行為者たちが主張を執行する十分な権力と利害をもっているとき，この一般的主張の一部として［個別の］権利主張を他者に承認させうる，である．

　各条件について吟味しよう．まず，第1の条件については，特段問題はない．例えば，喫煙が他者に何の害も及ぼさない場合，非喫煙者は喫煙者の権利を問題なく承認しうるだろう．次に第2の条件について．コールマンはこの条件についてこれ以上詳しく述べていないが，これはまさに権利の合意を交換理論的に基礎づけようとする試みだと考えることができる．例えば，喫煙者が非喫煙者に対して金銭的見返りを与えることで喫煙権を承認させる，あるいは（コールマンの場合，暴力や強制力も権力のうちに入るので）喫煙者が強制力を用いて非喫煙者に「権利」を認めさせることができる，といった事態が念頭に置かれていると考えられる．

　しかし，かかる「権力」を背景にして認めさせることができる「権利」なるものは通常の権利概念とはかけ離れているといわざるをえない．というのは，通常の意味での権利とは，当該人物の状態や能力と無関係に一定の自由や請求権を保障するものだからである．そこで第3の条件が重要となる．この条件は権利のもつ「弱者保護」的機能を交換理論によって説明しようとする試みとして位置付けることができる．ここでいわれているのは，例えば，喫煙者が多数派でかつ喫煙権を一般的に擁護するための十分な利害と権力をもっているならば，個別の喫煙者が彼自身の権力とは関係なく，非喫煙者に喫煙権を認めさせることができる，といった事態である．ここでは当事者の権利と彼の有する権力が一応切り離されている．これに加えて，この議論は一見，交換理論に沿った議論であるように思える．というのは，多数派の喫煙者が彼の権力と「交換」に少数派の非喫煙者から喫煙権の承認を得ているようにみえるからだ．

　しかし，これはまやかしに過ぎない．トリックは喫煙者や非喫煙者という一般的カテゴリーの使用にある．

　一般に交換とは個別的なものである．つまり，個別的な喫煙者が個別的な非喫煙者に対して，金銭的見返りなり強制力の使用なりと「交換」に自らの喫煙という行為を認めさせること，これが交換である．したがって，本来は，交換を分析する際に，喫煙者，非喫煙者という一般的カテゴリーを無前提に用いる

べきではない．ところが，コールマンは喫煙者と非喫煙者との交換を語ることによって，本来は個別的交換に還元しえない一般的権利の成立を交換によって基礎づけることができたかのように思いこんでいる．つまり，ここに存在するのは，個別的次元から一般的な次元への飛躍なのである．喫煙という個別的行為を当事者の権力によって認めさせるという議論は可能かもしれない（第 2 の条件）．だが，ここで問題となっているのは，一般的行為カテゴリーに対する権利としての喫煙権，つまり一般的権利への集合的承認なのである．

この議論の問題性は次のように問うことで明らかになる．個別的な交換の文脈で十分な権力をもたない行為者の喫煙権の主張をなぜ非喫煙者は認めなければならないのか．ありうる説明は，非喫煙者は個別的行為者の背後にいる権力をもった多数派のサンクションを恐れるから権利を承認するのだ，というものである．しかし，この議論は間違っている．なぜなら社会の多数派が個別的弱者を守るためにサンクションという「交換」コストを支払う合理的理由は存在しないからである．

次の説明はより有力である．喫煙権という一般規範の個別的侵害が結果的には多数派の側での喫煙権の主張を弱めるかもしれないから，一般規範を侵害から保護するために多数派がサンクションを提供するのは合理的である，という説明である．実際，コールマンはそのように考えていたのかもしれない．この議論はある点で核心に迫っているが，しかし直接的には成り立たない議論である．というのは第 1 に，多数派はつねに権力を用いて「弱者」を除外する形で自らの喫煙権を再主張することが可能である．さらにより基本的には，そもそも個別的な規範や権利の侵害が多数派の権利の主張を弱めることになるという主張自体，人々が規範や権利を一般的なものとして認識していることを前提とした議論である．なぜなら，「ある行為者 A の権利侵害が他の行為者 B の同様の権利を弱める」というためには，そこで侵害されている権利がまさに「同一」の権利であるという意味での一般性が成立していなくてはならないからである．かくしてここでは，一般的に妥当する権利という規範的な概念が前提とされている．のみならず，行為者たちがこうした事柄について規範的信念をもつことも仮定されているのでなくてはならない[3]．

議論をまとめよう．コールマンがすべきは，個別的な行為者の権力とは無関係

に保護されるという権利の一般性を説明することである．彼はこの一般的権利の生成を合理的交換の論理で説明しようと試みているがそれは失敗している．ここでは二重の意味での規範性が前提とされているのである．第1に，個別的な喫煙行為等ではなく，一般的な意味での喫煙権や禁煙権が保護されるべきであるという意味での規範性，第2にかかる権利の擁護は集合的に，すなわち違背者に対して当事者であるか否かにかかわらず制裁が加えられるべきである，という意味での規範性である．権利が集合的合意によって支えられているとする権利の合意理論は，権利を擁護すべきという規範性のみならず，権利を集合的に維持すべきという2階の規範性をも含意する．この規範の二重構造は権利の合意理論の本質的特徴である．これについては次節で再び議論したい．

4 権利の合意理論から社会関係資本の理論へ

　前節の議論で明らかになったのは，コールマンの交換理論の定式化の背後には権利の合意理論とでもいうべき理論が存在すること，しかもこの理論は合理的選択理論の前提とは相いれないということだった．この権利の合意理論こそがコールマンをして，ホッブズ的リバタリアニズムではない規範的立場，つまり共和主義的な公共社会学を可能にしている，というのが本章の基本仮説である．

　しかし，ここで次の疑問が生じるかもしれない．交換理論の基礎づけが不十分であり，それが権利の合意理論の論理と不整合に陥っていることが事実だとしても，やはりコールマン理論の基本路線は合理的選択理論に基づく交換理論なのではないか．コールマン理論の全体像は交換理論によって理解することが最善なのではないか．こうした疑問に応えるべく，この節では，コールマンの社会理論と公共社会学の双方にとって中心的な位置づけを与えられている信頼や社会関係資本の理論が，まさに権利の合意理論の観点からよりよく理解できることを示し，権利の合意理論がコールマン理論の傍流ではなくむしろ本流を占めていることを論じる．あわせて，社会関係資本についての検討は，権利の合意理論の論理構造にさらなる光をあてることになるはずである．コールマンの公共社会学がもつ可能性について議論するためには，こうした作業が必要と

なる.

コールマンの社会関係資本概念は機能的に定義される (Coleman, 1988=2006, 1990). つまり, 行為者の何らかの行為を促進する機能を果たすのが社会関係資本である. ただし, これが他の資本とは異なるのは行為者間の関係の構造に内在しているという点である. 要するに, 社会関係資本とはその構造内における行為者の一定の目的を達成するのに不可欠な社会構造のことである.

コールマンは社会関係資本の例をいくつか挙げている. 例えば, ダイヤモンド卸売市場では, 公式的な契約もなく, 卸売商同士でダイヤモンド石のやり取りが行われている. 他者に預けた石が偽物に取り換えられたり盗まれたりしたときの公式の罰則も存在しないにもかかわらず, である. ここでコールマンはダイヤモンド卸売商が閉鎖的なコミュニティであること, 例えば同じエスニシティ, 同じ宗教をもち, そして姻縁関係で結ばれていることが多いこと, に注意を促している.

また, 社会規範を備えた社会構造も社会関係資本である. 例えば, 誰でも子どもの面倒を見てくれるような規範構造を備えた都市は社会関係資本に恵まれているといえる. このような都市では親がつきっきりになる必要もなく, 子どもを自由に遊ばせることができるからである.

では, 社会関係資本となりうる社会的関係とは何か. ここで中心的役割を果たすのが信頼の概念である. コールマンによれば, 「AがBのために何かを行い, Aは将来Bがそれに報いてくれると信頼」するときにAには期待がBには義務が生じる. Bが与えられた義務を遂行すれば信頼が守られたことになり, 義務を怠れば信頼が破られたことになるだろう. この義務は交換理論的にいえば, もちろん, 個別的義務である. つまり, あくまでAに対して返済すべき義務である. 実際, コールマンがこれをAの所有するいわば「クレジット払い伝票」(Coleman, 1988: 102=2006: 214) だというとき, 義務の遂行を請求する権利を個人に属する資本として概念化しているように思える[4].

信頼に関する議論の要点は, (1) ある人が他者を信頼することで, さもなければ不可能だった行為が可能になる, (2) 被信頼者が信頼に足れば信頼する側にとっては信頼しないでいるよりも利益となり, 信頼に足らないならば信頼する側は不利益を被る, (3) 信頼付与行為には他者の手に資源を委ねることが含まれ,

したがって信頼付与と義務の返済の間にはタイムラグが存在する，というようにまとめられる（Coleman, 1990）．

　例えばダイヤモンド卸売市場において，ある行為者が他方の行為者に何の保証もなく，査定のためにダイヤモンド石を預けるとき，彼は相手を信頼しているといえる．相手側がこころよく査定を引き受けて返却してくれれば，信頼行為は成功である．他方，相手が石を盗んだり，偽物に取り換えた場合には，信頼が裏切られたということになる．

　ここまでの議論は2者間での個別的な信頼，個別的な義務に関する議論である．しかし，コールマンが社会関係資本によって概念化しようと試みたのはそうした個別的な信頼だけではない．というよりコールマンの社会関係資本概念の価値は主として，ある集合体に関する属性，公共財や集合善とでもいうべき社会の集合的属性をいかにして捉えるか，という問題に取り組んでいる点にある．そしてまた，権利の合意理論との関連が明確になるのも，この文脈においてである．

　さて，コールマンが信頼の集合的側面を示す用語として用いるのが「社会環境の信頼性」である．この概念は計量社会学で用いられる「一般的信頼」なる概念に類似しており，当該社会の他者が一般にどの程度信頼できるかを示すものとして用いられている．

　では，こうした集合的な意味での信頼をいかにして分析可能か．コールマンはこの集合的な信頼を人々の個別具体的な信頼の積み重ねとして導出しようとしているように見える（ただし，コールマンの議論はあまり明確ではない）．しかし，ここでもやはり前節と同様の論理的飛躍を確認することができる．

　個別的な信頼から集合的な意味での信頼への移行の論理を検討するに際して注目すべきは，「高レベルの未決済義務（high levels of obligations outstanding）［強調は著者］を内包する社会構造」（Coleman, 1988: 103=2006: 215）というコールマンの概念である．未決済義務の密度が高い社会構造においては社会環境の信頼性が高い，すなわちこうした社会は多くの社会関係資本を蓄積しているといえる．では，こうした状態はいかにして現出するのか．

　コールマンはここで未決済義務の概念を個人の信頼行為と結び付けて考えている．つまり，ある人が誰か他者を信頼するとき，当該他者には返済すべき義

務が生じる．コールマンは基本的にはこうした個別的な信頼付与行為の積み重なりを，高レベル未決済義務なる集合的属性として捉えているように思われる．行為者AがBを信頼し，BがCを信頼し，CがDを信頼し，といった行為の積み重ねである．さらに，こうした信頼の積み重ねは特有の「増幅効果」をもつという．ここで考えられているのはおそらく，投資の乗数効果のようなものであり，AがBに与えた援助をてこにして，BがCを助け，さらにCがこれらを資源として別のDを援助し，という形での信頼の増幅のことである．

しかし，信頼に伴う個別的義務から当該社会の蓄積する高レベルの未決済義務，すなわち社会関係資本を導出することはできない．というのは，後者でいわれている義務は個別的なものではなく，いわば一般的義務だからだ．ここに権利の合意理論と同様の構図を見出すことはたやすい．

コールマンはある個所で純粋な個人の合理的選択に基づけば，社会関係資本は過少投資にいたることを論じている（Coleman, 1988: 117=2006: 232）．それは次のようなものだ．ある個人が自らの必要を満たすための援助を求めるとき，一般的にいって3つの選択肢がある．(1)個人が自己責任において自給自足的に必要を満たすべく努力する．(2)国家ないし公的機関が必要を満たす．(3)コミュニティ内の他者に頼んで必要を満たす．これら3つの選択肢のコストが同じで援助のレベルも同様だとすれば，どれを選んでも個人にとっては同程度に望ましい．そこで当該個人が(1)や(2)を選んだとする．ところが，これは当該コミュニティの社会関係資本にとっては過少投資を意味する．というのは，この個人が(3)を選んだとすれば，個人が誰かに義務を負うことで，コミュニティの未決済義務の総量は増加するからだ．

この議論から明らかなように，コールマンはある個人が個別的他者に負った個別的義務をそのままコミュニティ全体への一般的義務へと横滑りさせている．ここでも前節と同様，集合的なものを概念化するにあたって，コールマンはある種の規範的なものを前提としていると議論することができる．しかし，社会関係資本に関するコールマンの議論を検討することで明らかになるのはそれだけではない．むしろ，以下で明確にしたいのは権利の合意理論における集合性の内実である．すでに権利の合意理論では二重の意味での規範性が前提とされているとした．だが，そこではそうした規範性がいかにして実効性を獲得する

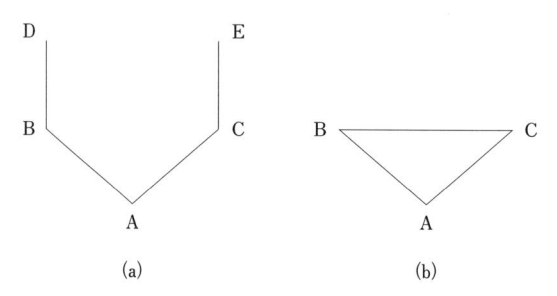

図 2 (a) 閉鎖性のないネットワークと (b) 閉鎖性のあるネットワーク

のかは問わないでおいた．この点に関して示唆を与えるのが，社会関係資本に関するコールマンの洞察なのである．

　ここで検討すべきは，信頼を可能にする社会構造とは何かという問題である．コールマンが信頼，あるいは社会規範を可能にする社会構造として想定するのは，ダイヤモンド市場の例にもみられたように，一定の閉鎖性をもった社会構造である．

　さしあたり，規範について考えよう．規範とは，「複数の他者に同等の外部性」をもたらす行為が存在するときに，発生する可能性があるものである，とされていたことを想起しよう．例えば，図2において行為者Aが負の外部性をBとCにもたらすとしよう．このとき，閉鎖性の有無によって規範が実効的になるか否かが決まる，というのがコールマンの議論である．彼によると，閉鎖性のない構造では，BとCは関係をもっていないので行為を抑止するために協力してAに制裁を加えることはできない．他方，閉鎖性が存在する場合にはBとCは力を合わせてAに制裁を加えることができる．こうして実効的な規範が成立する．

　コールマンいわく，同様のことが信頼についてもいえる．コールマン自身の議論を敷衍して，図に即して説明しよう．構造が閉鎖的でない場合，Aの信頼違背行為に対して効果的な制裁を加えることのできるのは，せいぜい直接義務のあて先となっている人（例えばB）のみ，である．これに対して，閉鎖的な構造では，「信頼性を保証する集合的制裁」を発動することが可能である．つまり，Aの違背に対してBとCが集合的に制裁を加えることができる，というわ

けである．

　ここでのコールマンの論理は詰めが甘く，特にその後に展開されたゲーム理論に基づく諸研究と比較してみると著しく不十分であるが，これを権利の合意理論の文脈に置き直すならば，なお意味のある洞察を引き出すことができる．

　最初に確認しておくべきなのは，ここでも予想通り，コールマンは個別的な関係を集合性へとつなぐ際に一定の規範的なるものを前提としているという点である．信頼と社会構造に関する議論において，当初問題となっていたのはAとBの間の個別的権利・義務関係であった．しかしながら，Bに対するAの違背に対してCにもあたかも制裁をする権利があるかのように議論するときには，Aの個別的義務が一般的義務に，Bの個別的権利がCも当該権利の保護に利害をもつような一般的権利へと転化しているのである．

　しかしここでさらに注目したいのは，先に権利の合意理論の本質的特徴として述べた規範の二重性が，閉鎖性をもつ社会構造と密接に関連している点である．まず，この議論における二重の規範性とは次のとおりである．1つは，そもそもBの信頼にAが応える義務があるという場合の規範性である．これを互恵性の原理ということができる．第2の規範性は，仮に互恵性の原理に違反する行為者がいた場合，彼は罰されるべきであるという意味での規範性である．この二重の規範性が，社会構造としてはそれぞれAとBの関係，BとCの関係に対応している．かくして，図2のようなトライアドが形成される．

　コールマンの閉鎖性に関する議論は合理的選択理論としてみると破綻しているが，あえて建設的に読み解くならば，次のような仮説を提示しているとみることができる．つまり，規範性が実効的に担保されるのは互恵性のはたらく具体的な社会関係においてだ，との仮説である．AとBの間に働くのが互恵性の原理であるということはすでに述べた．しかし，BとCに働く規範性も，BとCの相互関係によって支えられる以上，いわば2階の互恵性によって支持されている，ということができるだろう．ここで2階の互恵性とは，Bが制裁に加わることを条件としてCも制裁に加わるという相互的コミットメントのことである．以上を認めれば閉鎖的な社会構造が信頼を可能にするという議論も理解可能となる．

　閉鎖的な構造では，信頼関係は二重に保証される．第1に，AとBの間に働

く互恵性が存在する．第2に，仮に，AがBの信頼を裏切ろうとする誘惑にかられたとしても，BとCの間に互恵性で支えられた関係が存在するのであれば，Aは制裁を加えられる可能性が高い．したがって，信頼はより効果的に担保されることになる[5]．

これまでの議論をまとめよう．信頼や社会関係資本に関するコールマン理論もやはり，交換理論だけで自足せず，権利の合意理論の論理に暗に依拠している．特に，個別的な交換（この場合個別的信頼関係）から集合的な社会関係資本を導出しようと試みる過程において，コールマンが一定の規範的なるものを前提としていることが明らかになった．だが，他方で社会構造に関する議論を検討する過程で，権利の合意理論の論理構造を新たに明確化することができた．それは，権利や義務の規範性は一定の社会関係との関連において実効的となるということ，そしてそこではたらくのはある種の互恵性の原理であり，かつそれが二重に働くときに最大限の効力を発揮する，という論理である．これは，もちろんこのような機構が現実に存在しているはずだという経験的仮説である．だが，それと同時に，互恵性を内包する社会関係を集合善と捉える視点は，コールマンの社会関係資本の理論を公共社会学へと展開していく際に重要な視点たりうるのではないか．そこで最後にコールマンの公共社会学の可能性について論じて結論としたい．

5　結論——コールマン公共社会学の可能性

これまで本章では，コールマンの基礎理論に潜む深刻な不整合を解明し，交換理論ではなく権利の合意理論を基底にして理論的再解釈を行うことで，信頼や社会関係資本，ひいてはコールマン社会理論の全体をより有意義に再構成しうると論じた．

では，権利の合意理論を中心にみたとき，コールマンの公共社会学の最も有意義な議論はどこにあるといえるだろうか．それは，法的正義や個人的善に還元されえない集合的な善さの定式化への試みにある．コールマンがロールズの理論を「普遍主義によって統治される完全な官僚制制度を前提とする社会」(Coleman, 1974a) を想定していると批判したとき，おそらく彼が考えたことは，

規範理論的探求は国家的正義に限定すべきではなく，社会的な水準での善の解明を目指さなければならない，ということだったはずだ．

コールマンが解明しようとした集合的属性としての社会関係資本は，まさにこうした社会的な水準での善さに照準するものだということができる．かかる社会的な善さは狭い意味での国家的・法的正義には還元しえない．また，法的権利のような公式的権利でさえ，集合的承認，すなわち，社会的な水準における集合的コミットメントを基礎としている，ということもできる．そうでなければ，たとえ公式に権利が保障されているとしても，フリーライドの蔓延により，その実効性は失われてしまうだろう．コールマンが公式組織や巨大法人の発達により社会の「活力」が失われるとしたときに問題にしたのはこうした事態であったように思われる．

かくして，いかにしてかかる社会的善を促進することが可能か，ということが公共社会学の重要な課題の1つとなるはずだ．もちろんその際に，集合善を実現する社会構造のメカニズムに関する経験的分析は不可欠である．コールマンの議論はこうした社会学的探求のための価値ある遺産である．

とはいえ当然のことながら，コールマンの公共社会学が大きな限界を抱えていることも認識しておかなければならない．最も重要なのは，その論理の体系性の欠如，基礎の脆弱さである．本章では，権利の合意理論を前面に出すことで論理を明確にし，コールマン理論の基礎を再構成できると論じた．だが，ここで行った議論はかなり素描的なものにとどまっている．経験的社会理論と規範理論とをつなぐ理路はコールマン自身の議論を大幅に超えて開拓されなければならない．

より実質的な内容の水準では特に次の2つの欠点を指摘できる．すなわち，(1) 分配的正義論の不在，および，(2) 社会関係資本についての楽観的仮定，である．

第1の点については，この問題は，コールマンがホッブズ的リバタリアニズムの前提を引きずってしまっているがゆえに生じた問題だ，といえよう．交換理論の観点からは，交換の出発点となる資源の初期分布は問われざる前提とされるよりほかないからである．だが，このような軛に縛られる必要はない．公共社会学は，コールマンの議論を超えて，分配的正義を論じるための筋道を見

出す必要がある．

　第2の点は，コールマンの社会関係資本概念そのものに対してよくなされる批判でもある．すなわち，社会関係資本を無条件に善いものと考えることにより，その暗黒面，つまり支配や抑圧，排除の契機を見逃してしまっているとの批判である．これはおそらくその通りであるが，このこともまたコールマンが自らの公共社会学の原理を明示的に定式化できなかったために生じた問題だと考えることもできる．というのは，コールマン自身，他の個所では支配や権力の非対称性といった問題を考察の主題としているからである．問題はこうした（過度の）支配の不当性を論じる明示的な根拠をコールマンが提示していない点，それゆえに支配の問題と社会関係資本の問題を明示的に結びつけて議論できなかったという点にある．

　これに対して，本章では，互恵的な社会関係を集合的善として捉える視点を仮説的に提示した．これは社会関係資本の公共性を基礎づける原理であるだけでなく，支配の問題を考察するための手がかりともなりうる．つまり，過剰な支配とは何らかの理由で互恵的関係が破れている状態だ，と考えることが可能である[6]．

　いずれにせよ，社会関係の善さとは何であるかを解明すること，そしてそこで明らかとされた原理の下で現実に生じている社会現象の倫理的問題を定式化し，より善い関係を可能にする社会的仕組みを構想すること，これが公共社会学の取り組むべき課題である．

1) コールマンの社会理論に関する先行研究としては，論文集として Clark, ed. (1996) および Sorensen and Spilerman, eds. (1993) がある．Marsden (2005) は現時点で最も網羅的なレビューを提供している．Frank (1992) は経済学の観点からみたコールマン理論の価値を内在的に吟味しており水準が高い．Favell (1993) は道徳哲学との関連からコールマン理論を論じている．邦語文献としては，盛山 (2006, 2011) および久慈 (2006) を参照してほしい．
2) ここでいう共和主義とは，Pettit (1997) らの政治哲学のことである．
3) エルスターによる，コールマンが暗に「一貫性の規範」を前提しているとの批判もこの点と関連している (Elster, 2003: 298)．
4) ただしコールマン自身はこの文脈では権利という用語を用いていない．ただ，義務との対応関係として権利を考えることは妥当であり，かつ権利の合意理論との関連を見やすくすることができるので，ここでは権利という用語を使うことにしたい．

5) コールマンの社会理論を互恵性原理の観点から体系的に読み解くことも可能である．このような試みとして拙稿（瀧川，2007）を挙げておく．
6) 拙稿（瀧川，2009）は，互恵性原理を軸においた新たな平等の規範理論の構築の試みである．

【文献】
Clark, J., ed., 1996, *James S. Coleman*, Falmer Press.
Coleman, J. S., 1964, *Introduction to Mathematical Sociology,* Free Press of Glencoe.
Coleman, J. S., 1974a, "Inequality, Sociology, and Moral Philosophy," *The American Journal of Sociology*, 80(3): 739–764.
Coleman, J. S., 1974b, *Power and the Structure of Society*, Norton.
Coleman, J. S., 1982, *The Asymmetric Society*, Syracuse University Press.
Coleman J. S., 1988, "Social Capital in the Creation of Human Capital," *American Journal of Sociology*, Supplement 94: S95–S120（金光淳訳，2006，「人的資本の形成における社会関係資本」野沢慎司編・監訳『リーディングスネットワーク論』勁草書房）.
Coleman, J. S., 1990, *Foundations of Social Theory*, Harvard University Press（久慈利武訳，2006，『社会理論の基礎』青木書店）.
Coleman, J. S., 1993, "The Rational Reconstruction of Society, Presidential Address," *American Sociological Review*, 58(1): 1–15.
Coleman, J. S., E. Campbell, C. Hobson, J. McPartland, A. Mod, F. Weinfeld and R. York, 1966, *Equality of Educational Opportunity*, U.S. Government Printing Office.
Elster, J., 2003, "Coleman on Social Norms," *Revue Française de Sociologie*, 1, 44(2): 297–304.
Favell, A., 1993, "James Coleman: Social Theorist and Moral Philosopher?" *American Journal of Sociology*, 99: 590–613.
Frank, R. H., 1992, "Melding Sociology and Economics: James Coleman's Foundations of Social Theory," *Journal of Economic Literature*, 30: 147–170.
久慈利武，2006，「訳者解説」ジェームズ・コールマン『社会理論の基礎』青木書店．
Marsden, P. V., 2005, "The Sociology of James S. Coleman," *Annual Reviews of Sociology*, 31: 1–24.
Pettit, P., 1997, *Republicanism*, Oxford University Press.
Rawls, J., 1971, *A Theory of Justice*, Harvard University Press.
盛山和夫，2006，「合理的選択理論」新睦人編『新しい社会学の歩み』有斐閣．
盛山和夫，2011，『社会学とは何か』ミネルヴァ書房．
Sorensen, A. B. and S. Spilerman, eds., 1993, *Social Theory and Social Policy: Essays in Honor of James S. Coleman*, Praeger.
瀧川裕貴，2007，「コールマン社会理論の新しい基礎を再構築する――数理社会学と規範理論の対話へ向けて」第80回日本社会学会大会配布原稿．
瀧川裕貴，2009，「互恵性に基づく平等の規範理論」『理論と方法』42: 21–39.

4 システム合理性の公共社会学
ルーマン理論の規範性

三谷　武司

1　規範主義からの距離化

規範論のルーマン？

　公共社会学とは何か．この問いに対しては多くの立場がありうるが，少なくとも次の要件を共通点として含むはずだ．すなわち，それは，研究がその対象に対して有する実践的意義を自覚したうえで進められる社会学研究でなければならない．ここで，たんに研究が対象におよぼす影響，帰結，効果といった言葉をつかわず，あえて意義というからには，研究の遂行・発表が，その対象にとってなんらかの意味で「よい」ことでなければならない．そして，それを社会学が自覚しているということは，この「よい」ということの意味や，その判断の根拠を，少なくとも社会学がみずから制御可能であるということである．その意味で，公共社会学は規範論的な観点を含まざるをえない．

　さて，現在ひろくとられている解釈によれば，ニクラス・ルーマンの社会学は，上のような意味での公共社会学とはかけ離れた立場の議論だということになるだろう．というのも，ルーマン社会学は規範論的な観点を完全に排除し，社会的現象の記述に徹した議論であり，その点こそが評価すべきポイントだと考えられているからだ[1]．

　本章で示したいのは，そのような解釈は一面的，部分的なものにすぎず，ルーマンの社会学は，われわれのめざす公共社会学の目標に対して，かなり早い時期から，相当に精緻で有力なアプローチを呈示していたということである．この点に対しては，機能分析という方法論，システム合理性という評価概念，そ

して経験的研究と規範的研究の分断状況の克服という問題軸——これらの，ルーマン研究上あまり重視されてこなかった3点がヒントになる．

しかしまずは，ルーマンの議論において，脱規範主義的だと確実にいえるポイントを確認しておこう．

規範主義との距離

ルーマンの社会学は，つぎの2つの点で，規範主義から距離をとっているといえる．ひとつは，理論の出発点に規範的な前提をおかないことである．これは，ルーマンが自分の理論を仮説・演繹的ではなく索出的と形容している[2]こと（たとえばLuhmann, 2005a (1970): 26）と深い結びつきがあるし，あとで詳述するが，理論の目的として「説明」を放棄していることとも同根である．つまり，個人から社会を説明するわけでも，社会から個人を説明するわけでもないので，行為者の動機や行動選択肢に，また社会の秩序の成立条件に，あらかじめ規範的な（あるいはその仮定に同意しない論者からは規範的と形容されてしまうような）仮定をおく必要がないのである．

もうひとつは，社会的現象として規範というものが存在することは認め，むしろそれをみずからの理論の中で，他のさまざまな社会的現象と同列に位置づけるという，対象化という意味での脱規範主義である．これは，規範を理論そのものの性能としてではなく，理論の対象としてとらえようという態度だ．

それが，『法社会学』（Luhmann, 2008 (1972)）等の著書で有名な，規範的／認知的という期待の分類である．すなわち，期待はずれに際して，学習的に内容を変更していくような期待を認知的期待とよび，期待はずれにもかかわらず，つまり期待内容と事実内容との齟齬を自覚しつつもなお維持される期待を規範的期待とよぶ．ここで規範は，たかだか認知的期待とならぶ期待の一種としての地位しかあたえられていない．さらに，規範は，期待の環境適応性能の拡張としての一般化の一種としてあつかわれる．すなわち規範とは時間次元での一般化である，として，抽象化による適用対象の増加という意味での内容次元での一般化，制度化による期待への同意者の増加（匿名第三者の同意の想定可能性）という意味での社会的次元での一般化とならぶ，期待の適応進化の一種としての地位しかあたえられない．このように，規範に対して理論上の特権的地

位はあたえられず，それゆえその理論構成上，規範主義とはとてもいえないのがルーマン理論の特徴である．

このような意味で，ルーマン理論それ自体には規範論的な含意がない．しかし，だからといってルーマン社会学の全体がそうだとはいえない．なぜなら，機能分析の方法論は，システム理論の一部ではないからであり，ここにみられる，方法の理論からの分離独立こそが，ルーマンの社会学構想の出発点にして本質であって，そこにこそ独特の規範論的・公共社会学的特徴がみいだされるからである．

2 機能主義における方法と理論

機能主義社会学に対する，機能的等価物の存在可能性のゆえに説明として不十分，という論難（たとえばHempel (1959)）をうけて，ルーマンが，むしろ機能的等価物の索出と，ある機能的観点における複数の機能的等価物のあいだの，別の機能的観点からの比較こそが機能分析の認識利得の源泉である，とする等価機能主義（Äquivalenzfunktionalismus）を提出した事実はよく知られている（たとえば宮台 (2010: 第6章)，佐藤 (2011: 第8章) を参照）．しかしそれが，理論と方法のあいだの関係に革命的な転換をもたらすものであったことについては，これまで指摘されていない．以下，この点を明らかにする．

説明型機能主義における方法の理論への依存

ルーマン以前の機能主義において，機能分析の目的は，分析対象となる社会的事象が存在することの「説明」（Erklärung）であった．ある制度について，「それがなぜあるのか」という問いと，「それは何の役に立つのか」という問いが同一視され，「〜の役に立つ」「〜の機能をもつ」という答えがあたえられることが，すなわちその制度が存在することの説明とみなされることになる．

もちろん，そこで「機能」といわれているのは，その制度がひきおこす結果（の一部）であって，そういう結果がひきおこされるから，その原因としてその制度が存在する（存在を維持する）というだけでは，これは説明になっていない．因果的説明というのは，原因による結果の説明のことであり，結果によっ

て原因を説明しようとする機能的説明は，通常の因果法則の適用範囲外だからだ．

そこで登場するのが，結果がその原因の原因となるような特殊な対象領域と特殊なメカニズムの存在を主張する機能理論である．これにはさまざまな変種があるが，基本的には，ある統一体における，(1)充足することが不可欠な機能（機能要件）の特定，(2)その機能の充足・不充足を正しく判定する認識メカニズムの特定，(3)不充足を回避し充足を維持するための調達メカニズムの特定，を含む．またこの3点によって特徴づけられる統一体をシステムとよぶ．この理論が正しく，かつこの理論の適用対象であるシステムの中で，機能分析の対象である制度が機能をもつ（機能要件を充足する）場合，「この制度は〜の機能をもつ」という命題が，この理論の媒介をへて，当該制度の存在の説明になる．これが機能分析による「説明」の基本的なロジックである．

ここで本質的に重要なことは，機能分析にその説明性能をあたえているのが，何が機能（要件）であるかを特定し，何が機能充足を保証するかを特定する，特殊な対象についての特殊な理論（機能理論）だということだ．この場合，機能分析という方法の説明性能は，まさに「機能」という理論的概念に依存していることになる．簡単にいいなおすなら，方法が理論に依存しているのである．あるいは，方法とは理論の適用手順にほかならない，といってもよい．いずれにしてもいえることは，方法としての機能分析の成否は，機能理論の成否に全面的に依存するということである．機能理論がまちがっているなら，機能分析による「説明」もまちがっている．

したがって，この種の機能主義に対する批判は，機能理論に対する批判というかたちをとるのが一般的である．実際，社会的現象にこの種の自己維持メカニズムを認める「社会的システム」理論としての社会学的機能理論は，理論としての不足や欠陥，無理を指摘されて（さらにその無理に規範的バイアスという色をつけられて），1960年代以降急速に衰退していった[3]．

等価機能主義における方法の理論からの独立

ルーマンは1958年の学界デビュー論文「行政学における機能概念」において，等価機能主義の立場を鮮明にうちだしている．「機能」とは何であり，機能

分析とは何をすることであるのかということについての見解は，この論文（および 1962 年の「機能と因果関係」）から，以後 40 年間の学問的キャリアをつうじてまったく変わっていない．それによれば，「機能」とは，「y が x（いわゆる変数）の等価性を定めるための観点（つまり変数 x を変数たらしめる観点）として働く場合に成立する，x から y への関係」（Luhmann, 1958: 99）だという．

　少し補足しよう．x_1 と x_2 というたがいに異なる具体的個物を考える．具体的個物であるからそのままだと x_1 と x_2 は別のものである．ところが，x_1 と x_2 のあいだに，y_1 という共通点が見つかったとする．このとき，x_1 と x_2 は y_1 に関して等価であるといえる．この等価性は y_1 にかぎったものであり，別の観点 y_2 に関して等価性がなりたつ保証はない．またさらに別の観点 y_3 に関して x_1 と x_2 が等価であったとしても，この等価性と，先の観点 y_1 に関する等価性とは別物である．このように「等価である」という述語を（真偽を問わず）有意味にするような y_1 や y_2 や y_3 を機能的参照観点とよぶ．何らかの機能的参照観点なしには，x_1 と x_2 の間の等価性を主張する命題は（偽ではなく）無意味である．等価性命題は必ず，「y_k において x_i と x_j は等価である」というかたちをとる．またその意味で，等価性とは抽象的なものである．つまり等価なのは特定の機能的参照観点に関してのみであって，他の可能な参照観点における相違（の可能性）は捨象されている．

　これをふまえてルーマンは，「機能の機能とは，パースペクティヴをひとつさだめ，それを参照点として，複数の可能性のあいだの交換を統制すること」（Luhmann, 1958: 99）だという．「機能の機能」という言い方は，考えようによっては思考の泥沼に引きずり込まれる危険な魅力があるが，ここでは「機能分析の目的」と言い換えて問題ない．y_1 という参照観点を立てることで x_1 と x_2 のあいだに等価性が認められたとしよう．このとき，等価であるがゆえに，y_1 にかぎっては安心して交換ができる．しかし前述のとおり，等価性は参照観点に依存するので，別の参照観点に関してはまた別の判断がくだされうる．そうやってさまざまな参照観点による等価性・相違性判断をくだしていくことで，x_1 と x_2 を交換した場合にどういう点でどういう影響が現れるかをあらかじめ整理しておくことができる．そうやって「統制」のとれた状況で「交換」ができるような態勢をととのえること，これがルーマンのいう機能分析，つまり等価

機能分析の目的である．

　このような等価機能主義の構想は，それ以前の説明型機能主義に対して顕著な違いがある．

　第1に，「機能」概念がきわめて抽象的・一般的な水準で定義されていることだ．分析対象に対して，別の対象との等価・不等価がいえればいいだけなので，機能的参照観点の選択は，したがって何が機能であるかの選択は，無制限に可能である．説明型機能主義におけるように，何が機能であるかを（社会的システム理論の一部としての）機能要件理論によって特定してやる必要がないのである．

　第2に，何が機能であるかは，分析者による等価性判断，あるいは比較という分析実践の範囲でのみ，またその分析実践に依存してのみ決まり，通用するということがある．これは理論的な後ろ盾が不要であるということの裏面である．なぜなら何が機能であるかが理論的に決まるのであれば，そしてその理論が経験科学の理論であるならば，「機能」は分析者の分析実践とは独立に，それに先立って，その理論が対象とする世界の中の現象として存在するはずだ．ところが等価機能主義における「機能」は，理論によって世界の中に位置をさだめられないかわりに，分析者によって自由に立てられるのである．ここにおいて「機能」は対象世界に登場する対象ではなく，世界に対する分析者の態度を特徴づける概念として現れてくることになる．

　第3に，機能分析の目的が，つまり「機能の機能」として機能概念に要請される性能が，きわめて弱いものになっている．かつて機能分析に求められていた（科学的分析に対する要請としてはまったく正当な）「説明」という条件が姿を消し，かわりに「比較」(Vergleich)が登場している．説明というのは，理想的には一意の正しさを目指すものであり，それゆえ正しい説明と間違った説明があり，その成否は依拠する理論の正しさによって決まる．これに対して比較は，比較の参照観点さえ立てればともかく可能であり，参照観点は分析者の任意に立てられる．上記の2点とからめていえば，説明ではなく比較を分析の目的とすることができたからこそ，機能概念にとって，世界のあり方を特定する枠組みとしての理論の後ろ盾が不要になったのであり，また世界のあり方に縛られず，分析者の都合にあわせて自由におこなえる比較分析実践において有意

味な,かつそこでのみ有意味な機能設定が,許されるようになったのだ.

以上の議論[4)]において本質的に重要なのは,機能分析という方法の実行にとって,あるいは少なくともその方法が有意味であるための条件として,社会的システム理論による理論的正当化が不要になったということだ.いわば,方法が理論から独立したのである.これは,ルーマンが,当時の社会的システム理論(とそれに依拠した機能的説明)にむけられていた論難を認めたことを意味する.だとすれば逆に,ルーマン社会学の出発点にある前提とは,社会的システム理論には説明性能を要請することはできないという認定であったといえる.

システム理論に求められる性能

等価機能主義において機能分析に説明性能がもとめられなくなったということは,それまで機能分析に説明性能をあたえる役割をもとめられていたシステム理論も,その要請から解放されたということである.じつはこの点において,ルーマンの社会的システム理論と,それまでの社会的システム理論とのあいだには本質的な違いがあり,またこの違いを意識していなければルーマンの理論を適切に理解することはできない.もちろんルーマンは,T. パーソンズ(Parsons, 1951 など)をはじめとする従来の社会的システム理論からさまざまな概念を継承してはいるのだが,そもそも理論に対する要請が異なる以上,似たような概念を用いていても,全体の構成はまったく違うとみるべきである.

さて,機能分析という方法がともかく有意味に成り立つのにシステム理論は不要である.となったからには,この方法を理論なしで利用するという可能性もあったはずである.しかし周知のとおり,ルーマンは以後も依然として社会的システム理論にこだわり続けている.というか,以後のルーマンの学的営為のかなりの部分が,一般システム理論の展開をフォローしつつ,それを取り入れることで独自の社会的システム理論を完成させるための作業に充てられている.かつ,機能分析はやはり社会的システム理論とあわせて利用すべきものとして呈示されているのである.これは,等価機能主義の提唱後,あらためてこの方法／理論関係について論じた 1964 年の「機能的方法とシステム理論」(Luhmann, 2005a (1970): 39ff.) から,社会的システム理論一般の水準での整備をひとまず終えた 1984 年の『社会的システム』(Luhmann, 1984: 83ff.) まで

(そしてもちろん,この著書を「序章」とするその後の膨大な『社会の〜』シリーズを通じて)一貫した態度である.このことは,依然として,システム理論には何らかの性能が,機能分析の方からもとめられているということを意味している.では,それはいかなる性能か.

それは,「説明」の提供ではなく,「問題」の提供である.つまり機能分析は,システム理論の枠内で用いられることで,機能的参照観点を参照問題とし,それに対する複数の等価な解決のあいだの比較を目標とする,問題／解決論上の意味を与えられるのだ.

実際,1960年代前半のルーマンが採用したシステム／環境理論も,その主眼は,対象を,自足自存的な単位ととらえるのではなく,つねに環境からの制御不可能な影響に対して境界を(すなわち自らの同一性を)維持する必要のある単位としてとらえることにあった.同一性の問題化こそが,ルーマンをしてシステム／環境理論を採用させたポイントだったのである(Luhmann, 2005a (1970): 56 など).

また1980年代前半に採用されたオートポイエーシス理論も,その名称(autopoiesis とは直訳すれば「自己生産」である)や,理論内で生産(再生産)概念の占める位置から,システムが(要素水準での)自己再生産能力をもつという点にばかり注目が集まり,その意味でこの,ある意味で神秘的な性質の発見にこそ意義があるかのように語られることが多いが,少なくともルーマンがこの理論を採用した理由はむしろ逆で,不断に自己再生産しなければ維持できないほどの同一性の脆弱さ,システムを構成する要素が生成の瞬間に消滅してしまう(がゆえにその瞬間につぎの要素を生産しなければシステムも消滅する)という発想 (Luhmann, 1984: 78 など) の方なのである.

全体／部分図式による自足的なシステム観から,システム／環境理論,自己組織システム理論,そしてオートポイエーシス理論と,ルーマンがたどってみせるシステム理論の発展の歴史は,システムという単位の弱体化の歴史であり,同一性の問題化の進展の歴史である.システムの同一性が脆弱になり,それを維持するために解決しなければならない問題が増えるほど,機能分析に対する問題提供性能は高まり,分析は精緻になる.そういう意味で,ルーマンによるシステム理論へのこだわりを,機能分析からの問題提供の要請に合わせたもの

と捉えることは可能であり，また適切である．

このことは，ルーマンの理論構築における一般システム理論と社会的システム理論のあいだの関係についてみてもわかる．たとえば『社会的システム』(Luhmann, 1984) という著書は，社会的現象の性質を基準に，それに対する説明性能に関してオートポイエーシス理論の適用可能性を検証する，という構成にはなっていない．むしろ，オートポイエーシス理論まずありきであり，それを社会的対象に適用したとき，そうやってできる社会的システム理論はどのような構成になるかを略述したものなのである[5]．他方，説明を指向しないということは，ルーマン自身はシステム理論の魅力を，経験的現象との関係にはみいだしておらず，むしろ一般的な世界観 (すなわち一般システム理論の水準) にみいだしているということである．そしてルーマンにとって魅力であった世界観というのが，前述の「同一性の問題化」なのである．最後に，説明を指向しないということは，生物学由来というオートポイエーシス理論の出自に関して指摘されることの多い論点も的をはずしているということである．「生物学で成功したのだから社会学でも成功するだろう」という発想の安易さの指摘は，少なくともルーマンによるオートポイエーシス理論の使い方には該当しない．

3　システム合理性という評価概念

ルーマンの社会学において，機能分析という方法は，社会的システム理論の単なる適用手順ではなく，かつ，「説明」でも「記述」でもない「比較」という分析実践と直結するものであることが明らかになった．この節では，システム理論に属する概念でありつつ，純粋に記述的とはいえない重要な概念について論じる．それがシステム合理性 (Systemrationalität) である．

まずこの概念が理論の中で占める特異な地位について指摘しておきたい．ルーマンの著作は膨大だが，その中に，システム一般，あるいは社会的システム一般をあつかう論考がいくつかある．1960 年代だと「機能的方法とシステム理論」(Luhmann, 2005a (1970): 39ff.)，70 年代だと「複雑性」(Luhmann, 2005b (1975): 255ff.)，80 年代だと『社会的システム』(Luhmann, 1984) などが代表的である．90 年代の講義録『システム理論入門』(Luhmann, 2006 (2002)) も

そのひとつである．さて，これらの論考に共通することとして，最後にとっ
てつけたように合理性についての議論が出てくる，ということが指摘できる．

　これはけっこう変わっている．ふつう，合理性というのは理論の最初に定義
し，理論構成の軸となるべき地位をあたえられるはずの概念である．たとえば
合理的選択理論は，最初に行為者の選択基準として一定の合理性を設定し，そ
の帰結を説明対象である社会的現象に近づけるためのモデル構築をめざす．そ
ういう理論では，合理性の話が出てこなければ話が一歩も進まない．ところが
ルーマンの論考ではこれが最後に出てくる．しかもとってつけたように，であ
る．このことは，ルーマンの議論において合理性という概念が，ある意味で余
計なものであるということを示唆している．

　たとえば複雑性（Komplexität）とか要素（Element）とか作動（Operation）と
いった概念と較べてみれば一目瞭然だろう．これらの概念なしには，ルーマン
のシステム理論は一歩も進まない．これらは，システムとは何か，システムが
どうやって自己の同一性を維持しているのか，といったことを記述するために
不可欠の概念群である．ところが合理性概念は，それらによる理論記述が終わ
ったあとで登場するのだ．実際，ルーマンについて論じている多くの論者が，こ
の概念を少なくとも軽視している[6]．なぜなら，合理性について触れることな
く，ルーマンのいうシステムについて論じることは可能だからである．つまり，
合理性は，システム理論の記述概念ではないのである．

　実際，システム合理性概念の定式化を見ても，この点は明らかである．

> ある行為システムの存立条件が，変動する環境条件のもとでなお十分な充
> 足可能性が得られるほどに一般化しているとき，そのシステムは合理的で
> ある（Luhmann, 2005a（1970）: 60）．

> システムが，みずからの存立を維持できるような形で問題を定式化し，そ
> れを解決することができるようになっているとき，そのシステムは合理的
> である（Luhmann, 1966: 92）．

> システムが環境との差異によって画定されており，かつ，その差異に作動

上の意義，情報価値，接続価値が与えられる［とき，合理性が得られる］(Luhmann, 1984: 640f.).

システム合理性とは，環境に対する無関心が取り消され，システム内の被刺激性，感受性，共振性が強まるということである (Luhmann, 2006 (2002): 190).

年代によって定式化に用いられる概念が大きく異なるのは，システム概念に関連する概念的道具立てが年代によって異なるからであるが，ここではその詳細に踏み込む余裕はない．環境との関係においてシステムの存立維持性能を高めるような態勢のことを指しているという大雑把な理解で，ここはすましておく．

いずれにしても明らかなことは，システム合理性という概念が，システムのある種の性能をシステム理論の用語で記述したうえで，そこにかぶせられている評価語だということである．この概念は，新しい対象を導入しているわけでもなければ，既存の対象に新しい性質を導入しているわけでもない．ただ「合理的」と形容しているだけである．理論の内容は，そう形容するかどうかとは独立に，それに先んじて，できてしまっている．だからこそ，多くの論者において，この概念に言及することなくルーマン理論の解説が成り立ってしまえるのだ．

以上の事情をふまえるなら，この合理性概念は，ルーマン理論の中に唯一登場する評価概念なのだというしかない．システムが自己の同一性を維持するために必要な条件，解決すべき問題，解決のためにつかえる手段，等々を記述し，理論がある程度完成したところで，ある種の性能をシステムが備えているとき，それを合理的，と評価する，そのための概念なのだ．もちろん，これがなくても理論は完成する．しかし，にもかかわらず，つねに最後に合理性論を出してくるところに，ルーマン社会学が純粋に記述に徹するだけの学問ではなく，規範論・公共社会学に通ずる性格をもっていることが示されているといえるだろう．

4 経験科学と規範科学の分断状況の克服という問題軸

ルーマンがみずからの研究実践を「社会学的啓蒙」(soziologische Aufklärung) とよんでいることは，これが全6巻を数える論文集の共通タイトルとなっていることからも，よく知られている．ところがこれが，啓蒙をめぐるいかなる問題状況に抗してしつらえられた独自の立場であるかについては，多くの論者が誤解しており[7]，それがルーマンの公共社会学的側面を覆い隠す一面となっているように思う．

ルーマンが，たとえば1967年のビーレフェルト大学教授就任講義において直接対決したのは「理性啓蒙」(Vernunftsaufklärung) ではない．それはとっくに没落してしまっている，というのがルーマンの見立てである．理性啓蒙というのは，蒙昧な民衆に対して，「真の価値」のごときものを示し導くような運動である．しかしそんな価値が存在するという前提は崩れ，少なくとも安穏と立てられるようなものではなくなった．その結果，隆盛を誇るのが経験科学，とくに社会学による潜在機能や潜在構造の探究であり，それによる意味的表象の仮構性の強調と貶価である．この「暴露啓蒙」(entlarvende Aufklärung) こそが，ルーマンの直接的な対決相手であり，社会学的啓蒙はこの暴露啓蒙に代わるものとして提唱されているのだ[8]．

この，啓蒙をめぐる問題としての現状認識は，また別の文脈では「経験的研究と規範的研究の分断」とか「経験的・説明的学問と合理的・規範定立的学問の分裂 (Schisma)」とよばれることになる (Luhmann, 1999 (1973): 343ff., 1966: 22ff.)．そして，その両者のあいだの「橋渡し」(Überbrückung) こそが，社会的システム理論の課題であり可能性であることを，少なくとも1960年代のルーマンは明確に述べている．この構想が最も一般的な水準で，最も体系的に示されているのが『行政学の理論』であり，そこでは，両者の橋渡しへと向けた提言が，まさにシステム合理性の概念を中心とした分業の提案として展開されている (Luhmann, 1966: 89ff.)．

この分業は，既存の経験科学，具体的には社会学を社会的システム理論へと鍛え上げ，その枠内で，既存の規範科学を「決定工学」として位置づけなおす，

という形をとる．後者の典型は，法文解釈学としての法学と，合理的意思決定モデルとしての経済学である．決定工学は，それぞれが対象とするシステムの構造（決定プログラム）を前提とし，その枠内で，その構造によって定義される問題をよりうまく解決できる可能性を探索する．あるいは，解を発見するための手続きを構築する．法学は，実定法システムの条件プログラム的構造に従い，経済学は，家計，企業，国などの参照単位ごとの目的設定による目的プログラムに従う．これらの決定工学は，あくまでも対象システムにおいてあらかじめなされている構造決定（プログラム設定）の内部で働くことになる．

　他方で，システム理論は，決定工学が解決しようとする問題を，「本来の問題」の縮小版ととらえる．そこには，本来的に解決不可能な問題から，人間の限られた能力によって解決できる問題への変換，飛躍がある．ここでシステム理論が保持する本来の問題，原理的に解決不可能な問題とは，システムの存立問題である．システム理論の課題は，まず，システムが存立するとはどういうことか，システムの存立が脅かされるとはどういうことか，をうまく定式化してやることで，この存立問題を明確化することである．そのうえで，各システムにおける変換後の問題把握に対して批判的なスタンスに立ち，「それぞれの問題解決言語とそれが導く解が適切かどうかをチェック」し，そのシステムにおけるプログラム設定自体の合理性を判断するのだ（Luhmann, 1966: 102）．

　また，社会学が規範科学との接点をとりもどすということは，研究対象である人々の社会的実践に対する積極的な関与を，一般理論の構築をも含めた研究実践のあらゆる水準，あらゆる側面において自らに課すということでもある．ルーマンの等価機能主義は，そこで用いる機能概念の意味を，特定の理論構想から解放することによって，理論的関心から発した研究者による機能分析の成果を，必ずしもその関心を共有しない実践領域での人々にも利用できるようにした（Luhmann, 2005a（1970）: 59–60, 1966: 105）．

　あるいは逆に，対象世界においては問題としてとらえられているが，理論水準では必ずしも「真の」問題とはみなされない課題に対しても，それを擬似問題として捨て去るのではなく，その問題設定自体の合理性を問う視点は保持しつつも，暫定的にその問題を受け入れたうえで，そのもとで機能分析を行い，機能的に等価な可能性を発見することで，実践領域での行為可能性の地平を拡

張することができるようになっている．そして，人々の実践を1つの（多くの場合既存の）可能性に規範的に縛りつけるのではなく，むしろ機能分析による特定の可能性から解放することこそが，システムの存立を保障し，それゆえシステム合理性を導くという議論を，システムの存立維持を最高次の「問題」としてとらえるシステム／環境理論によって再び基礎づけるわけだ．ルーマンにおける理論と方法の組み合わせは，本節で述べてきた彼の包括的な社会科学構想の中に位置づけてこそ，より大きな意味をもつことになるといえるだろう[9]．

1) ここで念頭においているのは，主にルーマン後期の著作に依拠し，システムの作動ないし操作（Operation）の事実性の基底性を強調するタイプのルーマン研究である．馬場（2001），長岡（2006），佐藤（2008）などを参照．なお，ルーマン理論では，社会的システムの Operation の継続とはすなわちコミュニケーションの接続のことであるが，その理論的叙述は，精緻どころか粗すぎてそのままでは記述の役にたたないと思われる．この点については三谷（2010）を参照のこと．
2) 有名な「システムがある，から出発する」（Luhmann, 1984: 30）という宣言は，このことを述べているのにすぎない．そこでの「分析的にのみ有意味」なシステム理論（≒パーソンズ理論）との対比は，初期から繰り返し一貫して強調されている，システム理論に対するルーマンの基本的態度である．たとえば「システム概念が指示しているのは研究対象の秩序であって分析道具の秩序ではない」（Luhmann, 1966: 64）といった記述を見よ．
3) ルーマン自身による解説（Luhmann, 2005a（1970）: 11ff., 39ff.）のほか，機能主義論争の主な論文を収録した Demerath and Peterson, eds. (1967) を参照せよ．また日本において独自に展開した論争について，まずは橋爪・志田・恒松（1984）および直井（2001）を参照せよ．
4) この点に関しては Luhmann (2005a (1970): 39ff.) も参照せよ．
5) 「以下の考察は，一般システム理論の現在の発展段階に基づいて社会的システム理論を定式化しなおそうという試みである」（Luhmann, 1984: 28）．社会的現象の説明を指向する通常の社会学研究者に，ルーマン理論のアピールが足りない理由の一端がここにある．
6) たとえば，他の点ではきわめて詳細な紹介と解説を付している長岡（2006）だが，システム合理性についての章は，最後に申し訳程度につけられているだけである．
7) ここで「誤解」というのは，「理性啓蒙に代わる社会学的啓蒙」（長岡, 2006: 624）といった解釈である．馬場（2001: 166）も同様である．
8) 「理性啓蒙から暴露啓蒙をへて社会学的啓蒙へといたる進歩」（Luhmann, 2005a (1970): 109）という言い方からも，この点は明らかである．
9) 実践論的観点を排除したままでは，そもそもシステム概念を複雑性という可能性集合に依拠した概念で定義することの意義を理解できないという点について，三谷（2004,

2005）を参照せよ．

【文献】
馬場靖雄, 2001,『ルーマンの社会理論』勁草書房．
Demerath, N. J. and Richard A. Peterson, eds., 1967, *System, Change, and Conflict: A Reader on Contemporary Sociological Theory and the Debate over Functionalism*, The Free Press.
橋爪大三郎・志田基与師・恒松直幸, 1984,「危機に立つ構造機能理論——わが国における展開とその問題点」『社会学評論』35: 2–18．
Hempel, Carl G., 1959, "The Logic of Functional Analysis," in Llewellyn Gross, ed., *Symposium on Sociological Theory*, Row, Peterson, pp. 271–307.
Luhmann, Niklas, 1958, "Der Funktionsbegriff in der Verwaltungswissenschaft," *Verwaltungsarchiv*, 49: 97–105.
Luhmann, Niklas, 1966, *Theorie der Verwaltungswissenschaft: Bestandsaufnahme und Entwurf*, Grote.
Luhmann, Niklas, 1984, *Soziale Systeme: Grundriß einer allgemeinen Theorie*, Suhrkamp（佐藤勉監訳, 1993–1995,『社会システム理論』（上・下）恒星社厚生閣）．
Luhmann, Niklas, 1999（1973）, *Zweckbegriff und Systemrationalität: Über die Funktion von Zwecken in sozialen Systemen*, 6th ed., Suhrkamp（馬場靖雄・上村隆広訳, 1990,『目的概念とシステム合理性——社会システムにおける目的の機能について』勁草書房）．
Luhmann, Niklas, 2005a（1970）, *Soziologische Aufklärung 1: Aufsätze zur Theorie sozialer Systeme*, 7th ed., VS Verlag.
Luhmann, Niklas, 2005b（1975）, *Soziologische Aufklärung 2: Aufsätze zur Theorie der Gesellschaft*, VS Verlag.
Luhmann, Niklas, 2006（2002）, *Einführung in die Systemtheorie*, 3rd ed., Carl-Auer（土方透監訳, 2007,『システム理論入門——ニクラス・ルーマン講義録1』新泉社）．
Luhmann, Niklas, 2008（1972）, *Rechtssoziologie*, 4th ed., VS Verlag（村上淳一・六本佳平訳, 1977,『法社会学』岩波書店）．
三谷武司, 2004,「ルーマン型システム理論の妥当条件——実践的動機の解明と理論の評価に向けて」『ソシオロゴス』28: 1–13．
三谷武司, 2005,「システムが存立するとはいかなることか——ルーマン・システム理論の超越論的解釈に向けて」『思想』970: 113–129．
三谷武司, 2010,「理論的検討の進展のために」『相関社会科学』19: 119–123．
宮台真司, 2010,『システムの社会理論——宮台真司初期思考集成』勁草書房．
長岡克行, 2006,『ルーマン 社会の理論の革命』勁草書房．
直井優, 2001,「構造‐機能理論の危機そして没落からの克服」『大阪大学大学院人間科学研究科紀要』27: 189–203．
Parsons, Talcott, 1951, *The Social System*, The Free Press（佐藤勉訳, 1974,『社会体系論』青木書店）．

佐藤俊樹,2008,『意味とシステム——ルーマンをめぐる理論社会学的探究』勁草書房.
佐藤俊樹,2011,『社会学の方法——その歴史と構造』ミネルヴァ書房.

【付記】
　本稿は,科学研究費補助金・若手研究（B）「機能主義的社会システム理論の提言論的応用に向けた基礎的研究」（課題番号 22730387）の研究成果の一部である.

5 責任の社会学
自然主義的アプローチをめぐって

常松　淳

1 はじめに

　この章では,「責任」に対する自然主義的なアプローチの検討を通じて,責任の社会学が果たすべき役割について考える.

　何について,誰が,どのような責任を負うのか・負うべきなのかという問題は,社会のあちこちで日々生じているが,これら責任実践は,様々な方向と経路からの圧力を受ける.誰かが責任を負担することで対処すべきだと考えられるような新たなタイプの課題が発生することもあれば,同じ問題について責任の考え方自体が変化し,これまでとは違う主体に別種の負担が課せられるようになることもある.このような変化が,制度化された責任実践である法的責任にまで影響を及ぼすことになれば,法の運用が変わったり,更には新たな法が作られて責任帰属の枠組みそのものが改変されることにもなるだろう.こうした圧力には色々なタイプがあるが,本章では,人間に関する見方としての自然主義——ここでは,人間を自然的な存在の一部として捉え,説明しようとする自然科学的アプローチ,及びその優先性を唱える立場を指す——に注目したい.以下では,責任実践と関係の深い2つのタイプの自然主義的アプローチを取り上げ,三者の関係を検討しながら,責任についての社会学が探究すべきテーマについて論じてゆく.

2　責任と2つの自然主義

　そもそも自然主義的アプローチと責任とはどのような関係にあるのか．1つの鍵となるのは「決定論 determinism」である．一般に，ある人の行為が強制されたもの，あるいは避けようがないものであったとき，われわれは彼の責任を軽減したり，そもそも責任がないものと見なしたりしている．とりわけ，これは道徳的な意味での責任について当てはまる[1]．「強制された」「不可避であった」が正確に何を意味するかには議論の（大きな）余地があるとしても，このような免責の原則が広く採用されていることは認められるだろう．そして，この原則をより一般的な被決定性に適用しようとするとき，いわゆる決定論の問題が生じる．われわれの行為がすべて先行する条件によって因果的に決定されたものであるなら，誰にも責任などないのではないか？[2]

　ここには2つの論点が含まれている．1つは決定論それ自体，すなわち，われわれの行為は先行する条件（原因）の帰結に過ぎないのか，それは当人によってはコントロールできない仕方で決定されたものであるかどうかである．この種の議論でよく使われる用語で言い換えるなら，われわれに決定されざるものとしての自由意思 free will があるか否かということになる．もう1つの論点は，もし決定論が正しく，われわれの行為はすべてあらかじめ決定されたものであるとしたら，そもそも行為の道徳的な責任を問うことなどできないのではないかという問題である．いかなる行為も決して避けることのできないものであるなら，上に述べた免責の原理からして，ある行為について誰かに道徳的な責任があるという考え方自体が成り立たないことになりそうである．このとき大きく分けて2つの選択肢がある．1つは，もし決定論が事実ならわれわれに道徳的責任があると考えることはできないという立場（非両立論 Incompatibilism）であり，もう一方は，仮に決定論が正しいとしても，道徳的責任という観念は維持できる，それは決定論的世界観と斉合的に考えることができるとする立場（両立論 Compatibilism）である．

　自由な選択と，それゆえに負わなければならない責任という考えは日常的な社会生活に深く根付いている．道徳的責任については，主として哲学者によっ

てこれまで長く長く論じられてきた．とりわけ，決定論的な世界観とわれわれの道徳観・自己理解や社会制度とを斉合的に理解できる両立論を生みだすことに多大な労力が注がれてきたと言ってよい[3]．にもかかわらず，誰もが受け入れることができるような決定的な議論は未だ提出されていない．日常的な責任観念と決定論との緊張関係をどう解消するかという問題に"最終解決"が提示されていないことは，それ自体としては抗いがたいようにも見える自然科学的な決定論と自由・責任との間に完全な形で折り合いを付けるのは極めて難しいということを示しているだろう．

　対象を自然的存在と捉え，自然科学的な手法によってその特性・機能を明らかにしようとする志向をここでは自然主義と呼んでおこう．本章の1つの目的は，社会生活で大きな役割を果たしている責任や自由（選択）といった観念が，自然主義というこれもまた社会的に大きな力を持った考え方とどのような関係にあるかについて見取り図を示すことである．現代の脳神経科学は，脳の働きを"あからさま"に見せることで，決定論問題にインパクトを与えるであろうか．脳のどの部位がどのようなプロセスで活性化されているかを目の当たりにしたとき，われわれの責任観念――責任判断に関わる直観――は影響を受けざるをえないと一部の研究者は主張している．決定論の"決定的な証拠"により，これに抵抗するわれわれの直観もいずれ変容するだろう――さらには，変容すべきである（少なくとも，意図的に設計変更が可能であるような社会制度は，決定論を前提とした方向で改革されるべきだ）というのである．

　これは，人間行為について脳の作動に焦点を絞った自然主義的アプローチである．その一方で，刑事罰が1つの現れであるわれわれの処罰欲求（性向）もまた"自然"として研究の対象とされてきている．それらの研究が指摘するのは，われわれには規範に背いた行為者を（たとえ自分の利得が減ってさえ）罰しようとする傾向があることに加え，そのような傾向性が人間の協力cooperationの進化に大きな役割を果たしてきたという点である．これは，われわれに組み込まれた道徳感情（処罰欲求）をもう1つの自然として見出すものであり，処罰punishmentの実践をむしろ自然主義的――この場合は，進化論的――に正当化する方向に働くものだと言えるだろう．

　このように，人間に対する自然主義的アプローチは，われわれの責任観・責

任実践に対して相異なる2つの圧力をかけうるものとなっている．もっぱら脳の機能に注目する研究は，その"決定論的な"プロセスを明示化することで，道徳的直観を批判しようとする．言わば，われわれは"自分が思っているほどは自由でない"と説得しようとしているわけである．一方で，われわれの行動に表れた傾向性（および，行動を導いている動因としての感情）を1つの"自然"として捉え，その進化論的な役割を描き出す研究は，責任実践にある種の自然主義的な正当化を与えうるものである．いずれも，自然的存在としての人間に関する科学的研究と，われわれの自己理解およびそれに基づいた社会的実践のあり方との関係が問い直されるべき事例となっている．現代社会における責任観念は2つの自然主義によって相異なる方向への圧力に晒されているが，責任の社会学にとって重要なテーマは，これら自然主義的アプローチと現実社会の責任実践を支える論理とは精確にはどのような関係に立っているのか，そして実際にわれわれの社会で自然主義がどのような形で浸透していくのか，浸透すべきであるのかを見定めることである．次節以下では，それぞれの関係についてもう少し詳しく見ていこう．

3　神経科学による道徳的直観"批判"

伝統的な決定論はたとえば次のような形で表現される．

> すべての事象は，たとえそれが小さいために自然の偉大な法則の結果であるとは見えないようなものでさえも，太陽の運行と同じく必然的にこの法則から生じている．（中略）したがって，われわれは，宇宙の現在の状態はそれに先立つ状態の結果であり，それ以後の状態の原因であると考えなければならない (Laplace, 1814=1997: 9–10)．

これはある種の世界観の表明であり，自然のあり方に関する仮想的な前提である．現代の決定論も基本的には同様であり，自然を因果連鎖の中にあると見なす．ここで，人間もまたその因果連鎖の中にあるということを確認するとき，決定論はたとえば次のように述べられる．

われわれの決定論が実際に主張しようとするのは、「任意の精神・神経的な対は、いかなる意味でも選択者にその責任が帰されないような、初期の一連の条件の結果である」ということである．（中略）選択に関する責任という観念は、どんなものであれ、このことに適合せねばならないことになろう（Honderich, 1993=1996: 47-48）．

脳神経への言及が現れていることに注意して欲しい．一般原理としての「宇宙の状態」の因果連鎖から、人間についてはより限定された「脳神経」の因果連鎖へと焦点が絞られているわけである．現代では人間の心・精神の座は脳であると考えられるのが通例であって、この背後には、人の心もまたその実体は自然的存在である脳に存するという考え方がある．そして自然的存在である脳もまた（他の自然的事物と同様に）自然科学的な方法（たとえば神経科学 neuroscience）でその働きを解明することができ、これによって人間の心についての解明も進む（あるいはむしろ、脳の解明こそが心や意識についての解明である）と目されているわけである．自然主義的アプローチによれば、人々の意図的な行為・選択や行為の傾向性もまた脳が産み出す1つの結果であり、人間の行為も究極的には脳科学によってそのメカニズムが明らかにされるはずである．

ここで、本章のいう自然主義には2つの側面があることを確認しておきたい．1つは、知識を獲得するための方法に関わるものである．すなわち自然主義は、原理的には誰にでも観察可能な経験的証拠（データ）によって仮説を検証していくプロセスを通じて自然についての知識を得ようとする．脳を含んだ人間の身体もまた自然の一部であり、同様の自然科学的方法によってその仕組みは明らかにされるという前提に立っているのである．加えて、自然主義には、人間の振舞いについての知識も究極的には自然科学によって（のみ）得られるとする知識の性質に関する見方だけではなく、そのような手法で得られた知見は社会的実践においても優越した位置を与えられなければならないという主張が含まれていることも少なくない．

ひとまず脳科学を離れ、より広く自然現象を考えてみれば、われわれが自然科学的知識に一般的な信頼を置き、優先権を与えていることは疑いない．天気予報が午後から大雨だと告げれば、多くの人は傘を持って出かけようとするだ

ろう．「混ぜるな危険」と書かれている洗剤・漂白剤をあえて混ぜて使おうとする人はいない．人間の身体について考えてみても，多くの人々が望んでいるのは臨床試験の結果として治療効果があると認められるような新薬であり，一部の人だけがその"効果"を喧伝する新しいおまじないではない．もちろん，天気予報の精度や，治験のあり方を問題にすることはできる．しかし現代社会において，自然科学に対してこれら緩やかな意味での信頼が置かれていることは確かであり，逆に全く信頼を置かない生活は危険を伴うものとなりうるだろう（化学的知識に基づいた警告に注意を払わないこと，あるいは，治療効果と安全性が確立された薬ではなく不確かな民間療法を選択することのリスクを考えてみればよい）．日常生活の多くの場面において，自然科学による説明は，呪術的・宗教的・思弁的な説明や憶測よりも優越した地位を与えられていると言ってよい．

　問題は，人間の心理や行為，あるいはこれと結びついた諸価値についてまでも自然主義を徹底できるかどうかである．上で触れたような事柄に関して自然主義に立つことはそれほど難しくない．しかし，人間に関わる全ての側面についてこの立場を貫徹することは容易でなく，テーマによってはかなりの抵抗が生じてくる．とりわけ，人間の行為選択というものの理解と，自由な選択を前提とした（と考えられている）責任の問題はまさに争点の中心に位置しているのである．

　心的状態についての日常的な諸概念（意図，信念，欲求など）によってひとの振舞いを説明する仕方——たとえば「彼は雨に濡れたくないので傘を差そうとした」のような，われわれが日々行っている理解の仕方——を「日常心理学folk psychology」という．われわれは日々の社会生活において，この日常心理学によって他者の振舞いを説明・理解しており，自分自身についても同様な仕方で理解している．われわれの自己理解を支えているのも日常心理学なのである．これに対して，自然主義的なアプローチを信奉する人々の中には，日常心理学をまるごと退け，これらを認知科学・神経科学のタームと説明方式に置き換えることで解消してしまおうとする——あるいは，解消してしまうべきだとする——「消去主義eliminativism」を主張する論者がいる．消去主義にとって日常心理学は，かつての錬金術や生気論と同様いずれは"人間についての誤った理

論"として消え去るべき運命にある．これは，人間行為についての自然主義が徹底化された1つのケースである．しかしながら現段階で，このような消去主義のプログラムを（それが人間行為についての科学的説明として成功するかどうかとは別に，あるいは，たとえ成功したとしても）積極的に受け入れようとする人は恐らく少数派であろう[4]．

現代の神経科学は，脳の構造や機能を研究することでわれわれの心や（自由）意思の本性についてさえも解明しようとする学問として隆盛を誇っている．これを支えている柱の1つは，脳を観察する手段の発達である．この20年ほどの間に，脳の活動を視覚的に捉える装置・手法が著しく進んできた．fMRI (functional magnetic resonance imaging: 機能的磁気共鳴映像法)，NIRS (near-infrared spectroscopy: 近赤外線分光法) などの開発により，実験動物ではなく生きている人間の脳をリアルタイムで観察・測定することができるようになったのである[5]．そしてこれらの成果を背景として，神経科学が責任・自由意思といった観念に基づいた実践への新たなインパクトを与えるという主張も現れてきた[6]．

道徳性 morality に対する J. グリーンらの立論は次のようなものである．われわれの自己理解には，自分たちが何ものにも決定されない自由意思によって行為している（行為しうる）ということ，そして決定論はこの理解を脅かすものだということが含まれている．この意味で，普通の人々も実は両立論者ではなく，非決定論的な自由意思を信じる非両立論者，すなわち自由意思論者 libertarian である[7]．しかし，決定論はおおむね正しいものと認めなければならないのであり，決定論の立場からすれば人々が直観的に是認している自由意思なるものは幻想 illusion・擬制 fiction に過ぎない．そして「神経科学は，入り組んだ議論など飛び越えて，人々が人間行為の機械論的な本性について理解する手助けをすることができる」(Greene and Cohen, 2004: 1780)．現代の神経科学は脳の働き具合を分かりやすく視覚化してくれる．その成果によって脳が働くメカニズムを人々に対して"鮮烈に vividly"示すことで，行為や自由意思についてのわれわれの直観的な理解が変容してゆくだろうというのである．嫉妬に狂って妻を殺した男について，陪審員たちが「彼は自分の自由意思でことをなしたのか」「彼には他行為可能性がなかったのか」「彼は真の意味で刑罰に値するのか」

などと問うことは，人間の意思決定メカニズムが完全に明らかにされた暁には，まったく意義を失うことになるだろうと彼らは考えている (Greene and Cohen, 2004: 1781)[8]．

さて，もちろん彼らの決定論それ自体は新しいものではない[9]．新味は，神経科学による脳活動の視覚化が，行為や自由意思に関するわれわれの道徳的直観や，これに基礎付けられた日常心理学・責任実践にインパクトを与えるだろうと見ている点にある[10]．一般論としてただ単に「宇宙の現在の状態はそれに先立つ状態の結果であり，それ以後の状態の原因である」ということから自由意思は成り立たないという抽象的な論証を突きつけられても，人はなかなか説得されない．これに対して，人が意思決定する際に，脳のどの部分が・いつ・どのように活動しているかを"ヴィヴィッドに"反論の余地なく示されることで，われわれの道徳的直観は切り崩され，自己理解を決定論的な仕方で改訂することになるだろうと彼らは考えている．

人間行為についての自然主義には2つの側面があり，対象へのアプローチの仕方という面だけでなく，社会制度や実践はそこで明らかにされたことに基づいたものであるべきだとする面のあることは既に触れた．グリーンらは，神経科学が道徳的直観に影響を与えるだろうという見通しを超えて，たとえば現在の刑事責任制度は改変されるべきだと論じ進めている．ここには，人間行為を自然主義的に捉えるだけでなく，社会制度はそれに適合的なものでなければならないとする規範的な自然主義が現れている．彼らの見るところ，法は表向き絶対的な自由意思のようなものを前提とせず両立論的立場を表明しているが，実際には現行の刑事責任制度も応報主義的 retributivist なものである (Greene and Cohen, 2004: 1775-1776)．つまり刑罰は，罪を犯した者が受けるに値する deserve ものとして科せられている．それは決して，将来の社会的厚生を促進するための手段として帰結主義的に正当化されてはいない．この点に彼らは自由意思論者の徴を見出し，決定論の立場から批判することになる[11]．彼らは自然主義に忠実であって折衷は認めない．すなわち，自由意思の非現実性を認めつつも，それを社会制度にとって"欠くことができないフィクション"とするような方策もまた却けられている．社会制度は「科学的に疑わしい scientifically dubious」(Greene and Cohen, 2004: 1783) 見方ではなく，直観に反するものであっ

ても真理に基づかなければならない．すなわち，刑罰は応報主義によってではなく帰結主義的に運用されるものへと改革されるべきだとグリーンらは結んでいる[12]．

以上から，人間行為に関するある種の自然主義が，責任に関わる社会制度やわれわれの実践に対してどのような圧力をかけてくるか，少なくともかけようと企てているかを見て取ることができるだろう．責任の社会学のなすべき仕事がここには数多く存在している．決定論自体の真偽は措くとしても，そもそもわれわれは本当に自由意思論者なのか．仮に，責任判断に現れるわれわれの道徳的直観に自由意思論的なものが含まれているとしたとき，神経科学が明らかにする"ヴィヴィッドな真理"は果たしてわれわれの自己理解にどこまで影響するのか．刑事司法システムを含め，現行の社会制度は公的に・あるいは暗黙のうちにいかなる意味での自由意思を前提としているのか．そして果たしてわれわれは，脳科学の成果に接することで応報的な刑罰観，あるいは処罰欲求を捨てることができるのか．これらは経験的にのみ探究しうる問題群である．

同時に，社会制度はどこまで・どのような形で自然主義的な"真理"と適合しなければならないのかという規範的な問題に答えるための議論を構築することもまた，公共性の学としての社会学に求められているだろう．グリーンらは，刑法や（死刑までも含む）刑罰についての決定は特別な場面であり，そこでは，たとえ直観的には受け入れがたくとも"真理"が尊重されるべきだと論じている（Greene and Cohen, 2004: 1784）．しかし，たとえ自然主義的な"真理"と適合的であっても，既存の道徳的直観に著しく反するような法制度を維持するための正当化として脳科学が十分な材料を提供できるかどうかは明らかではない．道徳的直観が変化するのを待たずに"真理"が優先されるためには，法の目的から論じ直す必要があるだろう．

このように，神経科学的な自然主義はわれわれに責任観・刑罰観の変更を迫ろうとしている．しかし逆に，われわれの多くが抱いている応報的な処罰欲求もまた1つの"自然"として自然主義的な探究の対象となりうるものである．次節では，神経科学と異なった角度から人間行動にアプローチしている自然主義について見ることにしよう．

4 もう1つの"自然"——処罰欲求と進化論

　近年では，人々が行動において示す傾向性 propensity, predisposition や直観的判断のあり方（特定個人の傾向性や判断ではなく，集団としての人々の間での分布）を各種の"実験"データによって明らかにしようとするアプローチの研究も盛んに行われている．自然科学以外では従来から実験が盛んであった心理学系のみならず，経済学や社会学のような社会科学分野でもこの手法による行動科学的研究は大きな位置を占めるようになってきた．さらには，これまでは科学的実験とは無縁であると考えられてきた哲学においてさえも，実験データによってわれわれが抱いている道徳的直観などの解明を目指そうという一派が現れてきている[13]．

　実験にも様々なものがあり，典型的には例えば一定のルールを明示したゲームを被験者集団に行わせて，ゲームの各段階における彼らの選択結果をデータとして収集するというものがある．あるいは，具体的な状況を描いた短い文章を読ませてから被験者にこれに関する質問を行うという，いわゆる社会調査に近いようなタイプの実験もある[14]．いずれも，道徳に関わる直観的判断も含め，人間行動について，自然科学的に統制された方法で集めたデータによって解明しようとするものである．この自然主義的アプローチにおいては，脳そのものではなく，人々が実験的状況で発生させる行動パターンの分布が1つの自然として，場合によっては進化論的な自然史の一部として扱われることになる．以下では，われわれの処罰欲求（傾向）に関する研究を取り上げ，前節で論じた自然主義と対比させつつ社会制度との関係について考えたい．

　E. フェアらは懲罰 punishment と協力 cooperation に関して次のようなよく知られる実験を行った[15]．互いに顔見知りとならないよう募集された大学生240名（女性割合は31％）を被験者として，1グループ4名でゲームを行わせる．1セット6回のゲームで1回ごとにグループメンバーは入れ替えられるが，互いに同じグループとなるのは1回きりであり，かつ被験者は，グループメンバーのこれまでのゲーム上の経歴について何も知らされない．つまりお互い，自分に関する"評判 reputation"をつくることができないようになっている．被験者

同士の関わりが一度きりで，お互いについて何も知らないような状況となっていることがポイントである．それこそわれわれの社会状況に近いと考えられるからである．

　ゲームは次のようなものである．被験者はまず20ユニットの"お金"を与えられている[16]．次に被験者は，グループ全体のプロジェクトに対して0ユニット～20ユニットを供出するかどうかを決める（つまり，まったく供出しないことも可能である）．このゲームでは，グループ全体で投資されたお金1ユニットにつき，そのグループのメンバーは全員，すなわちまったく供出していないメンバーも含めそれぞれ0.4ユニットを得る．言い換えると，ある個人が1ユニット余計に供出するとき，その個人が引き替えに得られるのは0.4ユニットであり，グループ全体では$0.4 \times 4 = 1.6$ユニットのプラスである．各個人の立場からすると1ユニットの投資に対して確実なリターンは0.4ユニットしかないので，1ユニットも供出しないことがもっとも合理的である．もし全てのメンバーが1ユニットも供出せず，全てのお金を手元に残せば，ゲーム後に各人は元手の20ユニットしか得られない．これに対し，全員が20ユニットを供出したとすると，すべてのメンバーが$20 \times 4 \times 0.4 = 32$ユニット得ることになる．被験者は，匿名の状態で同時に供出額の決定をして，その後，他のメンバーがどういう決定をしたかを知らされる．このような状況でいかにして「協力」（コストを支払って公共財の供給に貢献すること）が調達できるか，言い換えれば"ただ乗り free riding"をどうやって防ぐかが大きな問題となる．1つの解決策がフリー・ライダーの懲罰である．しかし，誰がわざわざコストを支払ってまで行う個人的なメリットのない懲罰（＝利他的懲罰 altruistic punishment）を引き受けてくれるだろうか？

　この点を確認すべく，ゲームは2つの異なった条件，すなわち，〈懲罰あり〉と〈懲罰なし〉でプレイされた．"懲罰"は次のように行われる．被験者は，グループの他のメンバーの供出額を知らされた後，懲罰を与えたいメンバーに対して0–10のポイントを一斉に指定する（このプロセスも匿名である）．指定された1ポイントにつき，懲罰を受けるメンバーは3ユニット，そして懲罰を与えるメンバーも1ユニットを支払わねばならない．つまり，懲罰を与えるのにもコストがかかることになる．このゲームを6回繰り返すわけだが，上で述べ

たように，毎回グループは組み替えられ，同じメンバーとは二度と会わないように設計されており，しかも，各メンバーの過去の供出額・懲罰について何も知らされないというのがポイントである．このようなルールでは，懲罰することに直接的なメリットはない．懲罰した相手からの見返りもないし，1回ごとにグループの構成が変わってしまうからである．一方，たとえば少ない供出額の時に懲罰を受けたプレイヤーは，次のプレイで協力する（供出額を引き上げる）かもしれず，このときのグループメンバーは利益を得ることになる．すなわち，もとの懲罰は"利他的"である．

実験の結果はどうなったかというと，利他的懲罰は盛んに行われた．一度でも懲罰を行った被験者は84.3%，6回のゲームで5回以上行った者が34.3%，10回以上が9.3% という割合である．懲罰パターンも明白であり，ほとんど（74.2%）の懲罰は，平均より多い拠出額のプレイヤーによって平均より低い拠出額のプレイヤーに対して行われた．いわば，公共財に対してより協力的であったプレイヤーが，"ただ乗り"プレイヤーを罰するという構図である．そして，〈懲罰なし〉のゲームでは回が進むほど平均拠出額は低下したのに対し，〈懲罰あり〉では回を追うごとに平均拠出額が上昇したのみならず，拠出額のレヴェルも〈懲罰あり〉の方で一貫して高かった．罰を受けたプレイヤーは次のゲームで拠出額を上げる傾向にあったが，このゲームでは懲罰したプレイヤーと受けたプレイヤーはその後決して同じグループでプレイしないので，個人的なコストを支払ってまで"利他的懲罰"を行ったプレイヤーは，懲罰対象の非協力者が供出額を増加させることのメリットを享受できない．享受したのは次にその非協力者と同じグループでプレイした被験者たちである[17]．

さて，以上のような実験結果はいったい何を示していると考えるべきだろうか．フェアらは，実験で観察された現象について「懲罰を避けるため，被験者はグループの規範normに合わせて投資した」（Fehr and Gächter, 2002: 139）と再記述していることから分かるとおり，ある程度の額を拠出することを公平性の「規範」と捉え，プレイヤーによる選択の動きを〈規範からの逸脱 → 処罰 → 規範の遵守〉という枠組みで解釈している[18]．個人的なコストを支払って公共的な課題に協力し，協力の規範を侵した者を罰しようとする傾向性は「強い互酬性 strong reciprocity」と呼ばれる．H.ギンタスらはこの「強い互酬性」が人

間の道徳性 morality を構成しており，認知や言語と同様に，道徳性の獲得もまた人類進化の上で適応的であったと論じている[19]．またフェアらは，他者の規範違反に接したとき処罰を選択させる動因は（ネガティヴな）感情 emotion であると見ている[20]．このような感情的要素（感情に基づいた処罰傾向）という人間における"自然"が，人類史的な長い歴史を持ち，公共財への貢献という規範への協調を集団内で維持するのに重要な進化論的役割を果たしているというわけである．規範違背者に対するネガティヴな感情に基づいた処罰欲求というある種の"自然"が，進化論という観点から自然主義的な正当化を与えられるという構図が見てとれるだろう．

5　責任の社会学と自然主義

　神経科学にせよ行動科学にせよ，これまでのところ広く人々がその知見に接しているわけではなく，またそれらが決定的な議論を提示できているわけでもない．しかし，自然主義的アプローチによる研究は絶え間なく積み上げられており，われわれの道徳や社会実践それ自体をも射程に収めつつあることは事実である．責任の社会学は，現実社会における自然主義のインパクトを経験的（事後的）に研究することはもちろん，両者の理論的な関係を先んじて把握しておかなければならない．自然主義的アプローチの側に関して言えば，各種の自然主義が具体的にどのような実験データ・理論をもとに人々の責任実践や自己理解に迫ろうとしているのかをまずは精査する必要がある．たとえば上述の実験に関連して「懲罰」「規範」と言われるとき，その意味はきわめて限定されたものだということには注意しなければならない．この実験で観測されているのは，グループメンバーに対して（懲罰）ポイントを指定することだけであって[21]，そのメンバーから一定期間にわたって身体の自由を奪うわけではない．これを懲罰と呼ぶとしても，常にあくまで括弧付きの"懲罰"として意識しておかねばならないだろう．「規範」にしても同じことである．逆に言えば，この実験で扱われているのは，他者に対してその行為内容に応じてネガティヴなサンクションを加えるという意味での「懲罰」のきわめてシンプルな一事例に過ぎず，これをたとえば現行の刑事責任（刑罰）と同一視することはできない．

それでもなお，直接的には自己の利益にならずとも，規範に背いた他者をコストをかけてさえ罰する傾向性の存在と，社会の安定性にとっての進化論的意義についての自然主義的説明は一定のインパクトを持ちうるかもしれない．もし，規範に反した他者を罰したいという傾向性は進化の過程で人間が身に付けたものであり，社会における協力の拡がりにとって重要な意義を持っているとすれば，その議論は懲罰的な社会制度の正当化としても用いられうるだろう．神経科学的自然主義から現行の刑事責任を批判するグリーンらも，これらの知見に自説への障害として言及しつつ，決定論的な"真理"を優先して少なくともまず応報的刑罰は排するべきだと主張している（Greene and Cohen, 2004: 1784）．ここでわれわれの責任実践は，2つの異なった自然主義に挟まれている．一方は脳という自然を持ち出すことで，われわれの自由意思論的な自己理解や責任実践を改変するよう迫ってくる．もう一方からは逆に，協力行動の拡がりに関する進化論的な研究により，利他的な懲罰を含む互酬性（およびそれを支えるものとしての感情）という"自然"の意義が提示されているのである．

　ただ，2つの自然主義と責任との繋がりは異なっている．決定論的神経科学は，日常的な責任観念に含まれる自由意思など成り立たないとして，われわれの信念それ自体を批判しているのだった．責任判断の前提となっている（自由意思論的な）自由など本当は存在しない，われわれの日常的な人間理解は端的に間違っているというわけである．一方，上記の行動科学的アプローチは，人々の日常心理学そのものをターゲットにしているわけではない．むしろ，われわれの信念や自己理解がどうあれ，実験では処罰傾向が観察され，これが進化論的な意義を有すると外側から説明しているのである．この意味で，両者は直接競合しているわけではない[22]．進化論的な正当化と決定論による批判とは別の次元に属しており，それゆえ，両者の影響を測るには十分に注意しなければならない．

　一方，社会における責任実践に関しては，その概念的な成り立ちや，深く関連する自由・選択・強制といった観念が実際のところどのような役割を果たしているかを明らかにしていくことが必須である．たとえば日本の法的世界では，感情という要素は法にとって異質なものとされ，それに基盤を持つ処罰欲求や復讐心といったものは表向き排除の対象となってきた．しかし，実際に行われ

ている法的責任の決定プロセスや，法的責任についての議論を精査してみると，これが必ずしも額面通りには実践されていないことがわかる[23]．現実の責任実践の場で何が前提とされているかを把握して初めて，自然主義のインパクトがどれほどのものでありうるかを正しく見積もることができるだろう．

＊　　　　　　　　　＊

責任のあり方・考え方は社会‐経済状況と無縁ではありえない．たとえば，想像を絶する自然災害に伴って発生する様々な責任帰属の問題に比べれば，これまで論じてきたような自然主義の影響も短期的には微細なものであるかもしれない．しかし，現代社会における自然主義の着実な拡がりと力を考えるとき，それが責任の社会学が無視できないテーマであることは疑いないのである．

1) 道徳的な意味での責任と，何らかの負担を課される・引き受けるという意味での責任，とりわけ法的責任 liability とは区別して考えておく必要がある．道徳的な意味での責任がない場合でも，誰かがコストを負担しなければならない状況がありうるからである（Ripstein, 1999）．同じ法的責任でも，道徳的な意味での責任との繋がりの強さは領域によって様々である．日本の不法行為責任については常松（2009）を見よ．
2) 以後の議論をやや先取りして言えば，決定論的な意味での「強制」と法における免責の理由としての「強制」との間には些かの開きがあることは確かである（Morse, 2004=2007: 101ff.）．ただ，決定論的人間観が Morse が強調するような「理性」中心の人間観と本当に両立するのかどうかは再検討の必要がある．
3) 自由意思の議論について最近の整理としては Kane（2005）を見よ．
4) 消去主義に対する日常心理学の擁護として，例えば金杉（2004）を見よ．
5) 現代の神経科学と責任・法との関係についての概説として Garland, ed.（2004=2007: 第Ⅰ部），手法の発達とそのインパクトについては河野（2008）を見よ．本章では立ち入らないが，自由意思との関係でもっともよく知られた神経科学的研究は Benjamin Libet らによるものだろう（Libet, 2004=2005）．これは，例えば人が意識的に手を動かそうとするとき，既にその 500 ミリ秒前から脳で活動が起こっているということの意味に関わるものである（この研究をめぐる議論の紹介としては河野（2008: 第 5 章）を参照）．
6) 以下は Greene and Cohen（2004）による．
7) ここでいう自由意思論者 libertarian は，政治哲学的な文脈で現れるリバータリアンとは異なる概念である．
8) ただし，Greene らが認めているように，現在の神経科学が例えば合理的行為における脳の重要性について語ることができるのは，（非）合理的な行動 behavior と脳の活動 activity ないし損傷 damage との相関によってのみである（Greene and Cohen, 2004: 1779）．神経科学が明らかにするのは相関だけであり，それゆえ逆に決定論を否定す

る方向にも用いられうる (Aharoni et al., 2008: 147).（非）合理的な行動は，神経科学とは別個に同定されていなければならないのであり，合理性の判断が脳神経科学に依存しているわけではない (Aharoni et al. (2008: 152) も見よ).ただ Greene らは，いつの日か神経認知的 neurocognitive なタームによって合理性が再定義されるということも考えられると述べており，この点に関してはごく楽観的である (Greene and Cohen, 2004: 1784).

9) 上記 Libet のものを含めた神経科学的発見を念頭に置きつつ，責任を擁護する哲学的議論として例えば Pettit (2007) を見よ．
10) 法への影響も含め，同旨として Gazzaniga (2008) も見よ．
11) 決定論問題は法的責任の決定と無関係だと考える法学者の Stephen Morse は，新しい神経科学が現代の法理に対して根本的な影響を与えることは殆どないと断じているが，一方で，「神経科学の新発見がわたしたちの自己像を根本的に変えれば別である」(Morse, 2004=2007: 112) と留保も付している．
12) Greene らの考える自然主義 (脳神経科学) のインパクトは，主として自由意思や行為者性 agency に関わる人々の道徳的直観への影響として考えられている．影響関係をごく単純に捉えている彼らの議論にはもちろん既に批判がある (Lavazza and De Caro, 2010: 35).また法実践に関して，刑事裁判の場における神経科学という観点から，法廷で脳神経科学の成果が特に刑事責任の判断においてどのような役割を果たすかを検討した Aharoni らは，神経科学と（法的）責任の間には missing link があると結論づけている (Aharoni et al., 2008: 156).「責任というものは人間が構築した概念であり，過失があるのかないのか，脳撮像の画素からでは決して判断できない」という Gazzaniga と Steven も，決定論を認めつつ，責任は社会が生みだしたものだとして両者を切り離そうとしている (Gazzaniga and Steven, 2004=2007: 72-74).しかし必要なのは，なぜこの切り離しが簡単には行われないのかを明らかにすることであろう．
13) 人々の道徳的直観を生みだす心理的プロセスに関する理論を，経験的な実験データによって発展させようとする実験哲学 experimental philosophy の"マニフェスト"として Knobe and Nichols (2008) を見よ．人々の道徳的直観を測定しようとする実験哲学と社会学との関係については常松 (2011) で簡単に論じている．
14) ある仮想的な傷害事件に関する人々の責任評価を調べたいとしよう．実験者は，同じ事件の犯人について異なった用語系 (例えば日常心理学的な用語，精神医学的用語，脳神経科学的用語など) で描写した文章を用意して被験者に読んでもらう．その上で犯人の責任 (度合い) について評定させ，それらの評定において記述スタイルによる違いが生じるかどうかを見るわけである．De Brigard らはこのタイプの実験を行い，前節で紹介した Greene and Cohen (2004) の仮説——〈神経科学の浸透によって人々の道徳的判断は影響を受けるだろう〉——は成り立ちそうにないと主張している (De Brigard et al., 2009: 521).
15) Fehr and Gächter (2002). Gintis (2008) も見よ．
16) "お金"は実験終了時，実際に換金される．この実験では 1 人平均約 24 米ドル稼いだ．
17) 個人の収入で見ると，もっとも高かったのは他のプレイヤーの平均に近い額を拠

出したプレイヤーであった．平均から高い方に外れても低い方に外れても収入は低下した (Fehr and Gächter, 2002: 138)．
18) また後の論文で Fehr はこの「懲罰」について次のように書いている．「このような懲罰は，怒ったメンバーがフリー・ライダーを叱りつけたり，噂を広めてフリー・ライダーを村八分にするのに似せたものである」(Fehr and Fischbacher, 2005: 169)．
19) 互いに近親でない者同士で協力が達成されていることを説明するモデルとしての「強い互酬性」の意義については Fehr and Fischbacher (2005), Gintis et al. (2008) を，またシミュレーションによる検証を行った Bowles and Gintis (2004) も見よ．そこで批判されているのは，自己利益 self-interest の観点から協力行動を説明しようとする従来からのモデルである．
20) Fehr and Gächter (2002) は，相対的に低い額しか拠出しなかった者への「怒り・苛立ち annoyance」について尋ねる実験も別途行い，懲罰傾向との関連を見出している．
21) 被験者への指示でも「懲罰」という言葉は使われず，ただ「ポイント」とだけ表現された (Fehr and Fischbacher, 2005: 185, n.17)．
22) 脳神経科学のアプローチは利他的懲罰に関しても応用されており，de Quervain et al. (2004) は PET (ポジトロン断層法) を使って，利他的懲罰を行うとき脳のどの部分が活性化しているかを調べている．このような，責任判断の対象ではなく判断を下す側についての神経科学的事実については，決定論的な日常心理学批判とは別種の影響を考えなければならないだろう．
23) 日本の不法行為を中心に，詳しくは常松 (2009) を見よ．

【文献】

Aharoni, Eyal, Chadd Funk, Walter Sinnott-Armstrong and Michael Gazzaniga, 2008, "Can Neurological Evidence Help Courts Assess Criminal Responsibility?: Lessons from Law and Neuroscience," *Annals of the New York Academy of Sciences,* 1124: 145–160.

Bowles, Samuel and Herbert Gintis, 2004, "The evolution of strong reciprocity: cooperation in heterogeneous populations," *Theoretical Population Biology*, 65: 17–28.

De Brigard, Felipe, Eric Mandelbaum and David Ripley, 2009, "Responsibility and the Brain Science," *Ethical Theory and Moral Practice*, 12: 511–524.

de Quervain, Dominique, Urs Fischbacher, Valerie Treyer, Melanie Schellhammer, Ulrich Schnyder, Alfred Buck and Ernst Fehr, 2004, "The Neural Basis of Altruistic Punishment," *Science,* 305: 1254–1258.

Fehr, Ernst and Urs Fischbacher, 2005, "The Economics of Strong Reciprocity," in Herbert Gintis, Samuel Bowles, Robert Boyd and Ernst Fehr, eds., *Moral Sentiments and Material Interests: The Foundations of Cooperation in Economic Life*, The MIT Press, pp. 151–191.

Fehr, Ernst and Simon Gächter, 2002, "Altruistic punishment in humans," *Nature*, 415: 137–140.

Garland, Brent, ed., 2004, *Neuroscience and the Law: Brain, Mind, and the Scales of Jus-*

tice, Dana Press（古谷和仁・久村典子訳，2007，『脳科学と倫理と法——神経倫理学入門』みすず書房）．
Gazzaniga, Michael S., 2008, "The Law and Neuroscience," *Neuron*, 60: 412–415.
Gazzaniga, Michael S. and Megan S. Steven, 2004, "Free Will in the Twenty-first Century: A Discussion of Neuroscience and the Law," in Brent Garland, ed., *Neuroscience and the Law: Brain, Mind, and the Scales of Justice*, Dana Press（古谷和仁・久村典子訳，2007，「二十一世紀における自由意思——神経科学と法律に関する一考察」『脳科学と倫理と法——神経倫理学入門』みすず書房，pp. 56–78）．
Gintis, Herbert, 2008, "Punishment and Cooperation," *Science*, 319: 1345–1346.
Gintis, Herbert, Joseph Henrich, Samuel Bowles, Robert Boyd and Ernst Fehr, 2008, "Strong Reciprocity and the Roots of Human Morality," *Social Justice Research*, 21: 241–253.
Greene, Joshua and Jonathan Cohen, 2004, "For the law, neuroscience changes nothing and everything," *Philosophical Transactions of the Royal Society Lond. B*, 359: 1775–1785.
Honderich, Ted, 1993, *How Free Are You?: The Determinism Problem*, Oxford University Press（松田克進訳，1996，『あなたは自由ですか？——決定論の哲学』法政大学出版局）．
金杉武司，2004，「フォークサイコロジーと消去主義」信原幸弘編『シリーズ心の哲学Ⅰ人間篇』勁草書房，pp. 179–219.
Kane, Robert, 2005, *A Contemporary Introduction to Free Will*, Oxford University Press.
Knobe, Joshua and Shaun Nichols, 2008, "An Experimental Philosophy Manifesto," in Joshua Knobe and Shaun Nichols, eds., *Experimental Philosophy*, Oxford University Press, pp. 3–14.
河野哲也，2008，『暴走する脳科学——哲学・倫理学からの批判的検討』光文社新書．
Laplace, Pierre-Simon, 1814, *Essai Philosophique sur les Probabilités*（内井惣七訳，1997，『確率の哲学的試論』岩波文庫）．
Lavazza, Andrea and Mario De Caro, 2010, "Not so Fast. On Some Bold Neuroscientific Claims Concerning Human Agency," *Neuroethics*, 3: 23–41.
Libet, Benjamin, 2004, *Mind Time: The Temporal Factor in Consciousness*, Harvard University Press（下條信輔訳，2005，『マインド・タイム——脳と意識の時間』岩波書店）．
Morse, Stephen J., 2004, "New Neuroscience, Old Problems," in Brent Garland, ed., *Neuroscience and the Law: Brain, Mind, and the Scales of Justice*, Dana Press（古谷和仁・久村典子訳，2007，「新しい神経科学，旧知の問題」『脳科学と倫理と法——神経倫理学入門』みすず書房，pp. 79–130）．
Pettit, Phillip, 2007, "Neuroscience and Agent-Control," in Don Ross *et al.*, eds., *Distributed Cognition and the Will: Individual Volition and Social Context*, MIT Press, pp. 77–92.
Ripstein, Arthur, 1999, *Equality, Responsibility, and the Law*, Cambridge University Press.
常松淳，2009，『責任と社会——不法行為責任の意味をめぐる争い』勁草書房．
常松淳，2011，「取り決めとしての責任と社会学」米村千代・数土直紀編『社会学を問う——規範・理論・実証の緊張関係』勁草書房，pp. 66–79．

II　市民社会の公共性

6 〈実践知〉としての公共性
阪神・淡路大震災の自立支援

似田貝香門

1 自立支援と市民社会

　私たちは，1995年1月17日の阪神・淡路大震災以降，17年にわたって被災者の自立を支援するボランティアの実践活動を調査してきた．そこで受けとめざるをえなかったテーマは，受苦者＝苦悩者（被災者・障害者・高齢者）の「自分らしく生きる」，という〈生の固有性〉をめぐる自立と支援の意味についてであった．この〈生の固有性〉をめぐる自立支援は，既存の「自立」という考え方や，その支援のあり方や，考え方に大きな変更を加える，新しい活動であった（似田貝編，2006, 2008）．人の不幸，自立困難な人の存在は，一時的，局所的でなく，特定の場所でなく，また特定の人びとでなく，「誰にでも」，「どこにでも」，「いつでも」，「身近に」生起する空間的・時間的な出来事である．
　阪神・淡路大震災に，とるものもとりあえず駆けつけた人びとは，このような思いで，ボランティア活動を行った．阪神・淡路大震災の支援者たちは，被災者の自立への〈支えあい〉〈助けあい〉という集合行為は，「人間にとって長らく潜在的にあるもの」（村井雅清：2000/06/29）[1]ということを，再認識してきた．
　被災者が「自分らしく生きる」ということを，支援者たちは，〈生の固有性〉への配慮と呼んできた．このような実践思想への支援者の「こだわり」の基本的視点は，この集合行為を，何よりも可能な限り持続することにあった．後にふれるように，支援活動の持続そのものに「こだわる」ことこそが，〈支えあい〉〈助けあい〉という自立への相互的な関わりという，潜勢的な人間の根源的

な価値を,「市民社会」の人びとの行為の基本的視座として,再形成するための発信の行為,問題提起だったともいえる．ボランティア活動と「市民社会」との関係については,当時の地元 NGO 連絡会議代表の草地賢一さん（故人）が,「緊急事態においてシビル・ソサイエティ（市民社会）が実現できないとは,学者や学界,官界がこうした問題を建て前論で考えてきた問題点である」(1995/06/13) と,学界や行政の怠慢を喝破した．私たちもまたこの指摘を受け,「震災後の被災者の生活再生は不可避的に『市民社会』の立て直し restructuring を必要としている」と考えた．私たちの調査もそこから始まっている．

また「長田たかとり救援基地」の和田耕一さんは,「未だに日本のボランティア活動は,非日常（レスキュー段階）にしか十分意味をもたない」と指摘し,「本格的ボランティア論は,市民社会（日常性）のなかで構築していかねばならない」という (1998/08/03).

こうした〈生の固有性〉を基本視座とした〈新しい公共性〉と,その考え方を根っこに据えた市民社会を日常化しようとする思いが,少数者,受難者への支援という,従来,見逃されてきた領域から迫り上がってきたことは,今後の自立支援をめぐる日本社会の実践思想にたいし大きな変化をもたらすだろう.

現在,新たに関心をもたれている〈新しい公共性〉を焦点化するため,私自身が関心をもった住民運動からみた 60 年代の「公共性」の論点や理論的視点を第 2 節で論じ,90 年代から今日に至るまでの阪神・淡路大震災以降の自立支援の運動から見出されるそれらの相違の概略,現代の「公共性」の基本視座と不可分の「市民社会」を第 3 節で論じたく思う．

2　1960–70 年代の住民運動の「公共性」の実践的‐理論的視点

住民運動の実践的理論と課題

1960–70 年代の住民運動では,高度経済成長政策としての「地域開発」や公害問題への異議申し立てと,それに基づく当事者としての,住民としての,市民としての権利要求（権利論）が主張された．住民生活に不可分な土地（景観も含めた）,空気（大気）,水（湖水・河川・海洋）,そして身体性をもった住民自身の生活環境を悪化させ,生活困難におとしめていく,開発という公共事業の

「公共性」とは一体何か，ということが何より問題となった．

そこから，運動体は，公共事業の意思決定過程の「正統性」判断という〈過程による公共性批判〉や，公共事業の結果に対する〈実体による公共性批判〉を行った．闘争形態は，法廷闘争としての「差し止め訴訟」，計画主体の「秘密主義」，「形式主義」への挑戦としての「情報公開」要求，自治体の計画立案・実施過程における国の認可，補助金交付・監督という厳しい「政治 - 行政介入」への批判，が行われた．そしてこれらは，開発主体，行政主体の「専門主義 professionalism」への対抗軸として，住民・市民の生活者視点からの〈半 - 専門主義 semi-professionalism〉をも生み出し，同時に，これらの運動から，計画主体への対抗手段としての「対抗権力 counter power」としての非制度的な「住民参加」が，行政への意思決定への「住民参加」を生み出した．

生活者にとっての「市民社会」と住民運動研究

これらの住民運動は，既存の政治運動に大きな影響を与え，60 年の「安保」以降の，「大衆社会論」と結びついた「市民主義」，「地域民主主義」論への運動理論的根拠づけとしての公務労働論，地方自治体論と「地域民主主義」や，生活者にとって「市民社会」とは何か，という議論を生み出すことになる．

前者については，当時，運動論的実践 - 理論的に地方自治体を位置づける必要があり，そこから 2 つの系論が生まれた．

ひとつは，住民運動を背景に，地方自治体を「官治型集権」から「市民自治型」への切り換えを卓望し，そこから市民社会論的な憲法論・国家論を再構成しようとするものであった (松下，1975)．

2 つめには，労働運動側の運動理論視点における問題意識の移行である．それは地方自治行政を，「公務労働とは何か」という労働論の視点として問うものであった．この実践理論的視点移行は，「国家 state」と「公務」の概念の区別の理論化を企て，また従来の公務労働論は生産的労働という視点から見て「不生産的労働」と考えられていたものを，その労働を生産過程視点から解放し，市民社会の中での社会的生産として，また社会的分業として捉えようとするものであった[2]．また当時の運動レベルでの新たなる「市民社会論」とは，私見によれば以下のような，既存の運動論とは別様の運動視点の拡がりのなかでテー

マ化されたものであった.

既存の社会運動論の多くは,生産的諸関係の変化＝変革を,生産過程からの運動論から立ち上げ,それを政治変革へと連結する視点が一般的であった.これに対し,生産過程以外の多くの領域での運動の生起という運動の多様性は,それぞれの領域で社会的諸関係の変化＝変革の役割を果たし,政治的変化＝変革も基礎自治体から可能である,という経験に裏打ちされたものであった.つまり,生活世界から生まれる諸運動に,「市民社会」の内部を構成する社会的諸関係の変化＝変革として可能性をみようとするものであった.

生活者としての住民や市民の「生活過程からの変革」(似田貝,1975),当事者の権利関係の創出・要求による,社会の中での〈権利と連帯〉の可能性を求める視点は,変革の場としての生活社会(「市民社会」形成)に運動視点と場を求めるというものである.それはある種の「市民社会」変革を意味していた(Touraine, 1965; Lefebvre, 1971; 松原・似田貝編著, 1976). 住民運動はその効果として,既存の秩序が制御・統合できない空白領域や〈隙間〉[3]を生み出す.別言すれば,現実問題に対する秩序・制度の有効性の限界が,運動によって露呈されたといえる.

住民運動研究は,こうした運動によって生み出された秩序・制度の限界＝〈隙間〉に,どのような「新しい争点」,「新しいアジェンダ」,「新しい行為」,新しい共同への試みが産出されたのかを明らかにすることによって,社会の変化＝変革の方向性をみようとするものである.

こうした運動により生起される〈問題提起 problèmatique〉は,人びとによって,未完ではあるが,試みてよいもの,すなわち「未検証の行為 untested feasibility」(P. フレイレ)として受けとめられる.それがゆえに,それらの課題を「討議争点」として社会に開示する意義を解明することが,新たに出現される公共性として,テーマ化される.

住民運動が問うた「公共性」の視点

このように 1960–70 年代の住民運動研究は,国家政策がもたらした住民の新たな生活の次元の「裂けめ」からの住民の異議申し立て・権利要求の運動を,公権力の「公共性」批判と,同時に自らが創りあげる「公共性」をめぐる運動

として捉えた(松原・似田貝編著,1976).公共性のテーマは,諸主体間の開発と生活をめぐる「何が公共性か」の現実的な「争い」と,異議申し立て・権利要求の討議の場としての討議空間,意思決定の場の創設であった.こうして,運動の課題と論点は,たんに,公権力の「公共性」批判視点ばかりでなく,運動する住民・市民・当事者にとっての「公共性」とはいかなる行為準拠であるのか,を自らに問うこととなった.

60年代の住民運動によって提起された「公共性」の視点は,〈生の共約可能な commensurable 要素〉を特定化することによって成り立つ,とされてきた.

この考え方の理論的背景はかつて論じたことがある(似田貝,2001).それを参考に箇条書き風に記述すると,以下の通りである.

① 生(生活)は,その必要を社会的「共同」の視点=「公共性」視点として捉え,充たされる必要がある,と考えられてきた.
② 社会を「共同」の問題位相でとらえ,ニーズの多様性が,多数性,同一性として捉えられたとき,それを社会の需要 demand と考える.
③ 必然的=必要不可欠 necessary 論,ニーズ論,権利要求論,基本的な社会的資源(社会的共同消費手段)論,というような多様な議論を生んだ.
④ 何が生(生活)の共約可能な価値であるか,の定義(判断)過程には,意思決定の民主主義的手続きや合意のための「討議実践」(J. ハーバーマス)が必要とされてきた.「公共性」の位相は,「同一性」をめぐる「政治の生 bios politicos」(政治化)が不可欠と考えられた.
⑤ 住民運動論的な主体性論が,理論的な視野に「公共性」を包摂しえたのは,まさにこうした〈生の共約可能な commensurable 要素の特定化〉,すなわち生命=生活の複数性を,必然的=必要不可欠 necessary を原理的根拠として,既存の「公共的価値」に対して,対抗的に定式化したことによる.
⑥ 住民運動論の,国家(公権力)に対しての日常生活からの権利要求という〈市民性〉の主体性は,多様な〈生〉を営む社会の構成員たる市民は,〈生〉の複数性を〈同一にして同等資格〉であることへの国家的承認(実定法的な権利獲得)を求める運動である.
⑦ そしてそれが実現された場合,〈同一にして同等資格〉を有する,見知ら

ぬ他者たる「市民」の〈非人格的 impersonal 連帯〉が形成される．
⑧　こうして形成された〈市民性〉の主体性の内容は，同時に両面指向 ambivalent 的性格をも生み出した．〈市民性〉の主体性は，権利獲得までは，運動として自発的連帯＝非制度的連帯を形成する．しかし他方で，一旦，国家的承認（実定法的な権利獲得）が確実化されると，その主体性は，他律的なモメントが日常を覆うような，制度的連帯＝強制的連帯の形成へと転化してしまう．と同時に，新しい，ないしは別様の〈生〉の複数性の同一化要求を提起しようとする動きに対し，国家（公権力）と並んで，ないしは無関心を通して，それを排除し，封じ込める諸力形成へと転化する可能性を防ぎえなかったことも事実である[4]．

　したがって，住民運動論的〈主体性〉へとビルトインされた〈市民性〉概念は，自らを他律化するとともに，他者に対しては排除者として立ち現れることを排除しえない，という理論的なディレンマを抱えることにもなった．
　ここで排除されたのは，生命＝生活の多様性である．私たちはこれを，〈生〉の複数性と呼んできた．これから論ずる 1990 年代の〈公共性〉というテーマで生起した，現実的な基盤やそれに深くかかわる実践理論的な枠組みは，住民運動論的〈主体性〉へとビルトインされた〈市民性〉の〈公共性〉とは別様の準拠枠組みを求めなければならない．

3　1990 年代以降の〈公共性〉の実践的‐理論的視点

排除された人びと

　かつてわたしは，1990 年代以降に顕著にみられる「排除された人びと Exclus」のことを，以下のように論じた（似田貝，2008c）．

　　1970 年代半ば，オイルショックを契機とした「高度経済成長」の終焉とともに，「福祉国家の危機」が顕在化し，その「危機」は，経済の停滞，社会保障などの一般化による国家経費の支出の増大，家族の多様化と高齢化の進展，産業構造の転換と労働の規制緩和などを構造的背景としてきた．

それは「福祉国家」の「支配の正統性」の危機であった．この「危機」回避のためネオ・リベラリズム的傾向の国家は，経済における「望ましい競争秩序」の実現を志向する，強力な「秩序政策」としての「構造改革」政策を実施した．この政策実施は「市場整合性」と，上位の社会集団が下位の社会集団や個々人に対して行う活動が補完的である（＝下位の社会集団や個々人が独自の主導権や力によって行えることは引き受けるべきではない）という行動原理を指す「補完性原理 Subsidiaritätsprinzip」（Oberender and Okruch, 1997: 469f.）および「自己責任原則」を中心とした秩序志向思想を基本としていた．

その結果，構造的には格差問題を生み出し，なかんずく長期失業者，若年失業者，無資格者など，従来の経済・社会政策としての秩序政策に包摂されない多くの「排除された人々 Exclus」問題を顕在化させた[5]．

1970年代後半以降の「福祉国家の危機」と，それに引き続くネオ・リベラリズム的政治的傾向は，国家システムが一層「社会化」の機能を十全に果たせず，過重な「義務」を担えない「排除された人々」を恒常的に生み出し，このことによって社会の紐帯を脆弱化させる要因へと転化させているといえよう．こうした構造の下では，「市民」たる個人は，具体的には，それまでの職能集団，市民集団，家族，地縁組織，近隣等の市民社会を構成する諸集団の紐帯から切り離され，あらゆる生の偶然性（リスク）に曝された脆弱な存在にすぎない状態に置かれる．

ポーランドの社会学者ジークムント・バウマンは，社会は「液状化」している，という診断をする．彼の診断は，あらゆることが個人の選択の対象になるという「個人化」と，経済の「グローバル化」が進展すると，国家や家族を含めて，不確実化し不安定になるというものである（Bauman, 2005=2008）．

H. アーレントの「公共性」と「災害弱者」支援

「排除された人びと」（生命＝生活の複数性の問題）は，H. アーレントの「見棄てられた境遇 Verlassenheit」という存在論位相と重ね合わせることができる[6]．アーレントは，一回性によって特色付けられる個人の生命＝生活の「他

ならなさ uniqueness」という人の複数性の認識こそを,「公共性」空間の出現なのだ,と強調する[7]. 阪神・淡路大震災(1995年)の被災者,とりわけ「災害弱者」の置かれた状態は,アーレントのこうした問題意識と遥かに重なる.

　阪神・淡路大震災によって生まれた多くのボランティア活動は,137万人もの多数のボランティア活動の量的な多さもさりながら,文字通り,被災者の〈生〉の緊急支援と,被災者の自立支援について,生活や地域という場所に根づく支援の実践として,社会に大きなインパクトを与えた.

　こうした現象のなかで,今日まで長きにわたって,震災から自立支援を持続しつづけているボランティア活動に,これまでとは異なる,新しい活動・運動の実践が生み出されつつあることに,私たちは注目してきた.

　「たった一人を大切に」,「最後の一人まで目線を向ける」(村井雅清),「最後の一人まで見捨てない」,「最後まで生ききること・自立」(黒田裕子),「自分らしく生きる」(大賀重太郎)という被災者の自立支援者たちの活動から強力に伝わってくるのは,強烈な,生命こそ人間を人間ならしめるもの,という個々の被災者のもつ1回きりの命への支援,あるいは個々の人の歩んできた生への支援の「こだわり」である.

　冒頭で触れたように,私たちはこのような支援の基本線を〈生の固有性〉へこだわる実践思想と呼ぶことにした. 新しい自立支援の支援活動の基本的視座である. 人間各自の生命＝生活の「他ならなさ uniqueness」(アーレント)という視点と,被災者が「自分らしく生きる」——〈生の固有性〉への「こだわり」の視点とは重なる.

　アーレントの人の「複数性」視点は,〈生の固有性〉視点と重なり,それは,両者とも自立とは〈支えあい〉であるという,他者との共生と密接に関連している. 他者との共生の中で各個人のユニークな個性が発揮される在り方が,根源的に「公的なもの」として捉えられるのである.

　そしてこの〈生の固有性〉へ「こだわり」を発揮しなければならぬ,最も困難な時空間でこそ,何が「公共性」か,何が「社会正義」なのか,という〈問い〉が支援者より発せられ,そしてその〈問い〉は現実を鋭く穿つのである. ここに,現代の新しい「公共性」実践理論の特異性 singularité が生起される.

新しい〈公共性〉の実践理論的特異性の根源的生起

こうした一回性によって特色づけられる個人の〈生〉の「他ならなさ uniqueness」への配慮，自己と他者とが「まみえる」相互性の世界への，「存在」-「現れ」の非分離的な共同関係を，アーレントは「現れの空間 the space of appearance」と呼び，これを「公共空間」として問題提起した．そこに「公共性」の根源を認めようとしたのである (Arendt, 1959=1973).

すなわちそこでは，自らのものではないものに関心を向け，そしてそこには無数の〈生〉の複数性が同時に存在していることを了解し，この存在との〈共に‐ある être-avec〉関係を切り結ぶことこそが根源的な「公共的な生」なのだと，問題提起している．ここでいう非分離的な共同関係とは，「存在」概念を「現れ」＝事象と分離することなく扱うことが大切である，という認識である．つまり他者との経験において捉えようとしている，と理解できよう．

私たちは，この考え方を受け継ぎながら，他者との〈出会い rencontre〉[8] によって，〈そのつど〉，〈具体的，一時的，局所的〉に形成される具体的な〈生の固有性〉をめぐる，実践的な関係行為としての共時的共同関係を，実存的な「公共性」の「現れ」と考え，「市民社会」の「公共性」の根源的生起として捉えたいと思う．

阪神・淡路大震災によって生まれた支援者のボランティア活動の〈生の固有性〉へのこだわりは，かつての 1960 年代の〈公共性〉の判断視点たる，多くの人の共同性，共同了解というマクロな位相とは視点を異にする．

〈生の固有性〉へのこだわりによって提起された「公共性」の考え方の基本的視点は，ミクロな位相での〈人として〉の主体間としての他者との〈共に‐ある être-avec〉関係性を実践的なテーマとすることによって，はじめて，「排除された人びと」，「見棄てられた境遇」からの脱却，そして〈生の固有性〉の道筋をたてようとする問題構制 problèmatique なのである．

こうした〈生の固有性〉の有する，生命＝生活の共約不可能性から剔出されてくる「公共性」の実践的視点は，とりわけ〈弱い主体〉，社会的紐帯の弱い環にとっての，〈生〉の複数性をめぐる新たな〈公共性〉審級の問題位相であることを告げる．

この問題構制から，〈生の固有性〉をめぐる自立の支援によって結ばれる支援

者 - 被災者との共同性（〈共に - ある être-avec〉）は，人の「存在」-「現れ」の位相の存在論的〈公共性〉というテーマを孕むものであることが大きな課題となってきた．この位相から見れば，支援者の〈そのつど〉の「自分らしく生きる」ための支援の〈公共世界〉とは，相互に配慮しあい，「支えあう」人びとの〈共同出現〉という絆の思想である，といえよう．

実践思想の〈人として〉という判断基準の準拠枠

この場合，制度体や周辺の他者が，当該の支援を〈人として〉受けとめられるまで，被支援者と共に，待ち続ける．いわば支援という実践は，未完の〈人として〉絶えず〈共に - ある être-avec〉，〈居合わせる co-presence, 傍らにいる，隣り合わせ〉という判断基準の準拠枠の形成と不可分である．

〈人として〉という判断基準の準拠枠とは，いかなるものなのであろうか．

ボランティアの支援の現場では，支援対象の出現の〈そのつど〉に，〈具体的，一時的，局所的〉に「何が公益か，何が公共か」が問われる．それはあくまでも「その人にとって必要なことか」どうかを，同時的に判断するためである．

〈生の固有性〉への支援とは，このように，「その人をその人なりに」見ることや配慮が不可欠である．したがって，従来のように，のっけから「みんなのために」というように，社会が個人をみんなと同じに扱おうという行為に支援の中心があるのではなく，まずは「その人のために」，「ただ1人のために」，ということがサポートの基本思想となっている．

支援者が被災者から，〈そのつど〉，〈具体的，一時的，局所的〉に〈呼びかけ〉られ，その内容について支援するかどうか熟慮した後，思い切って支援行為を決断し支援する際，その根拠として，「人のありよう」（中辻直行：1997/07/18），「人のあり方を主語にする」（大賀重太郎），「ひとってこんなもんでしょう」（和田耕一）という表現をする．

この実践思想は，人の自立の最も困難な時空間にあって，支援そのものについて「何が『公共性』」か，「何が社会正義」かを根源的に〈問う〉．そして，「ひとってこんなもんでしょう」という〈人として〉の共同のあり方に到達し，そしてそれを根拠に支援する．この〈人として〉の共同のあり方という実践思想，は同時に現実を鋭く穿つ．

これらは，支援行為を決断し支援する際のその根拠たる，〈人として〉という共通感覚の再構築である．この支援という実践判断としての，〈人として〉という共通感覚は〈そのつど〉形成される〈実践知〉である．それは，もっと人間として他者と共に生きようとし，〈人として〉の生き方を，異なる他者と共に〈分割＝分有 partage〉（ジャン＝リュック・ナンシー）する試みに他ならない．

　つまり支援実践の「公共性」をめぐる〈問い〉，すなわち人の自立にとって「何が公益か，何が公共か」の状況判断（審級）は，〈支援の実践知〉の基本的テーマを構成している．このような〈実践知〉は，〈そのつど〉，〈具体的，一時的，局所的〉，すなわち，その場所，その瞬間に経験される．時に支援が制度や状況によって中断・〈未決定・未完遂・停留〉されることはあるが，しかしこの支援実践の「公共性」をめぐる〈問い〉の経験知は，支援者や支援集団に次第に蓄積され，人と〈共に‐ある être-avec〉という「共通感覚」を生み出していく．

　こうして，支援の可能性についての判断（審級）は，形而上学的な知や技術知に根拠づけられるのではなく，いわば被災者という絶対的な他者の経験から形成される〈実践知〉に根拠づけられている．これに基づき，被災者の自立への希望，願い，ニーズは，受け入れ（＝歓待 hospitalité）られる．支援者の考える「公共性」とは，「自分らしく生きる」ことを希望する人びとを支援する，ひとについての「共通」のあり方の判断基準である．それは〈問い〉と〈支援〉を繰り返し，往復させる円環の運動でもある．

経験と〈実践知〉
　ところで経験とは何か．森有正は，「ふらんすだより」で次のように提言していた（森，1970）．

　　一個の人間のうちに「人間」と「社会」とを定義する秩序があらわれる事態，それを私は経験と呼ぶ．

　支援者は，〈そのつど〉，〈具体的，一時的，局所的〉に，繰り返し新たな人との共同のあり方を経験し，あるいは確認する．〈実践知〉はこのような「一個の人間のうちに『人間』と『社会』とを定義する秩序があらわれる事態」ごとに

表現される，経験知群なのである．

　それは，人という「共通」にまで高められた，〈共に‐ある être-avec〉という位相の〈実践知〉といえる．そしてこの〈実践知〉は，支援現場で〈呼びかける声〉に〈そのつど〉応答し，支援行為を行う際の動機づけによって結びあわされた諸判断をなしている．この人のありように関する〈実践知〉から，支援者は，社会の様々な社会関係を演繹する．出現する出来事は，この〈実践知〉によって可能な限り推論され，実践される．支援者は，新たなる出来事に遭遇するたびに，人の自立にとって「何が公益か，何が公共か」の状況判断（審級）の〈問い〉と〈支援〉を繰り返しながら，新たな自立‐支援の「一個の人間のうちに『人間』と『社会』」とを定義する「公共性」を形成していく．この経験の折り返し，繰り返しは，人という「共通」のありようを個別具体から普遍へと広げる．

　したがってこうした〈実践知〉は，普遍の中に，より個別的具体性の深みをかたちづくる．このような〈実践知〉は，生成性と再生性の同時性という性格と，常に出発＝到達の円環のダイナミズムを帯びることになる．

　「人のありよう」，「ひとってこんなもんでしょ」と支援者がいう時，支援者は自己が「人」（他者）と向き合うだけでなく，「人」（他者）と「〈共に‐ある être-avec〉」ことを表明している．そして，それに基づく支援行為は，文字通り，他者と〈共に‐ある être-avec〉自己を主体化しているといえよう．

　〈生の固有性〉へのこだわりとは，その人なりに〈人として〉自立するという目標への支援の原点 mission に必要に応じて常に立ち戻りつつ，支援という行為の準拠枠組みが，自らが納得し得る，あるいは納得せざるを得ない，〈人として〉という判断（「根拠 Grund」）形成とが不可分であり，同時相即的，同時並進的に生み出されるものである．

　ここに，新しい〈公共性〉の特異性 singularité＝根源性がある．この特異性とは，個々の人間の存在の生存様式としての〈生の固有性〉が，個と集団の本源的自立化作用を促す時のことをさす．いわば他者との共同存在が成立する基礎概念である．

　アーレントが提起した〈生〉の複数性をめぐる「公共性」の考え方の根底と，現代における個人の「痛み」，「苦痛」の問題とは，まさに共振している．新たなる「公共性」はこの意味で，「パトスの知 Pathosophie」の形成と不可分であ

る．支援者の考える「公共性」とは，身体に始まるミクロな問題から，マクロな社会へ向けて次第に共振されていく，そして制度体の改変をも指向する可動的な，ダイナミズムをめざそうとしている．また「市民社会」は，「自分らしく生きる」ことを希望する人びとを支援する，〈そのつど〉，〈具体的，一時的，局所的〉に形成される，活動の多様性の産出の可能な場所として，再構築しようとする．

われわれは，そこから，被災者や当事者の自立支援を可能にするため，言葉や行為表現自体を大切にし，それらを駆使して自立を阻止している要因を克服対象として認識し，自立へと変える方法へと切り返す，という〈生〉の生成世界を形成しようとする社会実践の根拠としての「公共性」という考えや，それを根拠とする経験知（〈実践知〉）にもっと関心を向けなればならないであろう．

1) 氏名の後に，年月日の記載があるのは，1995年以降，現在までつづけられている神戸市のボランティア活動調査のヒアリング記録データ．
2) 似田貝等の地方自治体の公共政策としての財政分析の視点は，公務労働を単に公権力による支配の官僚機構として捉えるのではなく，他面でこの労働は，「市民社会」の「公的総括」Le《résumé officiel》の具体性としての国家や公共団体による公共政策と考え，その両義性に着目したものであった．すなわち，公務労働を生産過程論としてではなく，市民社会の中での公共サービス＝公共政策として捉えようとする社会学的な把握方法であった（蓮見編，1983；蓮見・似田貝・矢澤編，1990；似田貝・蓮見編，1993；似田貝，2007）．
3) 〈隙間〉という事象が生起するのは，第1に社会問題が生起する場面，第2に，さらにその問題を当座，人が実践上解決不可能と判断し，かつ認識上，未知＝〈隙間〉と認めざるを得ない状況の時空間領域の場面，である．第3に，この〈隙間〉領域は，当該の問題認識や実践的解決にとって，単にカオス chaos であるのではなく，新たなる知の枠組みや，新たなる制度体構築の尖端的出現とでも言うべき，〈chaos と秩序の相互浸透 chaosmose〉という運動的，過程的，変化的な創造的時空間となりうる潜在的・可能的場の母胎となる（似田貝，2004, 2008a）．
4) 具体的なケースについては似田貝香門（1992）参照．この問題は，M. ヴェーバーの権力論や I. イリイチの専門権力論と，社会的資源の閉鎖論と結びつき，差別論や排除論の問題へと関わってくる．
5) 「排除」概念を検討する著作は数多い．代表として Paugam dir.（1996）参照．
6) 「見棄てられていることは……根を絶たれた余計者的な境遇と密接に関連している．根を絶たれたというのは，他者によって認められ，保護された場所を世界にもっていないということである．余計者ということは，世界にまったく属していないことを意味する」（Arendt, 1966: 475/320）．

7) アーレントのこうした視点の復権の意義を，政治的・社会的実践論から見れば，1990年以降，新たなる諸問題の噴出，公共領域 public-realm の衰退・縮減による不平等の拡大等から，アンチ・モダニズムの政治・社会的・倫理的な再評価としてあらわれている．本稿との関係でいえば，従来の「公共性 Öffentlichkeit」に関連する諸階級・諸階層と，実践的理論の「隙間」や「裂け目」が大きくなったことを意味しよう．「小さい公共性」はこの〈隙間〉に生起する．

8) 〈出会い rencontre〉とは，人が新しい課題，テーマに邂逅し，それを受け入れ，迎え入れる経験．こうした経験によって，人は外部に自己を開く．それは支援者が自立困難な，さまざまな条件やテーマ・課題を抱えた人と邂逅し，その結果，やむなくその人との応答関係を引き受けざるをえない出来事である（似田貝編，2008: xix）．

【文献】

Arendt, Hannah, 1959, *The Human Condition*, University of Chicago Press（志水速雄訳，1973，『人間の条件』中央公論社）．
Arendt, Hannah, 1966, *The Origins of Totalitarianism*, George Allen and Unwin.
Bauman, Zygmunt, 2005, *Liquid Life*, Polity Press（長谷川啓介訳，2008，『リキッド・ライフ——現代における生の諸相』大月書店）．
蓮見音彦編，1983，『地方自治体と市民生活』東京大学出版会．
蓮見音彦・似田貝香門・矢澤澄子編，1990，『都市政策と地域形成——神戸市を対象に』東京大学出版会．
Lefebvre, Henri, 1971, *Au-dela du Structuralisme*, Paris: editions Anthropos.
松原治郎・似田貝香門編著，1976，『住民運動の論理』学陽書房．
松下圭一，1975，『市民自治の憲法理論』岩波書店．
森有正，1970，「序にかえて」『思想』1970年11月号（『森有正全集』第12巻，1979，筑摩書房，pp. 3-4）．
似田貝香門，1975，「市民なき都市——住民運動と社会変革」『現代思想』(特集：都市のグラマトロジー 現代空間を読む) Vol. 3-10.
似田貝香門，1992，「計画的リハウジングの社会学的接近」金子勇・園部雅久編『都市社会学のフロンティア3 変動・居住・計画』日本評論社，pp. 109-118.
似田貝香門，2001，「市民の複数性——今日の生をめぐる〈主体性〉と〈公共性〉」『地域社会学年報13 市民と地域』地域社会学会（後に加筆して似田貝編，2008所収）．
似田貝香門，2004，「社会と多様性——ボランティア活動を例示として」『多様性の起源と維持のメカニズム』（高等研究報告書）国際高等研究所．
似田貝香門，2007，「構造分析の調査を振り返って——〈主体を介しての構造分析〉をめざして」『社会情報』Vol. 16, No. 2, Mar., 札幌学院大学情報学部．
似田貝香門，2008a，「『隙間』論 (terra incognita)」『隙間——自然・人間・社会の現象学』（高等研報告書，研究代表者・鳥海光弘）国際高等研究所，pp. 42-48.
似田貝香門，2008b，「防災の思想——まちづくりと都市計画の《転換》へむけて」吉原直樹編『シリーズ防災を考える1 防災の社会学』東信堂．
似田貝香門，2008c，「コミュニティ・ワークと〈実践知〉」コミュニティ・自治・歴史研

究会『ヘスティアとクリオ』No. 8: 5-17.
似田貝香門編, 2006,『ボランティアが社会を変える――支え合いの実践知』関西看護出版.
似田貝香門編, 2008,『自立支援の実践知――阪神・淡路大震災と共同・市民社会』東信堂.
似田貝香門・蓮見音彦編, 1993,『都市政策と市民生活――福山市を対象に』東京大学出版会.
Oberender, Peter and Stefan Okruch, 1997, "Die Entwicklung der Sozialpolitik aus ordnungspolitischer Sicht," *ORDO*, Bd. 48.
Paugam dir., Serge, 1996, *L'exclusion: l'état des saviors*, Paris: Editions la Découverte.
Touraine, Alain, 1965, *Sociologie de l'Action*, Ed. du Seuil.

【付記】
　この論稿は，2009年3月に初稿が出され，以後2010年5月，10月修正改稿，2011年2月第2次改訂稿（最終稿）の経過を辿った．その後，2011年3月11日東日本大震災が起き，この論稿が前提素材としている阪神・淡路大震災の諸テーマの解決は未決のまま引き継がれ，またそれを越える新たな〈実践知〉としての公共性をめぐる数多くの社会学的テーマが生成したが，上記の事情でこの論稿には扱うことができなかった．本稿を補う東日本大震災の社会学的テーマのいくつかは，以下を参照して欲しい．
似田貝香門, 2012, "Disaster-Time Economy and an Economy of Morals: A Different Economic Order from the Market Economy Under Globalisation," *International Journal of Japanese Sociology,* vol. 21: 76-83.
似田貝香門, 2012,「〈災害時経済〉とモラル・エコノミー試論」『福祉社会学研究』（特集：東日本大震災と福祉社会の課題）第9号：11-25.
似田貝香門, 近刊,「新しい主体としてのネットワーク――新しい地域再生に向けて」似田貝香門・吉原直樹・町村敬志編著『現代都市空間とネットワーク・コミュニティ・場所』東信堂.

7 市民的公共性と芸術
市民社会における再現前的公共性

宮本　直美

1 ハーバーマスにおける芸術と公共圏

　公共性という概念が様々に定義されるにせよ，芸術と呼ばれるものに何らかの公共性が備わっていることは，ほぼ暗黙のうちに了解されていると言ってよいだろう．芸術作品というものは，鑑賞されることによって成立するものだからである．H.アーレントが言うように，「万人によって見られ，聞かれ，可能な限り最も広く公示される」ことによって個人的経験は芸術と区別される (Arendt, 1958=1994: 75)．何かを創作しても，それを自身かごく親しい人々の間でのみ楽しむのであれば，それは未だ「芸術」とは見なされない．公表を前提とする以上，芸術と公共性とは無視できない関係にあることは自明のこととして捉えてよいだろう．

　しかしながら，それはどのような公共性なのか．パブリック・アートなどの概念が出回る一方で，芸術の公共性について十分に考察しているものはあまりないように思われる．芸術の公共性についての試論として，本章では，J.ハーバーマスに代表される市民的公共性の議論を手がかりにこの問題を考えたい．

　ハーバーマス自身は芸術の問題を公共性論の中で扱っており，芸術は市民社会において成立した「文芸的公共性 literarische Öffentlichkeit」の中で登場する．その特徴は，彼の言う市民的公共性の中にありながらも，非政治的形態だということである．それは「機能からみれば政治的公共性の先駆形態にすぎな」いものであり (Habermas, 1962=1994: 216)，「まだ，それ自身の内部で旋回する公共の論議の練習場」(Habermas, 1962=1994: 48) であった．討議と合意，そ

して監査を要とする政治的公共性を論じるハーバーマスにとって，芸術についての議論は，重視はしているものの，やはり前段階として位置づけざるを得なかったのだろう．

　文化を対象とした議論が政治的問題のそれと違うということについて，説明を加えているのは『コミュニケイション的行為の理論』においてである．ハーバーマスは，「文化的価値は行為の規範とはちがって，普遍性の要求をかかげはしない．文化的価値があてはまるのはせいぜい，ある範囲の当事者が場合によって共通の関心を記述し，規定できる解釈についてである．（中略）文化的価値については，価値基準の正当化に役立つ議論が，討議の条件を満たすものではない．その議論は典型的に，審美的批判という形態をとるのである」(Habermas, 1981=1985: 44–45)，あるいは「真理性や正当性の要求のように地域的限界を根本的に超えるものではない」(Habermas, 1981=1985: 70–71) と述べており，文化的価値や審美的判断に関わるものを，限定性をもったものとして捉えようとする姿勢が見られる．ハーバーマスにおいては，市民的公共性は文芸的なものと政治的なもの，言い換えると審美的なものと普遍的なものとに区別されているのは確かであろう[1]．

　ハーバーマスの議論ではわずかしか触れられていない芸術の問題を，本章では検討してみたい．18 世紀末から芸術についての市民たちの議論は活発化し，それはコーヒーハウスや私邸に集う人々のサークルだけではなく，特にジャーナリズムにおいて制度化した．この時期に芸術の様々な領域で雑誌や新聞が発行され，そこには作品や演奏の批評が載せられた．19 世紀前半までの批評が主にアマチュアによって行われていたことに言及しながら，ハーバーマスは，誰もがその資格を持ち，かつ反論の権利をも持つ素人批評が文芸的公共圏を形成していたことを指摘する (Habermas, 1962=1994: 60–61)．そうした諸芸術を享受する人々は「公衆」と呼ばれるが，それは特に音楽の領域において顕著だった．ハーバーマスが「音楽の公衆については，読書界や観客層の公衆の場合よりも，もっと厳密にこの推移を領域的にとらえることができる．それは公衆の階層変化をひきおこすのではなく，むしろ『公衆』そのものをはじめて生み出したのである」(Habermas, 1962=1994: 59) と述べるように，音楽領域におい

ては，コンサートという入場料制による公開の演奏会形式が成立するのに伴い，「聴衆」が形成された．それは同時に，この時代になって初めて音楽作品が聴かれるべき対象として認識されたということを意味している．音楽が商品化することによって，そこに公衆が生まれたのである．

しかし，コンサートや美術館に足を運んで鑑賞する「公衆」と，作品や演奏について論じる「公衆」とを，無条件に同一視すること，そしてまた両者が形成する公共圏を同一のものと見なすことには注意が必要である．文芸的公共性の問題点は，この点を時に区分し，時に混同するような曖昧さを伴っていることにある．ハーバーマス自身，芸術の公衆を鑑賞者として述べることもあれば，サークルで作品について議論する人々と見なしていることもある．確かに，芸術鑑賞をした人々が，それに基づいて議論していたと考えられるため，彼らを公衆と呼ぶことに問題はないかもしれない．しかし，芸術の公共圏として，空間的な問題を考慮すれば，一方は芸術が表現・鑑賞される現場であり，他方はその現場からは離れた議論の場である．鑑賞と議論が同時に行われることはまずない．議論の場では，芸術であれ，その他の商品であれ，政治問題であれ，様々な事柄がそのテーマとなり得るわけで，その場のみをもって，芸術の公共性を捉えることはできない．芸術作品が実際に提示される現場の公共性を——そこには鑑賞者としての公衆が必ず居合わせている——，文芸的公共性は扱いきれていない可能性がある．芸術の公共性は，少なくとも2つの次元を分けて考えなければならない[2]．ハーバーマスが行った芸術の公共性についての議論が曖昧に見えるのは，芸術の問題を，専ら言語による議論の場として扱い，鑑賞の現場という公共の場については正面から扱っていないためではないだろうか．芸術はこの側面を持つからこそ，討議に照準した市民的公共性とは区別せざるを得ない．

2 再現前的公共性と芸術

市民的な公共性であるはずの文芸的公共性について，ハーバーマス自身は，市民的公共性成立以前の repräsentative Öffentlichkeit にその根を持っているものであり，その意味で，純粋に市民的な公共性とは言い切れないという指摘を

している．芸術をめぐる公共性を検討するうえで，この指摘は重要である．市民的公共性論における芸術の曖昧さは，ここに関わっていると考えられるからである．ハーバーマスはここでも，芸術の公共性を議論の問題として扱っているように見える．「文芸的公共性は，生まれつき市民的なものというわけではなく，国王の宮廷の具現的公共性の中から伝えられてきた由緒を保っている．教養ある中産階級の市民的前衛が，公共的論議の術を習得したのは，『優雅な世界』——宮廷貴族の社交界——とのコミュニケーションにおいてであった」(Habermas, 1962=1994: 48–49)という記述からは，市民たちが貴族たちと接するなかから芸術について議論することを学んだという文脈で前時代と文芸的公共性の接続を考えているように思われる．

芸術の歴史的経緯からすれば，絶対主義時代以前の芸術は，権威に奉仕するものであり，そのパトロンの意向と好みがその創作も評価も左右していた．筆者は，19世紀の芸術の公共性は前時代の公共性と強い結びつきを持つものと考えているが，それは芸術の「論じ方」を貴族から受け継いだという次元での連続性ではない．むしろ芸術は，解体していったはずの repräsentative Öffentlichkeit 自体につながりを持つと考えられる．議論の場ではなく，芸術鑑賞の現場に注目したとき，この概念の重要性が増す．

repräsentative Öffentlichkeit には，具現的公共性または代表的公共性といった訳語が使われることが多いが，ここでは再現前的公共性という訳語を使用して，芸術と公共性の問題を検討したい．ハーバーマスはこの封建時代の公共性について以下のように述べる．「この地位の保有者は，この地位を公的に表現する．すなわち彼は，なんらかの程度において『高位』の権力を代表的に具現する者として姿をあらわし，これを表現する．……代表的具現は，公衆の前で臨御する君主の人身によって『或る不可視の存在を可視的にする』という趣旨のものである」(Habermas, 1962=1994: 18)．価値の高い不可視のものを可視化するというこの説明は，彼自身が注で述べているように，法学・教会法の領域から採用した見解であり，とりわけカール・シュミットのそれに強く影響を受けたものである[3]．

Repräsentation の，特にそれを「再現前性」と捉えたときの重要性は，教会法の歴史と照らし合わせるときに一層浮かび上がる．ハーバーマスも引用して

いるシュミットの言葉，Repräsentation とは「目に見えない存在を公然と現存している存在によって見えるようにし，現在化することである」(Schmitt, 1928=1974: 245)，に目を向けるとき，われわれはキリスト教権威のカトリック教会的な表現を想定しなければならない．シュミットの公法学を詳細に論じた和仁陽は，「最も傑出した意味の『上からの権威』が，シュミット自身にとって，神がキリストの授権に基づき法制度としての可視的教会が形成されたこと，であることは疑いない」(和仁，1990: 180–181) と述べており，「人間の生=質料は，カトリシスムというフォルム=形相によって，歴史のなかに具体的に存在する教会を通じ秩序を与えられ，そこで再現前の原理に浸透される」と，シュミットの考えをまとめている (和仁，1990: 182)[4]．傑出した権威，すなわち神の権威が教会という可視的な制度を通じて秩序を保つときに，その権威を現前させ，それを繰り返すというカトリック教会の役割は本質的なものであった．キリストの代理人としての教皇は，私人としての人格を持たず，独自の尊厳 Würde を持つ再現前者としてのペルソーンを備えた者とされる[5]．さらにシュミットにとって，中世のカトリック教会的秩序と同型のものが，絶対王政期の国家であった．再現前の原理によって理論化された王権にとって，その権威を再現前し続ける重要な場所が宮廷であり，そこで王権は厳格な儀式による行動規律を通じて秩序を保ち，騎士を廷臣化し，それにより宮廷は国家の規範的な中心となったのである (和仁，1990: 220)[6]．

　厳格な儀礼を通してのカトリック教会および宮廷の再現前原理が，権威の表現として本質的であったとするシュミットの見解を踏まえれば，repräsentative Öffentlichkeit とは，再現前的な公共性であると捉えた方がよいだろう．そして，そこで芸術が果たしていた役割は，再現前のためにふさわしい舞台を作り上げることだったと言える．

　このような再現前的公共性を備えていた封建的諸制度は解体し，公共性も再現前的なものではなく，市民的公共性へと変化していくというのが，18 世紀から 19 世紀にかけての公共性への一般的な観察であろう．しかし 19 世紀の「市民社会」において，再現前的公共性の場は完全に消滅したわけではない．ハーバーマスは，その公共性が礼拝やミサや行列などの教会的儀式の中に今日でもなお生き残っていると述べている (Habermas, 1962=1994: 20)．かつてのよう

な社会秩序の決定力を持たないにしても，教会は今なお，少なくとも宗教の領域においては，再現前的公共性を保つ場だと言ってよいだろう．そして，その公共性を引き継いでいるもう1つの領域は，芸術である．その特徴を最も明らかな形で示しているのが，音楽であり，コンサート会場である．

3　交響曲における2つの公共性

　市民社会における芸術の再現前的公共性を主張するためには，シュミットの議論をもう少し検討しなければならない．彼自身は，市民社会の芸術にその機能をほとんど認めていない．

　シュミットは19世紀ロマン主義の芸術に対し，再現前性も公共性も持たないと断じている．この時代，いたるところに芸術は溢れているが，それは「無責任な私的感情」の吐露であり，親密圏にとどまっているようなものだというのである（和仁，1990: 250, 270）．確かに，ロマン主義は，個人の内面性を重視し，非現実を夢想し，現実逃避するかのような表現を追求した．それがプロテスタンティズムやその中でも敬虔主義とも連動するドイツ的な文化であったとすれば，シュミットが徹底してロマン主義を嫌悪し，ドイツ批判を行ったのも頷ける．それは権威の再現前を通じて世界の秩序を保つ再現前的公共性とは程遠いものであった．そして，その内面志向の表現として，19世紀前半には家庭的な音楽作品が多数生み出された．

　しかし，その一方で音楽界には無視できないもう1つの公共領域が形成された．それは交響曲というジャンルである．交響曲は，器楽曲ジャンルとしてはイタリア起源であり，当初はヨーロッパにおいてシンフォニアというイタリア語の名称が広まっていた[7]．それがソナタ形式という言わば建築の土台と骨格を得て，言語によるテクストを持たずに長時間のドラマを表現しうる大規模なジャンルとして確立したのは，とりわけベートーヴェンの功績である．このジャンルはハイドン，モーツァルト，そしてベートーヴェンというドイツ人によって育まれ，19世紀初頭にはドイツのジャンルとしてその地位を確立した．当時の音楽雑誌には，交響曲によってドイツの音楽的優位性を主張する言説が数多く見られる．このジャンルにおいて，当時のヨーロッパ社会にも後世にも決定

的な影響力をもったベートーヴェンは，その経歴から言っても市民社会的な音楽家であったと言ってよいだろう．

　交響曲とは，一般的に大規模なオーケストラによって演奏される，複数楽章から成る器楽曲で，その長い楽曲を構造的に支えているのは堅固なソナタ形式である．その作曲技法や形式原理自体はピアノソナタや室内楽にも共通する．しかし，交響曲というジャンルが重要なのは，それが公共性を抜きには語れないものだからである．交響曲には，演奏する側に数十人が必要とされるだけではなく，このジャンルの作品が聴衆なしに演奏されることはない．交響曲はある程度の規模の「聴衆」を必要とするジャンルなのである（Bonds, 2006: xx）．その意味で，このジャンルには最も一般的な意味での公共性がすでに備わっている．

　言語の援助なく長いドラマを表現し，主題を多様に展開し，多彩な楽器を扱う交響曲は，作曲家にとっては学問的で高度なジャンルであったが，公衆にとっては別のイメージとともに定着していった．交響曲は共同体イメージとともに語られ，異なる声を全体として統合する理想的な社会の音楽的実現とも考えられた．交響曲は，オペラとは異なり，物語を進める主役（歌手）が登場しない．また，協奏曲のように主役となる独奏者を伴わない．室内楽では，交響曲ほど多様な音色は望めない．すべての楽器がそれぞれの音色を対等に主張しながら，相互に協調し合い，調和的な全体の響きを作るのが交響曲なのである．1838年にG. W. フィンクは，交響曲は室内楽作品を書くよりも難しい，それは家庭よりも国家を治める方が難しいのと同じであると述べ（Bonds, 2006: 77），A. B. マルクスは，交響曲は「古代の悲劇という大いなる意味において普遍的な状態を表現するものである」（Bonds, 2006: 67）と論評した．共同体的な声の表現としての交響曲という認識は，ベートーヴェン以前から存在していたのだが（Bonds, 2006: 68），それを音楽的に具体化したものとして認められたのがベートーヴェンの作品であった．

　交響曲の観念から見えてくるものは，それが共同体の表現であり，それは個人と社会とを統合する全体あるいは国家の表現であったということである．フィンクは1835年に，交響曲とは「大規模な集団の特定の感情状態を持つものであり」，「すべての楽器を通して全体へと引き出されるフォルクの代表 Volksrepräsentation である」と述べている (Bonds, 2006: 66).

ここで再び Repräsentation の概念に立ち戻ろう．交響曲の観念に見られる共同性の表現が含意しているのは，共同体の声の実現であり，フォルクの表現である．Volksrepräsentation とは，シュミットの言う再現前的なものではなく，むしろ代表性と言うべき原理である．再現前的公共性の諸制度が市民的公共性に取って代わられた後，市民社会には代表制原理 Repräsentativprinzip が登場した．和仁の解釈を補って見てみると，シュミットによれば「19 世紀の国法学，政治学の文献は，この［代表制原理という］言葉で国民代表 Volksvertretung を念頭に置いている．すなわち，もう一方の Repräsentant であるところの王に対する，フォルクの Repräsentant である」と述べており（和仁，1990: 271），Repräsentation のこのような意味付与にシュミットは異議を唱えているという．「再現前では，高次の存在が具体的に現象する．再現前のイデアーは，politische Einheit として実存しているフォルクが，何らかの形で共同に暮らしている［だけの］人間集団の自然なあり方と対比して，より高く，昂揚した，強度の存在を有している」と述べており（和仁，1990: 278–279），こうしたシュミットの主張からすると，フォルクには再現前の価値がないと言わんばかりである．ハーバーマスは，H. G. ガダマーを引用しつつ，「いまや Repräsentation とは，模写や象徴的表現ではなく，代表 Vertretung を意味することになる」としている（Habermas, 1962=1994: 39）．Repräsentation の概念もまた，市民社会的な変化を遂げたと言えるわけで，交響曲に関する言説に見られた共同性は，フォルクの共同性・代表性・公共性に依拠していると考えられよう．

ドイツ語圏ではこのような共同体への語りがナショナリストの言説に乗り，ベートーヴェンの交響曲の英雄的性格が讃えられた．しかしドイツ人作曲家の中で，ベートーヴェンが突出した存在であるのは，その名声がドイツ国内だけのものではなくむしろ国際的であったためである．ベートーヴェンは，ドイツ文化圏以外の地域でも，時代ごとに様々な立場の集団にとって理想とされた．特に第九交響曲の受容にそれが表れている．「ドイツのナショナリストたちはこの曲の英雄的力強さを賞讃し，フランスの共和主義者たちは，この曲のなかに 1789 年の 3 つのスローガンを確認した．共産主義者たちにとっては，階級なき世界のバイブルとして聞こえた．カトリック教徒にとっては聖書そのものであっ

た．民主主義者にとっては民主主義そのものであった．ヒトラーは自らの誕生日を『歓喜の歌』で祝った．しかし一方，強制収容所のなかに至るまで，人々はこの曲で彼に抵抗した．『歓喜の歌』は，つねにオリンピックで鳴り響いている．……この曲はまた，人種差別の国，ローデシアの国歌であった．今日では，EU の歌である」(Buch, 1999=2004: 11)．この第九が合唱を伴う特殊な形態であるがゆえに，「讃歌」として受容された面は大きいが，しかしそれがあくまで交響曲であった点は軽視すべきではない．

　ドイツの交響曲，特にベートーヴェンのそれが，彼の死後長らくフランスの公的な機関で定期的に演奏されていたことは，そのことを裏付ける．1828 年にパリ音楽院演奏会協会が設立されて以来，パリはロンドンやウィーン以上に，ベートーヴェンを最も愛好する都市となった（西原，2000: 253）．西原稔によれば，同協会が 1828 年から 1871 年までに取り上げたベートーヴェンの交響曲の演奏頻度は，このジャンル全体の 66％ にもなり，ハイドンとモーツァルトの交響曲を合わせれば，全体の 91％ にもなった（西原，2000: 264）．この協会の定期会員は貴族などの上流階級で占められ，パリ音楽院は大臣の就任式や外国からの来賓歓迎式典など，国家の正式行事を担う公的な機関であった．その演奏会が，特定の階級と結びついていたことは重要である．19 世紀のパリの公的な場でドイツ音楽が演奏されること自体，素朴に考えれば奇妙に見える現象ではあるが，西原はこの現象を，ナショナリズムの問題ではなく，階級の問題と見ている．当時のパリにおいては，ベートーヴェンを市民の手の届かない高い存在に置くという政治的操作がなされていたのであり（Weber, 1975=1983: 129)，その交響曲は，アンシャンレジームの保持とその権威づけの役割を担ったというのである（西原，2000: 269）．ここで注目すべきは，交響曲は文芸的公共圏で言及されるような議論対象としては共同体的で市民的なジャンルと認識されていたが，それが演奏される場は，必ずしもそうではなかったということである．

4　芸術の自律性と公共性

　ベートーヴェンを範型とする 19 世紀の交響曲が重要なのは，作曲技法の領

域だけではない．19世紀の市民社会的な音楽受容は，入場料制のコンサートという制度に見られる．18世紀までの宮廷では，世俗音楽が貴族の娯楽として受容されていたが，19世紀になると，その貴族的な聴き方に，市民層の側からの反発が起こった．音楽はまじめに聴くものだという考え方の登場である（渡辺, 1989）．娯楽性の強いコンサートも多くあったものの，その一方でまじめに聴くためのコンサートを牽引していったのは交響曲であった．コンサートの歴史を研究した W. ザルメンは，特にそれを「シンフォニーコンサート」と呼んでいるが（Salmen, 1988=1994: 187），交響曲は娯楽を提供する音楽とはまったく対極にあるものと見なされた．

この時期の重要な変化を特徴づけるのはプログラムの再編である．それまでのいわゆる「ごたまぜのプログラム」で演奏されていたコンサートは，ジャンルを揃えたり，歴史を追って配列したりと，統一されたプログラムを作るようになった．ベートーヴェンの生前は楽章をバラバラにして演奏されることが普通だった交響曲は，全体を通して演奏されるようになる．同じ頃に生じた現象として注目しなければならないのは，コンサートのプログラムには過去の音楽がレパートリーに入るようになったことである．それは新しい現象であった．従来は新作を，たいていは作曲者の指揮で演奏するのが当たり前だったコンサートに，過去の音楽が入ってくるのである．重要なのは，創造者が不在であるということであり，その点で作曲者がすでに没している作品を演奏するようになったという新しい演奏慣習は意義深い．

プログラムが変わり，まじめな聴き方が要請されたときに，必然的に起こってきたのは聴取マナーとでも言うべきものへの意識である．演奏中は静かに座って聴かなければならない，楽章間に拍手は入れないといった，今日のコンサート会場で普通に見られる光景は，それが完全に実現されるまでには時間を要したのだが，この時期から意識され始めた[8]．入場料制のコンサート自体，音楽作品が奉仕先を失って（あるいはそこから解放されて）商品化したときに成立した制度であり，まじめに聴くという考えも，芸術という自律的世界への対応である．そして，その聴き方の変更は，市民が貴族との差異化を意識して提唱したものであった．

公開コンサートという制度自体は，市民社会的なものとして理解されてきた．

しかし徐々に定着することになるコンサート会場のマナーは，よく見てみると，旧体制下の礼儀作法ときわめてよく似ている．マナーを心得て振る舞うことが音楽を理解していることの証ともなり，聴衆は聴く作法を心得ているという態度を示そうと，その作法に神経質なまでに過剰適応する[9]．宮廷の礼儀作法を分析した N. エリアスの議論を踏まえれば，コンサートに行き慣れない者にとっては，そこはまるで貴族から脱落すまいと互いを牽制し合う宮廷のようである．そして客席とは隔てられた舞台の上には演奏家たちがいる．彼らもまた多くの場合，制服のような黒い衣装に身をつつみ，オーケストラの一員として個人芸を抑制し，協調する作法が求められる．弦楽器奏者のボーイングの動きは見事に統一されている．そこには音響的な美を求める意図もあったが，視覚的な行為に注目すれば，身体が規律化されていると見なすことも可能であろう．このような光景は，カトリック教会における再現前的な儀式のそれと重なる．シュミットらの公共性論を検討し，ハーバーマスもまた参照している R. アルトマンの議論には，再現前的公共性における可視的な作法についての言及が見られる．彼によれば，再現前的行為としてのミサにおいては，それを遂行する資格を付与されるのは司祭のみであり，彼は信者とは区別される衣服を着ている．また，ミサには通常そのための空間が必要とされ，ミサは特定の時間に行われ，司祭は信者と神の間で，高い価値を有する化身として仲介をするのである (Altmann, 1954: 72)．信者もまた，特定の日の特定の時間に列席し，しきたりに従ってミサにふさわしい服装や作法を遵守することが求められる．男性は帽子を取るという慣習や，ひざまずき，十字を切るといった行為である (Altmann, 1954: 74)．

　演奏会場がミサの行われる教会と相似するものであるとすれば，それぞれの作法に従う聴衆と演奏者たちは，何に仕えているのだろうか．見かけ上は指揮者が指導者のように見えるかもしれない．しかし，19世紀以来の演奏会場に見られた重要な変化を見落とすべきではない．つまり，この時期に過去の音楽を演奏する習慣が定着し始めるということである．1830年代以降，ベートーヴェンの交響曲を演奏する場面に，すでに作曲家はいない．しかしプログラム再編もあり，聴衆は「誰の」作品が演奏されるかを十分に承知してそこに居る．コンサート会場で，指揮者がいかに中心的存在に見えていても，そこには常に偉大な作曲家の影がつきまとうことになる．指揮者は，あくまで演奏者の1人と

して，その中で一段高い場所に立ち，会場を統率する．しかしそれは言ってみれば，代理人としての姿であり，真の創造者は作曲家なのである．演奏者は作曲家（創造者）を現前させる代行者であり，作曲家はその場に居合わせないことによって，むしろ象徴的な実在を獲得する．指揮者は司祭に相当する代行者となる．資格を与えられた者として，作曲家の創造物を再現するのである．その空間は，シュミットの言う再現前公共性の場と見なすことができよう．「再現前するとは，不可視の存在を，公共に現在する存在により可視化し示現することである．この概念の弁証法は，不可視のものがそこにないという前提に立ちながら，なおそこに在らしめられることにあ」り，そして「再現前では高次の存在が具体的に現象する」のである（和仁，1990: 278）．この現前の場によってこそ，不在の作曲家のペルソーンは何か権威を伴うものになる．そもそも神でもなく，神の正統な代理人でもなかった者が，そのようなものに祭り上げられてしまう——コンサートの作法はそうした副作用を持っていると言える．これをコンサート会場の儀礼性がもたらす効果だと考えれば，再現前されるものは，高次の価値ある創造者，作曲家そのものであり，その精神性・意図が汲み取られるべき内容となる．美術においても，美術館という特別の場に展示された絵画は同様の効果を発生させていると考えられる．芸術が娯楽とは異なる正統性をまとってきたのは，むしろこのような儀礼性，そして再現前的公共性によると言える．

　再現前的行為についてのアルトマンのさらに重要な指摘を加えれば，それは「価値表示」であるとともに，その儀礼的な場はその価値の「承認」の場である．ミサへの参列者はその場に「参加」してはいるが，主体的に価値を認定したり，価値を創造したりする役割は与えられておらず，前もって定められている価値を公の場で「承認」するためにそこに居る（Altmann, 1954: 77）[10]．コンサートの場も，聴衆はそこで演奏される作品やその作者について価値を吟味する機会は与えられていない．演奏に対する賞賛の拍手も半ば儀礼的である．すぐれた作品を少なくともその場ではありがたく受け止める場となっているのである．

　筆者がコンサートという場に見るのは，芸術や共同体の表現ではなく，参加

者のマナーすなわち礼儀作法に基づいた儀式性である．それはまさにかつて教会や宮廷において繰り返されていたものであり，神や王権の再現前を通じて秩序を保つ制度であった．逆に言えば，権威はそのままで権威たりうるのではなく，儀式による現前を繰り返すことによって権威たりえる．ハーバーマスもまた，「貴族は権威を具現することにおいて権威となる」(Habermas, 1962=1994: 24) と述べている．「偉大」と見なされた芸術家はコンサートのたびにそのペルソーンが権威づけられ，神格化される．法として世界を治めるほどの影響力を持たないにせよ，そこはある種の権威が生じ，それをめぐって価値体系の秩序が形成される場になっていると言えよう．

　市民社会における芸術は，本章で見た交響曲を例にとっても，旧体制的な制度への市民的反発として創作され受容されていた．多くの人々がそう捉えていたのは明らかである．しかしながら，その現場で行われていたことは，むしろ旧体制下における慣習に近いものであった．はじめに述べたように，芸術が市民的公共性の議論の中で曖昧なものとなっていたのは，提示と鑑賞の現場における旧体制的な再現前性のゆえと考えられる．確かに，コーヒーハウスや紙面で芸術についての議論が行われていたことは，文芸的公共性として捉えてよいだろう．しかし，そこにはもう 1 つの側面があったのであり，従来の文芸的公共性の議論は，その次元を考慮していなかったと言わざるをえない．その意味では，芸術は教会と同じように，市民社会においてなお，再現前的公共性が生き残っていた場であったと見なすこともできる．実際，19 世紀になると，「芸術宗教」なる言葉が登場するようになり，とりわけ音楽を宗教になぞらえる言説は多い[11]．音楽家は司祭に重ねられ，芸術の創造者はあたかも創造主のように崇められる．それはロマン主義が創造的才能を過剰に神秘化して崇めたゆえではあるが，別の視点から捉えれば，そうした音楽や芸術の宗教性は，実はその鑑賞の現場の再現前性によって支えられていたと考えることもできよう．芸術は，そうして独自の自律的世界を確立したのである．

　芸術にそれが可能だったのは，現実の教会や宮廷が以前ほどには社会的に重要性を持たなくなっていた背景があったためである．再現前的公共性を担ってきた宮廷とカトリック教会が実質的な力を失い，市民的公共性に転換したとき，奉仕する側だった芸術は仕える主人を失ったまま，自律的世界と論理を形の上

で引き継いだ．あるいは，再現前的公共性に最も近いところにあった芸術が，その空隙に入り込んだとも言えよう．

1) 後の著作『事実性と妥当性』においては，「政治的公共圏において語られる問題は，社会的弊害の圧力の反映として，まずは個人的な生活経験という鏡に映し出されるのである．そうした生活経験が宗教・芸術・文学の言語によって的確に表現されうるかぎりにおいて，表現を世界解明に特化した，広義の『文芸的』公共圏が，政治的公共圏と結びつく」（Habermas, 1992=2003: 95-96）と述べており，両者を区別した上での関係性について言及している．
2) 『事実性と妥当性』においてハーバーマスは，公共圏を「内容と態度決定，つまり意見についてのコミュニケイションのためのネットワーク」（Habermas, 1992=2003: 90）と捉え，このネットワークについての区分を行っている．それは「コミュニケイションの密度，組織的複合性，影響の及ぶ距離の点で次元による違いがある——それは，居酒屋，コーヒーハウス，道端でのごく一時的な公共圏から，芝居の上演，PTA，ロックコンサート，政党の集会，教会の大会など，催事としての公共圏を経て，地球全体に散在する読者・視聴者からなり，マス・メディアによって作り出される，抽象的な公共圏にまでいたる」（Habermas, 1992=2003: 105）とされる．本章で扱う芸術鑑賞の場とは，催事としての公共圏に相当することになり，この段階でハーバーマスは議論の場と催事の場を混同していたわけではないことがわかる．しかし本章での筆者の立場は，芸術鑑賞の場が上記分類に従って位置づけられるような公共圏ではないと主張するものである．
3) この概念をめぐるシュミット，アルトマン，ハーバーマスの関係については，小山（2009）に詳しい．
4) シュミットは，カトリック教会の社会学的秘密を，それが「法的形式への力を有することにある」としており，さらにその力は Repräsentation ゆえであると述べている（Schmitt, 1925=1980: 145）．
5) ここではまた，中世政治神学を論じた E. カントーロヴィチの『王の二つの身体』を参照することができる．権威の代理人たる国王は，死すべき運命にある肉体としての身体が，永続する〈威厳〉の宿る理念的人格と結び付けられることにより，その有限性という限界を克服する．カントーロヴィチは「〈威厳〉と呼ばれる，不可視ではあるが擬制的な人格」と述べている（Kantorowicz, 1957=1992: 387）．
6) 和仁が宮廷における厳格な儀式と行動規律による支配構造に言及する際，そこでは言うまでもなく，エリアスの議論が想定されている．
7) シンフォニアという用語と，ジャンル名としての「シンフォニー」の定着過程については，大崎（2005: 13-19）を参照．
8) ザルメンによれば，「集中力と行儀よく耳を澄ますことを要求される，いわゆる通のためのコンサートへの移行」は，「かなり時間を要し，また地域によってまちまちであった」（Salmen, 1988=1994: 188）．それでも 19 世紀半ばすぎには，聴衆に一般的な風紀が求められるようになり，「演奏が始まったら，いっさいのおしゃべりがタブーと

なっただけでなく，舞台の回りをぐるりと囲むように置かれていた椅子が，番号付きの席として，整然と列をなして並べられるように」なった (Salmen, 1988=1994: 192)．また，シュヴァープによれば，拍手についての議論は 1800 年頃からすでに始まっていた．1808 年のフランクフルト博物館協会の規則では，称賛には拍手よりも丁寧な心遣いがよいとの記述を設けている (Schwab, 1980=1986: 86)．

9) コンサートの歴史を比較分析した W. ウェーバーは，19 世紀の音楽雑誌記事には「演奏会では誰もが通を装い，自らの音楽的知識と技量を認めてもらおうと欲している」との記述があったことを指摘している (Weber, 1975=1983: 93)．

10) アルトマンは，ミサの他に，判決時に起立するなどの習慣を持つ法廷にも同様の再現前的行為を認めている (Altmann, 1954: 77)．

11) 演奏会場の報告にも，宗教との近さを意識した記述が見られる．「あるジャーナリストは……彼は今まで経験したこともないほどの熱意で演奏会の開始を待つ人々を見て，『なんと宗教的な静けさ，なんと崇高な謹聴か！』と言い，さらに，当時のローマン派的表現を引用して，『2, 3 秒間，信心深い人たちの間に，希望と信頼の驚くべき聖体拝領が起った．その時，総ての霊魂は聖なる言葉を拝領するために，貪るように身を晒した』と口走った」(Weber, 1975=1983: 127)．

【文献】

Altmann, Rüdiger, 1954, *Das Problem der Öffentlichkeit und seine Bedeutung für die moderne Demokratie*, Marburg.

Arendt, Hannah, 1958, *The Human Condition*, University of Chicago Press（志水速雄訳，1994,『人間の条件』筑摩書房）．

Bonds, Mark Evan, 2006, *Music as Thought*, Princeton University Press.

Buch, Esteban, 1999, *la neuvième de Beethoven, Une histoire politique*, Éditions Gallimard（湯浅史・土屋良二訳，2004,『ベートーヴェンの『第九交響曲』——〈国歌〉の政治史』鳥影社）．

Habermas, Jürgen, 1962, *Strukturwandel der Öffentlichkeit: Untersuchungen zu einer Kategorie der bürgerlichen Gesellschaft*（細谷貞雄・山田正行訳，1994,『公共性の構造転換——市民社会の一カテゴリーについての探究』[第 2 版] 未來社）．

Habermas, Jürgen, 1981, *Theorie des Kommunikativen Handelns*, Suhrkamp Verlag（河上倫逸・M. フーブリヒト・平井俊彦訳，1985,『コミュニケイション的行為の理論』(上) 未來社）．

Habermas, Jürgen, 1992, *Faktizität und Geltung: Beiträge zur Diskurstheorie des Rechts und des demokratischen Rechtsstaats*, Suhrkamp（河上倫逸・耳野健二訳，2003,『事実性と妥当性——法と民主的法治国家の討議理論にかんする研究』(下) 未來社）．

Kantorowicz, Ernst H., 1957, *The King's Two Bodies: A Study in Mediaeval Political Theology*, Princeton University Press（小林公訳，1992,『王の二つの身体——中世政治神学研究』平凡社）．

小山裕，2009,「ユルゲン・ハーバマス『市民的公共性』概念・再考」『年報社会学論集』第 22 号: 44–55．

西原稔，2000,『「楽聖」ベートーヴェンの誕生——近代国家がもとめた音楽』平凡社．
大崎滋生，2005,『文化としてのシンフォニー I』平凡社．
Salmen, Walter, 1988, *Das Konzert*, München: C. H. Beck'sche Verlagsbuchhandlung（上尾信也ほか訳，1994,『コンサートの文化史』柏書房）．
Schmitt, Carl, 1925, *Römischer Katholizismus und politische Form*, Theatiner-Verlag München（小林公訳，1980,「ローマカトリック教会と政治形態」『政治神学再論』福村出版，pp. 125–170）．
Schmitt, Carl, 1928, *Verfassungslehre*, Duncker & Humblot（阿部照哉・村上義弘訳，1974,『憲法論』みすず書房）．
Schwab, Heinrich W., 1980, *Konzert: Öffentliche Musikdarbietung vom 17. bis 19. Jahrhundert*, Deutscher Verlag für Musik Leipzig（1986,『コンサート——17世紀から19世紀までの公開演奏会』音楽之友社）．
和仁陽，1990,『教会・公法学・国家——初期カール=シュミットの公法学』東京大学出版会．
渡辺裕，1989,『聴衆の誕生』春秋社．
Weber, William, 1975, *Music and the Middle Class: The Social Structure of Concert Life in London, Paris and Vienna between 1830 and 1848*, London: Croom Helm（城戸朋子訳，1983,『音楽と中産階級——演奏会の社会史』法政大学出版局）．

8 多民族社会における高等教育の公共性
マレーシアにおける国家と民間

吉野　耕作

1 ポスト複合社会としてのマレーシア

　近代社会学は同質的なエスニーを基層とする国民社会をモデルとして成立した．そのような前提に対しては1980年代以降次第に異議が唱えられ，エスニックな複数性を常態として社会を理解する試みが増えた．こうした試みの多くは多文化主義という問題設定を共有している．その背景には，カナダやオーストラリア，さらにはイギリスやアメリカ合衆国などのアングロ・アメリカ社会において多文化主義が積極的に議論されたこと，そしてこれらの国々が社会理論や文化研究の発信地でもあることと関係がある（e.g. Kymlicka, 1995; Taylor et al., 1994; Stratton and Ang, 1994）．これらの社会の特徴は，1つの支配的なエスニシティ（カナダの場合は2つ）とその他の多くのエスニシティとの共生をめぐる理念として多文化主義が展開した点にある．1つのゆるぎないエスニシティとその文化に従うという前提の下に，他の多文化が承認，祝福される．
　これに対して，多民族社会でありその成員も多民族共生の必然性あるいは必要性を強調するが，多文化主義の概念では表現しえない現実を展開させている社会が存在する．複数のそれぞれに支配的なエスニシティから構成される複合社会（plural society）を原型とする社会がこれにあたる．J. S. ファーニバルは，植民地時代の東南アジア社会を，またM. G. スミスは植民地時代以降のカリブ海の社会を複合社会と呼んで考察した（Furnivall, 1939, 1948; Smith, 1965）．そのような社会構造を独立後の国民国家が受け継いだポスト複合社会において設定されるべき問題は，「多様性をどこまで認めるか」（関根，2000: 50）ではな

く，むしろ D. ホロウィッツが言うようなエスニック間の調整 (ethnic accommodation) である (Horowitz, 2007)．本章では，ポスト複合社会マレーシアにおけるエスニック間の対立・競合・調整に関して，高等教育の分野に焦点をあてて考察する[1]．教育の機会と就職の機会はエスニック関係にとって最も重要なテーマの1つであり，その両方の機会に高等教育は関わる．そして，本章が注目したいのは，ポスト複合社会の産物として展開した民間の高等教育制度である．国家が管理・運営する「公」の高等教育に対して，民間のアクターは代替制度を模索，創造した．このような高等教育のマレーシア・モデルは，国内外で様々な社会経済的な影響力を持った (吉野，2002)．

マレーシアにおける伝統的な高等教育は，国家の「公」の高等教育制度としての国立大学である (e.g. Universiti Malaya, Universiti Kebangsaan Malaysia)．また，いわゆる私立大学が1990年代以降設立されたが，本章が対象とする「民間」の高等教育とは区別したい．マレーシアにおける私立大学は，企業 (政治家と関係の深い企業) や政党によって設立されたもの (e.g. Universiti Teknologi Petronas, Universiti Tunku Abdul Rahman)，あるいは外国の大学の支部キャンパス (e.g. Monash University Malaysia, Nottingham University Malaysia Campus) である．それらに対して，本章で用いる「民間」は，国家と対置し，機会の開放を試行錯誤する領域としてとらえる．高等教育のマレーシア・モデルの展開を記述・説明する上で，民間の概念は要である．マレーシアの民間の高等教育モデルは，マレーシア社会特有の事情とグローバル資本主義や国際関係との相互作用の中で誕生し展開した．そのダイナミズムは実に興味深いが，詳しく紹介する余裕はない．本章の議論は限定的である．民間の高等教育の展開がエスニック・ディバイドおよびエスニック間の調整に及ぼす影響を中心に論じたい．

2　高等教育とエスニック間の調整

国家の高等教育

植民地時代を経て国民国家となったマレーシアにとって達成すべき課題は，国民統合と経済発展に加えて，教育と職の機会に関するエスニック間の調整で

あった．国家の独占的な領域である国立大学は，このような国家のアジェンダに沿って管理・運営されてきた (e.g. Lee, 2004).

マレーシアの教育制度は，1957年の独立後もしばらくは英植民地時代のものが受け継がれていた．1970年代に入ってから教育制度の国民化（マレーシア化）とエスニック化（マレー化）が展開した．国民統合と経済発展を担う人材の育成が図られるとともに，マレー人の優遇措置が進められた．その背景には，それまでマレー人（ブミプトラ）が教育と就職で差別されてきたという認識がある．実際，独立後も，マレー人は農村の稲作・伝統農業，華人は都市型産業・商業という植民地踏襲型の経済と「複合社会」が放置され，エスニック集団間の経済格差は拡がっていた（Furnivall, 1939, 1948; Hefner, 2001; Abdul Rahman, 2001). これに対するマレー人の不満が爆発した民族暴動（1969年）の衝撃に対応して，1971年にはマレーシア社会・経済の抜本的改革をめざした新経済政策（NEP）が発表された．具体的には，民間企業におけるエスニック・グループ別雇用比率の採用，マレー系企業の優遇，各種国営企業の設立などに加えて，教育の分野においてはマレー人生徒・学生に対する各種の優遇措置が導入された．国立大学の進学枠や留学奨学金制度の適用においてブミプトラ（マレー人）が優先された．1980年代初頭で政府系奨学金の80％の支給対象がブミプトラであった (Selvaratnam, 1988: 189). 新経済政策と並んで設けられた国民文化政策は，国民文化のマレー化を図り，教育言語としてマレー語の使用を義務化した (KKBS, 1973). 1983年までには小学校から大学までの全段階におけるマレー語化が完結した．

1971年のエスニック別割り当て制導入および連邦政府・州政府の奨学金の支給の結果，最低限の資格さえ充たせば大学への入学が可能になったマレー人の比率は，1970年から1975年の5年間に50％から65％に増加した（マレー人の人口比率は約50％）(Young et al., 1980: 5). これに対して，国内の大学に入学する非マレー人の比率は50.4％から35.0％に減少した（Government of Malaysia, 1976: 401). ブミプトラ優遇措置や大学教育のマレー語化が徹底した1980年代前半には，非マレー人の海外留学が増加した[2]. しかし，海外奨学金制度において優遇されていたマレー人とは対照的に，私費で留学する非マレー人には経済的負担が大きくのしかかった．かねてから留学はマレーシア人にとっ

て高等教育を受ける重要な手段であった．なかでも，英国留学は旧英植民地の人々にとって象徴的な意味を持っていた．1979年英国の大学が留学生に対して授業料を課す決定をしたことが引き金になり，高等教育を受けるための新たな方法が模索されることになった．

民間の高等教育──新たな制度の創造と公共性

国家の「閉じた」公的教育に代わる民間の高等教育が試行錯誤的に始まったのは1983年のことである．1983年時点で，マレーシアの高等教育制度は，マラヤ大学，マレーシア科学大学，マレーシア国民大学，マレーシア技術大学の国立大学4校のみであった[3]．ここで重要な役割を果たしたのが，民間のアクター，主に非マレー人の起業家たちである．当時，民間における中等教育修了後の教育制度としてはカレッジがあった．カレッジとは，大学入学準備のための塾や予備校（大学進学準備校）あるいは専門学校のことであり，学位取得に結びつく存在ではなかった[4]．既存の民間のカレッジを活用して何らかの高等教育が受け入れられる仕組みが模索された．しかしながら，塾，予備校や専門学校が学位を授与することは到底認められないし，自前のカリキュラムを作る専門知識や人材も持ち合わせていなかった．

ヒントとされたのがアメリカの2年制の短期大学（community college）の卒業生が4年制大学に単位を移行して編入する制度である．単位移行（credit transfer）制度のトランスナショナルな適用が模索された．すなわち，マレーシアの民間のカレッジがアメリカのコミュニティ・カレッジに対応する教育内容を提供し，そこで取得した単位をアメリカの4年制の大学に移行・編入するというものである．これによって，マレーシアの民間のカレッジにおける2年間の在籍に加えてアメリカの大学における2年間の在籍で，アメリカの大学の学位が取得できる仕組みが創造された[5]．その後，イギリスの大学をも対象とするようになり，1986年には，大学在籍期間の最初の1年間をマレーシアのカレッジで学んだ後に，残りの年限のみをイギリスの「本校」で学ぶことで学位取得ができる仕組み「1＋2」が考案された[6]（その後，最終学年のみ海外の提携大学に在籍する方式「2＋1」に進んだ）．この制度はトゥイニング（twinning）と呼ばれる．

ひとにぎりのカレッジで始まった試みに刺激されて，他のカレッジも次々に同様のトランスナショナルな提携関係を求めた．非マレー人の起業家たちは，それぞれにアメリカやイギリスさらにはオーストラリアの大学と交渉を行った[7]．英米豪の大学にとっても海外の機関に教育を委託するのは初めての経験であり当初は躊躇したが，経済的な誘因を見出して積極的に取り組むようになった．トランスナショナルな連携によって合理的なコストで高等教育を提供する手段に支えられて，学位取得の新たな制度が誕生した．このような民間の知恵を基に始まったトランスナショナルな高等教育が「もうひとつの高等教育」制度として定着するためには，それを商業的事業として推進させた民間企業の役割も無視できない．なかでも，経済的利益を追求する土地開発業者は，コミュニティ・サービス，企業イメージの向上などの思惑から，共同事業者として参加した (Leigh, 1997: 127)．

以上のように，民間の高等教育は，ブミプトラ政策下で不利益を被るノン・ブミ（非マレー人）を支援する要請から生まれた制度である．マレーシアのカレッジに通学することで，海外留学に伴う経済的負担を大幅に軽減することができるし，西洋英語国の大学の学位取得が可能になることの利点は大きい．ノン・ブミである華人やインド系の間で広く受け入れられていった．1996年の私立高等教育法の施行により，学部課程3年の全てをマレーシアのカレッジで履修しても海外の大学の学位取得ができる「3+0」が可能になった．

その後，民間の高等教育は，海外の留学生市場に進出して，国際化に成功した．留学生として早い時期から重視されたのが，中華人民共和国の中国人，そしてインドネシアの華人である[8]．その後2001年同時多発テロ以降は中東やアフリカなどのイスラム圏からの留学生獲得に乗り出した．留学生にとって，マレーシアは英米豪等と比較して学費・生活費が安いという経済的理由に加えて，西洋諸国のビザの直接取得が困難な中国などの国籍保持者にとって，まずマレーシアに行ってそこから移動するという戦略は合理的選択である．実際，留学生の多くがマレーシアを「西洋」諸国への中継地と見なすようになった．2+1方式に従って，マレーシアで2年履修した後，提携先の「西洋・英語国」の大学に進級することにより，教育コストを節約し，さらなる教育投資に使える．2005年時点で，マレーシアの高等教育の留学生は4万749名，そのうち国立大学在

籍者が 7656 名,私立大学および民間の機関に在籍するものは 3 万 3093 名である[9].

民間の高等教育機関は 2000 年 12 月時点で 632 校あった.その後,合併や廃業を経過して,2005 年 12 月現在 543 校である (Study Malaysia, 2001, 2008).それらがイギリス,オーストラリア,アメリカ,カナダ,ニュージーランドなど海外の諸大学との提携プログラムを持っている.マレーシアの高等教育機関全過程の在籍者の内訳は,国立大学 8 万 885 名,私立大学および民間の高等教育機関 8 万 1528 名である[10].

3　民間の高等教育の拡大とエスニック・ディバイド

大卒の失業率をめぐる言説——就職の機会の格差

民間の高等教育の拡大は様々な波及効果を伴った.なかでも,エスニック関係の溝に影響力を及ぼした.ポスト複合社会マレーシアにおいて,1960 年代にはエスニック・ディバイドが顕在化したが,それは植民地主義によって構造化された社会経済のディバイドであった.その後,1970 年代以降エスニック関係の改善をめざした新経済政策の結果,英植民地時代から続いたエスニック別分業に変化の兆しが現れた.1980 年代は政策の行き過ぎのため,華人の不満が高まって緊張が生じたり,華人の海外移住が増加した.しかし,1980 年代後半になると経済成長に伴い,社会の広範囲でミドルクラス化が進み,マレー人の文化の中心性を強調する政策は緩和された.同時に,経済優先の路線が採用された.このような状況で 1990 年代以降展開したエスニック・ディバイドは,より開かれた社会経済における職の機会をめぐる競争から生じた.2005 年後半,大学卒業者の失業率が社会問題として浮上した.きっかけは,首相府の経済企画ユニットが 2005 年 9 月 24 日から 1 週間かけて実施した全国調査の公表である.マレーシアにおける大卒の失業に関する調査はこれが初めてである.調査結果は,人材担当大臣によってニュー・ストレーツ・タイムズ紙に公表された.結果が公になると不正確な数字をめぐって議論が沸き,12 月の紙面によると,全国の高等教育を卒業した者のうち 5 万 9250 名が失業中であるとしたが,学位取得者に限らず高等教育機関に在籍した者全てが含まれていたなど,数字の

正確さに関して疑義が残った (*New Straits Times* 3/11/2005, 1/12/2005).

　大卒失業者のうち，71％が女性であり，61％が月収1000リンギット以下の比較的貧しい家庭の出身であり，80％が国民高等教育基金（PTPTN）の教育ローンの貸与を受けていたという（2008年2月4日現在，1リンギット＝33円）．興味深いのは，81％が国立大学の卒業生である点である．失業者の大多数はマレー人である．また，就業できない理由として卒業生があげたのは，仕事の経験の欠如（49.7％），英語力の低さとコミュニケーション・スキルの欠如（33.3％），大学のコースと実際の仕事の関連の欠如（32.2％）であった．以上を総合すると，最も失業に陥りやすい大卒のタイプとは，国民高等教育基金のローンを受けた貧しい家庭の出身者で，大学でビジネス・アドミニストレーションあるいはインフォメーション・テクノロジー（IT）を専攻したマレー人の女性ということになる (*New Straits Times* 3/11/2005, 1/12/2005).

　同調査に関しては，統計の信頼性を含めて様々な問題点が指摘されているが，少なくとも人々が普段から感じていた傾向を裏付けた．すなわち，英語の重要性である．「ITの問題というよりは，英語の能力不足の方が問題であり，それが障害となっている」，また「ビジネス・アドミニストレーションを専攻した者は就職に有利との見方があるが，それは誤りで，企業は英語力の無い者は採用しない」というクアラルンプール株式市場前社長モハメド・サレ・マジッドの発言などが紙面で紹介され，議論がしばらく続いた (Mohd Salleh Majid, 2005).

民間の高等教育と華人——英語と多言語資本

　大卒の失業率に関する調査結果が公表されると，民間の高等教育機関の教育言語が英語であることから，民間の高等教育の卒業生を肯定的に評価する発言が相次いだ．高等教育の民間化は高等教育の英語化を意味する．その点において，エスニック関係に注目すべき影響を与えた．既述の通り，民間のカレッジは主にブミプトラ政策下の非マレー人の大学進学の需要に応える形で成立した．海外奨学金制度において優遇されていたマレー人とは対照的に，私費で留学する非マレー人の経済的負担は大きく，次第に民間のカレッジを使ってマレーシアに居ながらにして安価に英米豪の学位を取得する制度を選択するようになったのである[11]．民間の高等教育に通う非マレー人の数は，1997年の経済危機以

降急速に増加した．実際，民間のカレッジにおいて，非マレー人の比率はマレー人と比べて著しく高い．エスニシティ関連の統計は敏感事項であるので公表されていないが，筆者がいくつかの主な民間のカレッジで行った調査によれば，在籍するマレーシア人の学生のうち約8割が華人である（2001年時点）[12]．

　こうした不均衡な比率はエスニック関係の観点から見逃せない．高等教育の民間化，すなわち英語化は，エスニックな境界と言語的な境界を重ね合わせることによって，マレー人と非マレー人の格差を拡げる可能性を持っている．実際，マレー語を教育言語とする国立大学で学んだマレー人と英語および英語圏のカリキュラムを使う民間のカレッジで学んだ華人とでは，言語文化資本に著しい格差が現れる．第1に，多民族社会マレーシアにおいて大学卒業者が就職する際に英語力が競争力の要である点が確認された．より正確には，英語力のみではなくコミュニケーション・スキルが加わる．実際，大卒失業率に関する上記の調査結果を受けて相次いで現れたメディアのコメントは，一様に，英語に加えてコミュニケーション・スキルの重要性を強調した．また，筆者がクアラルンプールとペナンで民間企業の経営者を対象に行った調査においても，同様の指摘がなされた．人材スカウト会社幹部によると，「国立大学，民間のカレッジのいずれかを好むわけではないが，国立大学に行った若者は英語やコミュニケーション・スキルで問題を抱えるものが多いのは事実」である[13]．

　第2に，これは，単純にマレー語話者としてのマレー人と英語話者としての非マレー人という差にとどまらない．単一言語話者と複数言語話者の差と言うべきである．既に初等・中等教育のマレー語化によって，マレー人，華人，インド系住民にかかわらず，マレー語は「国民言語」（マレーシア語）として共有されている．したがって，英語が教育言語である民間の高等教育を受けた華人は，家庭環境や中等教育のタイプにもよるが，多くは華語を話すので，3言語話者である．他方，学生の大多数がマレー人である国立大学は基本的にマレー語による単一言語の高等教育である．マレー人と華人の言語文化的資源の格差が，高等教育制度の差によって固定される危険性があるということを意味する．華語はアジアにおける主要な商業言語であり，英語はグローバル・ビジネス言語である現状を考えると，マレー人と非マレー人の間に経済的格差が生じる可能性は大きい．実際，マレーシア国内の民間セクターの企業を株式所有の大ま

かな割合で見ると，欧米系4割，華人系4割，マレー系2割である[14]．欧米系の企業の使用言語は英語使用，華人系でもサンウェイ，ブルジャヤ，グンティンなどに代表される大企業では英語使用である．中小企業でも英語は使うが，華語使用の場合が多い．マレー語は下層においてのみ使用される．

　1970年に新経済政策が施行されて以来長い時間を経て，1990年代半ばになってやっと部分的にではあるが華人優位の経済構造の是正の効果を実感することができた．そのような状況において，高等教育の民間化すなわち英語化がマレー人にとって経済的に不利に働く新たな要因として浮上した．もちろん，過度な一般化は避けなければいけない．国立大学には非マレー人も学ぶし，マレー人にも様々な奨学金制度で海外留学する者は多い．特にマレー人のエリート層・ミドルクラス上層は英米豪の留学経験者が多く，英語力は高い．また，国立大学以外の高等教育に通うマレー人も増加した．さらには，国立大学においても実用英会話教育が積極的に行われ，英語が使える人材の育成を重視する動きが活発化している．しかしながら，英語による高等教育を国内で安く受けることを可能にした民間の高等教育制度が，教育の機会を平等化するという当初の目標とは裏腹に，結果として，エスニックな格差を促進している側面を否定することはできない．高等教育の民間化とは英語化であり，非マレー人，特に，華人の多言語資本を再生産しているということができる．

　以上，マレー人と非マレー人のエスニックな溝について論じたが，社会的属性についてより正確に記述する必要がある．民間の高等教育を享受できるのは，都市のミドルクラスである．民間の高等教育機関は都市に集中して，その学費を払える社会層は限られている．都市住民としての華人，非都市住民としてのマレー人の複合社会的構図が依然あるため，華人の比率は高くなる．もちろん，都市の住民には，エスニシティに関わりなく，はじめから文化資本に恵まれた社会層の存在が顕著である．むしろ筆者の調査で浮かび上がったのは，ミドルクラス下層出身者が英語とコミュニケーション・スキルを身につけて上昇移動する機会を民間の高等教育が創出している点である．これは，現代マレーシアのエスニック・ディバイドを考える上で最も重要な点である．

民間に対する国家の反応——エスニック間の競合と調整

　民間の高等教育の成功に対して，国家は段階的に様々な反応を見せた．民間の高等教育が始まった当初は，それに対する政府の態度は積極的ではなかった．しかし，次第に国立大学を補完する制度として認められるようになり，マレーシア政府の政策に見合う形で発展した．1990年代半ば，マレーシアの経済発展，サービス産業やハイテク産業の成長による産業構造の転換の必要性から，技術者，熟練労働者不足が表面化した．産業の要請に対応した人材の供給を確保するために高等教育制度の充実が国家的課題として浮上した．加えて，外貨と人材の流出を減らすためにも，国内で高等教育を受ける制度の構築は受け入れられた．こうした政策的要請の中で，マレーシア政府は積極的に民間の高等教育を受け入れる方向性を示した．民間が創造した制度が「もうひとつの高等教育」として定着する政治的枠組みが整った．特に，1996年の私立高等教育法の施行により，民間が創造した高等教育は国家の公式の制度に組み込まれた．民間が知恵と資源を動員して創出した制度の公 (official) な承認を意味するが，それと引き換えに，民間は活動の自由を大幅に失うことになった．この場合の国家とは，主に文部省およびその後身の高等教育省を指す．官僚，国家公務員のほとんどはマレー人である．民間の高等教育が主に非マレー人の活動領域であるのに対して，国家はマレー人の活動領域である[15]．したがって，国家と民間の関係はエスニシティ間の調整・取引の側面を強く持つ．

　第1に，民間のアクターが市場原理を通して高等教育の公共性を高めるなかでグローバル化の一翼を担ったのに対して，国家（文部省，高等教育省）はナショナル・アイデンティティの保持を重視する政策を導入した．1996年の私立高等教育法は，それまで比較的自由に発展してきた民間の高等教育を国家（文部省）が規制・管理するものである (Lee, 2000)．同時に，国立認定機構法 (LAN) も制定された．民間の高等教育機関の教員，経営，教育環境などの質の維持を目的として，教育内容に介入するものである．ナショナル・アイデンティティの維持・促進を最も象徴的に示す手段として，マレーシア研究（全ての学生対象），イスラム研究（ムスリムの学生のみ対象），道徳研究（ムスリム以外の学生対象）の3つの必修科目が導入された (Tan, 2002: 104)．

　第2は，民間の高等教育の根幹に関わる規制である．1996年私立高等教育法

の施行時に，民間のカレッジのうち有力なものをユニバーシティ・カレッジ，さらにはユニバーシティに昇格させることが発表された．しかし，ユニバーシティ・カレッジ昇格の条件として，英米豪などの海外の大学の学位取得につながるトゥイニングや単位移行などのトランスナショナルな提携プログラムを段階的に廃止し，自前の学位課程を用意することが要請された．これは，民間の高等教育の成立基盤そのものに対する挑戦である．有力なカレッジ (e.g. HELP Institute, Taylors College, Sunway College) がユニバーシティ・カレッジに昇格された 2006 年頃から問題が表面化した．当初は 5 年以内の達成が要請されたが，民間の高等教育機関と高等教育省との折衝を経て 10 年以内の達成に変更された．国家はマレーシア産の教育プログラムの提供にこだわった．

　国家の政策も民間の事業も，それぞれに異なる形でマレーシアの置かれたポストコロニアルな状況を反映している．国家の公的教育は，ポストコロニアルな状況の 1 つの発現形態である．すなわち，植民地主義の遺産である西洋化と英語使用に対抗して，ナショナリズムの形成とマレー語・マレー文化の維持・促進を最重要課題とした．公共性というよりもいわば共同性の維持と促進を第一義的に守るべき価値とした．他方，民間の (主に) 非マレー人が創造した高等教育のマレーシア・モデルは公共性の向上をめざしたが，ポストコロニアリティのもう 1 つの特徴を積極的に促進させている．すなわち，グローバル資本主義促進における役割の遂行および英語化の推進である．国家はブミプトラの地位の向上・維持とナショナル・アイデンティティの保持・促進を重視するのに対して，民間はグローバルな市場の中で英語を媒介とする高等教育のネットワークを推進する．こうした 2 つの正反対の方向性は，いずれもポスト複合社会の特徴であり，エスニック関係の競合と調整を理解する上で重要な視点である．

4　グローバル資本主義・マルチエスニシティ・イスラム

　R. W. ヘフナーは，マレーシアにおける「民族的・宗教的多元主義の新たな局面を理解するためには，新旧の社会的な溝に対して市場形成とネーション・ビルディングが及ぼす影響を吟味しなければいけない」と述べているが，その通りである (Hefner, 2001: 8). エスニック関係に影響を与えるさらなる可能性

として推移を見守りたいのは，エスニシティのトランスナショナルな繋がりである．本章を結ぶにあたり，グローバルな市場において英語を媒介とする高等教育機関のネットワーク形成にマレーシア人が果たした役割について論じておきたい．マレーシアの多民族性がグローバル経済のトランスナショナルな接合点において貴重な資源になりうることの発見が，マレーシア流の「多文化主義」の展開と同時に，新たなエスニック関係の可能性を示しているからである．

グローバル市場における華人の役割

民間の高等教育は，より開かれた教育機会を模索して，市場原理の最大限の活用を通して成立した制度である．一方には，既述の通り，新たな高等教育の試みを商業的事業として定着させたマレーシア国内の企業の存在がある．他方には，グローバル市場の展開がある．1980年代以降英豪米加などの「英語国」を中心に起こった学術資本主義 (academic capitalism) は，大学をグローバルな経済に組み込んだ．新自由主義的な市場イデオロギーに沿って，経営の視点から活動内容を評価する経営主義が大学を支配するようになった (Currie and Newson, eds., 1998)．特に，イギリス，オーストラリア，カナダでは国立大学に対する予算削減の結果，それまでのように国家財政に依存することができなくなり，市場における財源と学生獲得の競争を余儀なくされた．海外からの留学生は「授業料を全額支払う学生」であり貴重な財源として位置づけられた．教育は輸出産業として位置づけられた．マレーシアのカレッジとの連携は，こうした教育輸出の活路の1つとして展開した．このようなマレーシア国内の経済活動とグローバル市場の展開を結びつける方法を構築したのは，マレーシアの主に非マレー人の起業家たちであった．

彼らは，多文化・多言語資源を駆使して，グローバル市場におけるネットワーク形成で積極的な役割を演じた．グローバル展開の初期に中国に進出した際に活躍したマレーシア華人の活動を例にして見てみよう．2000年代初頭の中国の市場開放に伴い，中国でもマレーシア・モデルを模倣して，民営の大学設立の動きが起こった．マレーシアの民間の高等教育のアクターたちは，中国側と事業提携を進めた．彼らは，英米豪などの大学との事業提携経験を通して蓄積したノウハウと人脈を持っている．多言語話者で多文化資源を持つ華人の仲介者

は，中国側とは華語（中国語）で，英米豪とは英語で協議や交渉をする．さらには，西洋的（特にイギリス的）制度文化と中国的商業文化の両方に通じている．特に，イギリスやイギリス連邦の大学入学準備に関する制度文化は独特であるため，その文化の中で教育を受けた経験がないと理解しにくい．マレーシアの教養層は（マレー人，非マレー人にかかわらず）イギリス流の教育制度文化を内面化している．イギリス流の慣習法についても同様である．また，華人は中国・華僑的商業文化も内面化している．ある華人の仲介者は「同じ人物の中で中国的世界と西洋的世界を行ったり来たり」と表現したが，異なる文化を持つ社会制度・組織の間を取り持つ文化仲介者はグローバルな人の流れにおけるキー・プレーヤーである．トランスナショナルな高等教育の事業方法に関するマレーシアの事業者の専門的な知恵と技術さらには人的ネットワーク力が「商品」として輸出されることになった．民間の高等教育はマレーシアの輸出産業になった（民間の事業者がトランスナショナルなプログラムの継続を高等教育省に訴えた背景には，アジアの中で先駆けて教育を輸出産業としてマレーシア経済に貢献したことへの自負があった）．

　こうした華人の文化仲介者の役割をどのように理解すべきであろうか．英語を媒介とする西洋英語国の教育をマレーシア人が推進することはいかなる意味を持つのであろうか．英語化を促進するグローバル資本主義における周辺性の継続（あるいは半周辺性の構築・再構築）において積極的な役割を果たしたと言えないだろうか．R. フィリプソンの議論によれば，英語帝国主義は「周辺」の内の「中心」の設定によって維持・促進される．「中心」国の世界観と共感できる現地エリートが「周辺」国において英語支配を推進する担い手（「中心」）となるため，元植民主義者は「周辺」国に常駐する必要はなく，ポストコロニアルな時代の言語帝国主義は健在であるという（Phillipson, 1992）．英語の拡大を単純化して見る言語帝国主義の議論には様々な問題点があるが，英語を媒介とするグローバルな学術資本主義における従属関係を考える視点としては無益ではない．英植民地時代，華人はヨーロッパ系企業の仲介者としての役割を与えられていた（Hefner, 2001: 17）．グローバル化したポストコロニアルな社会において，華人の伝統的な役割が再構築されたと言うこともできる．

多文化主義とイスラム化

　開かれた高等教育をめざした民間の成功は，マレーシアのポストコロニアル的状況の活用，すなわち多文化・多言語の活用の結果であった．それを駆使できたのは主に華人である．その後，民間の成功を目のあたりにして，国家の担い手（マレー人の政治家，官僚）も華人の経験から学習する．マレーシア政府は，9.11以降，アメリカ留学が難しくなった中近東の学生の受け入れ先として名乗り出た．中国市場の場合はマレーシア華人の英語，華語と華人文化が資源として活用されたが，この場合，マレーシアは英語を使うイスラム社会として表象され，ムスリムであるマレー人の宗教性が強調される．マレー人が文化仲介者としての役割を果たす．マレーシアのマルチエスニシティがトランスナショナル接合点において資源として使われるもう1つの形である．実際には，国家の政策というよりは，高等教育省の現場の官僚・国家公務員や大学の事務局の判断の結果ムスリムの留学生が増加している．中近東をはじめとして，アフリカ，モルディブ，さらにはベトナムの少数民族などのムスリムがマレーシアに留学している．特に国立大学の大学院において増加が目立つ（国立大学の大学院においては英語使用が増えている）．あるいは，英語が教育媒体である国際イスラム大学への留学生が多い．民間の高等教育機関におけるムスリムの学生も増加している．

　ムスリムの留学生の増加は，一方では，マレー人が大学生活の中で中近東のムスリムの厳密な解釈と実践に触れることにより，マレー人のイスラム教とイスラム文化の厳密化をもたらすという見方がある．非マレー人の認識からすれば，イスラム教の強調と多文化主義とは相容れない．しかし他方では，様々な国・地域出身のムスリムとの交流を通して，イスラムの多様性を経験してより柔軟な解釈を持つようになる可能性も指摘されている[16]．エスニック関係の展開を考える上で「多文化主義」とイスラム化という2つの方向性の様々な組合せを見守ることが肝要である．

1) 2000年時点でのマレーシア人口構成は，マレー人62.0%，華人27.8%，インド系9.6%，その他0.7%である（Census Reports of Malaysia 1911–2000, compiled and cited in Khoo, 2005: 4）．ブミとノン・ブミの分類も用いられる．ブミはブミプトラの略で主にマレー人を指し，移住民である華人やインド系と対比して用いられる（ブミのな

かにはマレー人ではない先住民も含まれるため,マレー人と非マレー人はブミとノン・ブミに完全には対応しない).
2) 1980年に海外留学したマレーシア人の学生数は1万9515名であった.エスニシティ比率は華人 (60.5%),ブミプトラ (23%),インド系 (15.9%),その他 (0.6%) である.マレーシア国内の国立大学の学生数2万45名とほぼ同数である (Government of Malaysia, 1981: 350).1980–85年期に非マレー人の海外留学は35.5%増加した (Andressen, 1993: 88.).
3) 2007年時点で,国立大学 (public universities) は19校ある (Study Malaysia, 2007: 193).
4) たとえば,Taylor's College などは伝統的な予備校である.また,Stamford College は,秘書養成コースやプロフェショナル・コースを提供する専門学校であった.
5) 1983年に KDU (Kolej Damansara Utama) がフロリダの Broward Community College と結んだ関係が最初である.
6) 1986年に KDU が Middlesex Polytechinic (現在はミドルセックス大学) と提携した.
7) マレー人による同様の単位交換制度もある.たとえば,MARA Community College は1983年9月にアメリカの大学と提携プログラムを始めた.しかし,1990年代後半に,マレー人のカレッジの提携先はマレーシア国内の大学に限定されるようになり,マレー語を使うことになったため発展しなかった.
8) 民間のカレッジにおいて中国とインドネシア出身の留学生比率は圧倒的に高い.たとえば,中国市場を特に重視した INTI College では,学生の約2割を占める留学生のうち,中国人とインドネシア人は各々4割に近かった.INTI College における担当者への聞き取り (2002年8月23日).
9) 出典はマレーシア高等教育省.マレーシア移民局が発行した学生許可証を基に算出.なお,このデータは2007年12月に民間の高等教育機関より提供を受けた.
10) 出典は高等教育省 (http://www.mohe.gov.my/statistik_v4/stat3.php, accessed 19 December 2007).私立大学および民間機関にのみ含まれている証明書 (sijil [certificate]) 学生3万1511名は除いた.
11) 大学進学をひかえている学生の親 (華人とインド系) を対象に行った調査によると,本来は英米の大学に留学させたいが,第2の選択肢として経済的・地理的理由からオーストラリアの大学に留学させる,経済的に困難な場合は,第3の選択肢として国内の民間の高等教育を通して海外の学位をとらせるという事例が目立った.調査時期は,2000年3月,2001年3月,2005年3月.
12) たとえば,1991年に Sunway College を対象に行われた調査によると,8割以上の在学生が華人であった (Kemp, 1992: 59).
13) 40代女性,ペナン,2005年8月25日.
14) 株式所有のエスニック別比率に関しては様々な解釈がある.文中の比率は Abdul Rahman Embong 氏の解釈である (2004年12月20日聞き取り).
15) ただし,2000年代半ば以降,民間の高等教育に参加するマレー人のスタッフや学生が増えた.
16) マレーシアの国立大学における大学教員と学生の聞き取り (2008年8月).

【文献】

Abdul Rahman Embong, 2001, "The culture and practice of pluralism in postcolonial Malaysia," in Robert W. Hefner, ed., *The Politics of Multiculturalism: Pluralism and Citizenship in Malaysia, Singapore, and Indonesia*, Honolulu: University of Hawai'i Press.

Andressen, Curtis, 1993, *Educational Refugees: Malaysian Students in Australia*, Monash Papers on Southeast Asia, no. 29.

Currie, Jan and Janice Newson, eds., 1998, *Universities and Globlization: Critical Perspectives*, Thousand Oaks: Sage.

Furnivall, J. S., 1939, (reprinted in 1967) *Netherlands India: A Study of Plural Economy*, London: Cambridge University Press.

Furnivall, J. S., 1948, (US edn 1956) *Colonial Policy and Practice: A Comparative study of Burma and Netherlands India*, New York: New York University Press.

Government of Malaysia, 1976, *Third Malaysia Plan, 1976–1980*, Kuala Lumpur: Government Printer.

Government of Malaysia, 1981, *Fourth Malaysia Plan, 1981–1985*, Economic Planning Unit (http://www.epu.gov.my/ fourth, accessed 10 May 2012).

Hefner, Robert W., 2001, "Introduction: multiculturalism and citizenship in Malaysia, Singapore, and Indonesia," in Robert W. Hefner, ed., *The Politics of Multiculturalism: Pluralism and Citizenship in Malaysia, Singapore, and Indonesia*, Honolulu: University of Hawai'i Press.

Hefner, Robert W., ed., 2001, *The Politics of Multiculturalism: Pluralism and Citizenship in Malaysia, Singapore, and Indonesia*, Honolulu: University of Hawai'i Press.

Horowitz, Donald, 2007, "Approaches to inter-ethnic accommodation: a comparative perspective," in Abdul Rahman Embong, ed., *Rethinking Ethnicity and Nation-Building: Malaysia, Sri Lanka and Fiji in Comparative Perspective*, Kajang: Persatuan Sains Sosial Malaysia (Malaysian Social Science Association), pp. 20–37.

Kemp, Steven J., 1992, "The Export of Higher Education," Mater's thesis, Curtin University of Technology.

Khoo, Boo Teik, 2005, *Ethnic Structure, Inequality and Governance in the Public Sector: Malaysian Experiences*, Democracy, Governance and Human rights Program Paper No. 20, United Nations Research Institute for Social Development.

KKBS (Ministry of Culture, Youth and Sports Malaysia), 1973, *Asas-Kebudayaan Kebangsaan* (Basic Principles of National Culture).

Kymlicka, Will, 1995, *Multicultural Citizenship: A Liberal Theory of Minority Rights*, Oxford: Clarendon Press.

Lee, Molly N. N., 2000, "Expanding the State Role in Malaysian Higher Education," *International Higher Education*, no. 20, Summer, Center for International Higher Education, Boston College (http://www.bc.edu/bc_org/avp/soe/cihe/newsletter/News20/Newslet20.html, accessed 20 August 2006).

Lee, Molly N. N., 2004, *Restructuring Higher Education in Malaysia*, Monograph Series no. 4, Penang: School of educational Studies, Universiti Sains Malaysia.

Leigh, Michael, 1997, "The Privatisation of Malaysian Higher Education," in Zaniah Marshallsay, ed., *Educational Challenges in Malaysia: Advances and Prospects*, Clayton: Monash Asia Institute.

Mohd Salleh Majid, 2005, "Harnessing Talent," *Malaysian Business*, 1 December.

Phillipson, Robert, 1992, *Linguistic Imperialism*, Oxford: Oxford University Press.

関根政美,2000,『多文化主義社会の到来』朝日選書.

Selvaratnam, Viswanathan, 1988, "Ethnicity, inequality, and higher education in Malaysia," *Comparative Education Review*, 32 (2): 173–196.

Smith, M. G., 1965, *The Plural Society in the British West Indies*, Berkeley and Los Angeles: University of California Press.

Stratton, Jon and Ien Ang, 1994, "Multicultural imagined communities: cultural difference and national identity in Australia and the USA," in Tom O'Regan, ed., *Critical Multiculturalism = Continuum: The Australian Journal of Media & Culture*, 8 (2): 124–158.

Study Malaysia, 2001, *Study in Malaysia Handbook*, 2nd International Edition, Kuala Lumpur: Challenger Concept.

Study Malaysia, 2007, *Study in Malaysia Handbook*, 6th International Edition, Kuala Lumpur: Challenger Concept.

Study Malaysia, 2008, "Malaysian Education", Study Malaysia.Com (http://www.studymalaysia.com/education/edusystem.php?fn=edusystem, 31/1/2008).

Tan, Ai Mei, 2002, *Malaysian Private Higher Education: Globalisation, Privatisation, Transformation and Marketplaces*, London: Asean Academic Books.

Taylor, Charles *et al.*, 1994, *Multiculturalism: Examining the Politics of Recognition*, Princeton: Princeton University Press.

吉野耕作,2002,「『英語化』とポストコロニアルなアジア——マレーシアの現場から見えた傾向」『思想』1月号: 162–180.

Young, Kevin, William C. F. Bussink and Parvez Hasan, 1980, *Malaysia: Growth and Equity in a Multiracial Society*, Baltimore: The John Hopkins University Press.

【付記】
本研究の一部は科学研究費基盤研究(B)(19402036)の助成を受けた.

9 世俗社会における宗教と公共性
ハーバーマスの宗教論をめぐって

飯島　祐介

1 問題の所在

　2001年10月14日，9.11テロの衝撃のただなかでフランクフルトで行われたドイツ書店平和賞の受賞講演で，ユルゲン・ハーバーマスは，「宗教的内容の協同的翻訳」を宗教的市民と世俗的市民の双方に呼びかけた (Habermas, 2001). その後，ハーバーマスは，スカーフ論争が盛りあがりを見せるなか，2004年1月19日にはミュンヘンで，当時のローマ教皇庁教理省長官ヨーゼフ・ラッツィンガー (現ローマ教皇ベネディクト16世) と対談するなど，精力的に宗教をテーマとした活動を展開している[1)2)].

　しかし，ここに展開される宗教論に時機に投じた時論だけを見いだすとしたら，それは間違いだろう. そこでは，近代的社会理論の基底におかれたテーマが再びとりあげられ，現代の諸条件のもとであらためて展開されている. 近代的社会理論は，経験論的であろうと合理主義的であろうと，人間中心的である. しかし，ここで注意すべきことは，この人間中心主義が宗教というテーマの排除を意味しないことである. かえって，それは神中心主義からの決別を意味するかぎりで，近代社会理論の基底には，宗教批判のテーマがおかれてきた. そこでは，宗教の限界を見すえつつ，宗教に対していかなる態度をとるべきか，宗教的・社会的問題をいかに解決するか，問われてきた. 上述の講演は「信仰と知 (Glauben und Wissen)」と題されたが，これはもともとゲオルグ・ヘーゲルが1802年に刊行した書物に付したものにほかならない. ハーバーマス宗教論で再びとりあげられ展開されようとしているのは，こうした半ば忘れかけら

れていた，しかし現在，再び光をあてられつつあるテーマである．

このことは，ハーバーマス宗教論が幅広い文脈において啓発的で示唆的であることを約束しよう．じっさい，近年，宗教について集中的に論じているのは，チャールズ・テイラーをはじめとしてハーバーマスに限定されない(Taylor, 2007)．しかし，ハーバーマス宗教論を，その固有の文脈を超えて，ただちに別の文脈に移植し，そこで何らかの示唆を引きだそうとすることには，慎重でなければならない．むしろ，それはまず，その固有の文脈において，解明し理解されなければならない．この宗教論は，なによりハーバーマス自身がこれまで構築してきた理論のうちに展開しているし，さらにその背後には現代ドイツの諸状況がひろがっている．

本章の目的は，まさにそうした文脈のうちに，ハーバーマス宗教論を解明することにある．まず，それが背景とする問題状況を，現代ドイツとハーバーマス理論という二重の文脈において明らかにする(第2節)．つぎに，この問題状況に，ハーバーマスがどのように対応しようとしているか明らかにする(第3・4節)．つづけて，この対応について批判的に検討し，現代ドイツとハーバーマス理論が直面している困難を浮かびあがらせたい(第5節)．

2 宗教の公共的役割の再構想／哲学的立場の再構築

ドイツでは近年，代表的なニュース週刊誌『シュピーゲル』が「信仰の帰還」というタイトルをつけた特集記事を掲載するなど，宗教の再生について広く議論されている(*Der Spigel,* Special, 9/2006)．この再生は，まずは宗教的右派の台頭する合衆国に妥当すると考えられているが，ヨーロッパについてもすくなくとも部分的には妥当すると考えられている．『自然の社会化』(1988年)で知られる社会学者クラウス・エーダーは，「ヨーロッパの世俗化は，ポスト世俗社会の特殊な道か」と問いかけたうえで，つまりヨーロッパだけは宗教の再生とは無縁の地域であるのかと問いかけたうえで，「答えは否である」とする(Eder, 2002: 341)．

宗教の再生は，たんなる過去の再生ではなく，とくにドイツについては，宗教的多元性の増大を伴ったものとして捉えられている．何よりまず，イスラム

教がプレゼンスを高めるなかで，宗教それ自体の多元化が意識されるようになっている．また，宗教団体の多元化も意識されざるをえなくなっている．特定宗派に属さない者が増加するなかで，これまでのようにドイツ福音主義教会（Evangelische Kirche in Deutschland）とドイツ司教協議会（Deutsche Bischofskonferenz）が，ドイツの宗教界を代表する団体とは必ずしも言えなくなっている[3]．また，台頭するイスラム教にはそれを代表する有力な団体が存在しないことも，しばしば指摘されるところとなっている．いまや，宗教界を代表する団体を同定することが難しくなりつつあることが，意識されざるをえなくなっている．

このように，宗教の再生がドイツにおいても独特の様態をとりつつ生じていることが意識されるなかで，宗教の役割をめぐる既存の枠組みが問い直されている．ここで，強調されなければならないことは，この既存の枠組みにおいて，宗教は公共生活から排除されることはけっしてなく，むしろ宗教には公共的役割が認められてきたことである．ドイツ基本法は宗教的・世界観的中立性を国家に要請しているとされるが，この中立性は，緩やかに「開かれた中立性（offene Neutralität）」として解されてきた．すなわち，諸宗教・宗派に国家が等しく開かれていることとして解されてきたのである．具体的には，コーポラスティックな統治構造のなかで，宗教団体はその重要なアクターとして認められてきた．また，「宗教教育（Religionsuntertict）」は公的学校の正規の科目として認められ，その内容は宗教団体に委ねられてきた．しかし，こうした枠組みは，宗教界を代表する宗教団体の存在を前提にしている点で，変化した状況のなかで，その妥当性を問われざるをえなくなっている．ここに，宗教の公共的役割を，宗教的多元性の増大のなかで，あらためて構想することが課題となる．ハーバーマス宗教論はまずは，こうした現代ドイツの問題状況を背景にしている．

しかし，この宗教論は同時に，ハーバーマス理論内部に生じていた問題状況を背景にしている．ハーバーマスは，周知のように，主観に中心化された理性を批判する．しかし，彼は客観的理性の伝統に立ち返らず，理性を手続きとして，とくにコミュニケイションの手続きとして捉え直す．さらに，ハーバーマスは，この理性は道徳や法の領域においてもその力を発揮することを説き，道徳的あるいは法的懐疑主義を批判してきた．けれども，ハーバーマスは，道徳

や法を支える理性はいまや，危機に陥っていると見る．ハーバーマスがここで，理性を自立的なものとはもはや考えず，かえってその基盤に倫理を見いだしていることに注意したい．ハーバーマスによると，人間は理性的存在として自己を理解することによって，理性（＝コミュニケイションの手続き）へと動機づけられる[4]．しかし，こうした「最小限の類倫理的な自己理解」は，遺伝子工学による「人間の自然の技術化」によって，いまや掘り崩されつつあり，理性はその基盤から揺らいでいる，このようにハーバーマスは見ている．

　ここで，ハーバーマスは，宗教に学ぶ姿勢が必要となっていることを説く．キリスト教をはじめとする世界宗教は，最小限の類倫理的な自己理解へと収斂する実り豊かな知的遺産を遺してきたからである．「高度に文化的で，基軸時代に成立した，宗教的な世界解釈と自己解釈は，そのような道徳を支える，最小限の類倫理的な自己理解に，言わば収斂する」(Habermas, 2002: 74)．

　しかし，こうした宗教の再評価は，哲学的立場の再構築を，ハーバーマスにせまることになる．ハーバーマスがこれまで説いてきたことは，宗教との「共存」にとどまるからである．ハーバーマスは，「形而上学以後の思想 (Nachmetaphysisches Denken)」を自認してきた．形而上学以後の思想であることは，何より世界に超越ないし内在する「一者 (Das Eine)」──たとえば「創造神」──の存在を前提とする思考様式の無力化をふまえることを意味している．主観に中心化された理性を批判した際に，客観的理性に立ち戻ることなく，理性を手続きの理性として構想したことは，形而上学以後の思想であろうとしていることの表現と言えよう．ただし，形而上学以後の思想であることは，宗教をただちに否定することではないとされる．かえって，形而上学以後の思想であっても，現段階では宗教と「共存する (koexistieren)」とされる．「形而上学以後の思想もなお宗教的実践と共存する」(Habermas, 1988: 60)．というのも，宗教は，現段階では理性の光には照らされていない真理内容を保持していると考えられるからである．しかし，宗教と共存しようとすることは，宗教に学ぼうとする姿勢までは含んでいない．ここに，宗教の再評価をふまえて，哲学的立場を再構築することが課題となる．

　ハーバーマス宗教論は，以上のような二重の問題状況を背景にしている．そして，このことに対応して，それは，カント宗教哲学の批判のうちに哲学的立

場の再構築を試みたうえで，民主政治のうちに宗教の公共的役割を探ろうとしている．まず，前者の議論から検討したい．

3 宗教に学ぶ姿勢

周知のように，イマヌエル・カントは，理性の認識能力を現象界に限定し，形而上学的な思考様式を批判した．しかし，彼は，宗教を否定せず，理性の実践的使用において魂の不死と神の存在が要請されるとして宗教を基礎づけた．この基礎づけを踏まえて，カントは一方で，理性宗教を理念とする宗教批判を企てた．他方で，彼は，人間は悪の原理を克服してその理性的・道徳的素質を十分に発揮するには，倫理的自然状態から倫理的公共体へと脱しなければならないとし，この公共体を神を立法者とする不可視的教会にほかならないとした．

こうしたカントの宗教論について，ハーバーマスはまず，倫理的公共体への移行を人間の義務とすることは，カントの理論構成には本来，そぐわないとする．そうした移行をもたらすことは，カント自身も他面で認めているように，人間に可能なことではないからである．しかし，ハーバーマスは，カントが倫理的公共体のもとでこそ人間はその理性的・道徳的素質を発揮しうるとしたことは，理性が自立的ではなく倫理的基礎を必要としていることを示したとして評価する．

ただし，ハーバーマスは，カントのように，人間の理性的・道徳的素質が発揮される倫理的社会を，神のもとにある社会として，宗教的に構想しなければならないと考えたわけではない．「理性は，神と不死の要請なしに，あの道徳的法則を超えたあの理念——地上の神の国への接近——を，とり戻すことができる」（Habermas, 2005c: 235）．つまり，カントのように，神と不死の要請のうちに宗教を基礎づけたうえで，倫理的社会を神のもとにある社会として宗教的に構想する必要はかならずしもない，むしろそうした社会は非宗教的に構想することができる，と説くのである．

けれども，ハーバーマスは，倫理的社会を神のもとにある社会として構想するカントを否定したわけではない．むしろ，形而上学的な思考様式を批判し知を信から区別しながらも，宗教に学ぼうとする姿勢を，ここに見いだし，評価

する．ハーバーマスによると，彼がカントの宗教哲学に興味を抱くのは，宗教から学ぼうとするこの姿勢があるからに他ならない．「カントの宗教哲学は，信と知の宇宙の境界を消し去ることなくいかにして宗教的伝統の意味論的な遺産を習得することができるかという観点のもとで，私にとって興味深い」(Habermas, 2005c: 218)．

しかし，ハーバーマスはここで，カントを手放しで評価しているわけではない．かえって，カントが他方で理性宗教を理念として企てた宗教批判を，問題視する．ハーバーマスは，この批判は，宗教的内容の真偽を哲学によって判断し宗教を理性化しようとしているかぎりで，宗教に学ぶ姿勢と相いれないと指摘する．宗教を理性化することは，理性の光には照らされないがゆえに理性が学びうる宗教的内容を，宗教から失わせる結果となるからである．ハーバーマスは，つぎのように述べる．

> 彼［カント］は一方で，理性の基準をみたす道徳の源泉として宗教を見るが，他方で，反啓蒙主義と熱狂から浄化されなければならない，暗黒の避難所として宗教を見る．宗教的内容の反省的な習得は，その真偽を哲学的に裁こうとする宗教批判的な目標と衝突する．理性は，宗教というケーキを平らげると同時にとっておこうとすることはできない (Habermas, 2005c: 236)．

ここでハーバーマスの言わんとしていることは，つぎのようにまとめられよう．宗教を「道徳の源泉」として宗教から学ぼうとすることは，「宗教というケーキ」を「とっておこうとすること」，つまり宗教をあえて理性の限界外においておくことを要する．これに対して，宗教を「暗黒の避難所」として批判することは，かえって「宗教というケーキを平らげること」に，つまり宗教を理性化することになる．そのかぎりで，理性宗教を理念として企てられた宗教批判は，宗教に学ぶ姿勢と相いれない，と．

ここでハーバーマスは，カント宗教哲学の影響作用史を再構成したうえで，セーレン・キェルケゴールを評価する．キェルケゴールは，形而上学的思考様式を批判しながらも，宗教を理性の限界外におこうとするからである．キェル

ケゴールは，一人の個体的な人間の立場に立って，「精神」とその展開のうちに世界とその歴史を展望したヘーゲル哲学の形而上学的志向を批判する．しかし，彼は，フリードリッヒ・ニーチェのように，世界に「永遠回帰」を見たわけではない．キェルケゴールは，悟性的思考の限りを尽くして救済の不可能を理解したうえで，それにもかかわらず神にとっては一切が可能であることを信じるならば，神を獲得しうることを説いた．こうしたキェルケゴールに，ハーバーマスは，形而上学的思考様式を批判しながらも，宗教を理性にとって不可知としてその限界外におく姿勢を見いだし評価するのである．

ハーバーマスは，キェルケゴールとならんで，カント超越論哲学を継承したうえで宗教を基礎づけようとした文化的プロテスタンティズムの泰斗，フリードリッヒ・シュライエルマッハーを，「キリスト教的ではあるが形而上学以後の思想家」であるとする (Habermas, 2005c: 240)．しかし，シュライエルマッハーが超越論的理性の働きのうちに宗教を位置づけ，宗教の理性化というカントの野望からなお自由でないことを問題視する．これに対して，キェルケゴールが「自らを自ら伝えるキリスト的神の権威の前で理性が退位することとして理性の回心を捉えた」ことを評価するのである (Habermas, 2005c: 246)[5]．

以上のように，ハーバーマスは，カントが形而上学的な思考様式を批判したうえで，宗教から学ぼうとしたことを評価する．他方で，カントがそうした学習の姿勢にもかかわらず，宗教の理性化を企てたことを問題視し，キェルケゴールに宗教に対する不可知論の立場を見いだし評価する．こうした議論によって，ハーバーマスはいまや，宗教に対する不可知論の立場に立ちつつ，宗教から学ぼうとすることを，形而上学以後の思考の要件とする．「まとめると，形而上学以後の思想は宗教に対して，学び取ろうとする姿勢と不可知論の姿勢とを同時にとる」(Habermas, 2005b: 149)．

ハーバーマスは，こうした議論によって，理論内部に生じていた問題状況に対応しようとした．ハーバーマス理論では，宗教の再評価をふまえて，哲学的立場を再構築することが課題となっていた．カント宗教哲学の批判は，宗教に対する不可知論の姿勢が宗教に学ぶ姿勢の前提となることを発見したうえで，これら2つの姿勢を形而上学以後の思想の要件とすることで，まさにこの課題に応えようとしている．では，このような哲学的立場の再構築を踏まえて，現

代ドイツの問題状況——宗教的多元性の増大のなかで宗教の公共的役割を再構想すること——には，どのように対応しようとしているのか，つぎに検討することにしよう．

4 民主政治のアクターとしての宗教

ジャン゠ジャック・ルソー以来の市民宗教の観念にならうなら，宗教には国家市民のモティベーションの涵養という公共的役割が認められよう．しかし，ハーバーマスは，こうした役割を宗教に認めない．彼は，たとえばキリスト教といった特定の宗教が，倫理的伝統として，民主政治を可能とするモティベーションを国家市民に涵養するという考え方を批判する．ハーバーマスは，こうした考え方の背景にある問題状況は否定しない．彼は，民主的国家は民主政治を可能とするために国家市民に高度なモティベーションを要求しつつ，そうしたモティベーションを法的に強制することができないことを認める[6]．しかし，ハーバーマスは，この問題の解決を宗教に期待することはできないし，その必要もないと主張する．まず，そうした解決は，国家の基礎に特定の宗教をおくこととなり，国家のリベラルな在り方に反する．もとより国家は，多元主義のなかで宗教的・世界観的中立性を要請されているかぎりで，「土着の世界観的にせよ宗教的にせよ集団的に拘束的な倫理的伝統」を基礎にすることはできないのである（Habermas, 2005a: 106）．さらに，国家市民に期待されるモティベーションは，民主政治のプロセスそれ自体において，再生産されうる．「民主政治の実践は，それ固有の政治的ダイナミズムを開展する」のであり，宗教に頼る必要はないのである（Habermas, 2005a: 110）．

けれども，ハーバーマスは，市民宗教の考え方を完全には否定しない．むしろ，ハーバーマスは，宗教に「意味」のポテンシャルを認める．ハーバーマスによると，宗教には，「良き生」や「模範的な生」についての生き生きとした構想が内包されている．それゆえに，「世俗的あるいは別の信仰をもつ市民は，場合によっては宗教的な貢献から何かを学ぶことができる」のである（Habermas, 2005b: 137）．

ハーバーマスはここから，宗教的市民は，民主政治において宗教的論拠に支

えられた意見を表明する権利をもつとする．ハーバーマスは，つぎのように述べる．

> 世俗的市民は，国家市民の役割をとるかぎりで，宗教的世界像に真理のポテンシャルをはじめから否認してはならず，信仰をもつ市民仲間に対して宗教的言語で公共的な討論に貢献する権利を否定してはならない（Habermas, 2005a: 118）．

すなわち、世俗的市民は，宗教的意見の真理可能性や，そうした意見を表明する宗教的市民の権利を，認めなくてはならない，とハーバーマスは説くのである．

しかし，このように，宗教に民主政治のアクターという公共的役割を認めることは，民主政治に危険をもたらすと思われる．宗教的論拠に支えられた意見は，民主政治を抜き差しならない宗教的対立へと引き込み，それを力の貫徹する場にする可能性がある．この事態は，ハーバーマスにとって是非とも回避する必要があろう．ハーバーマスによると，民主政治が正統性を産出する力をもつためには，「理性的に受容可能な帰結への推定を基礎づける，討議的に制御された論争形式の認知的次元」が不可欠である（Habermas, 2005b: 126）．つまり，民主政治が正統性を産出する力を保持するためには，その決定が理性的であると考えられる必要があり，さらにこの必要をみたすためにはそのプロセスが「討議」の基準をみたしていなければならない．民主政治が力の貫徹する場になるとしたら，それは正統性を産出する力を失うことになる．

ここで，宗教が民主政治のアクターであることは，公共圏に限定されることが説かれる．宗教的論拠に支えられた意見を表明することを認められるのは，議会・裁判所・内閣・行政から制度的に切り離されたインフォーマルな公共圏に限定されることが主張される．「『自生的な』政治的公共圏と国家的な諸機関との間の制度的敷居は，公共的なコミュニケイション循環の入り乱れる声から世俗的貢献のみを通過させるフィルターとなる」のである（Habermas, 2005b: 137）．

しかし，宗教が民主政治のアクターであることを公共圏に限定することは，

民主政治に危険をもたらすと思われる．宗教的市民は，議会から排除されるかぎりで，自らを立法者として理解することが不可能になる可能性がある．この事態は，ハーバーマスにとって看過しえない問題を引き起こすと考えられる．ハーバーマスによると，民主政治が正統性を産出する力を保持するためには，さきに触れた「認知的次元」とならんで，「法の名宛人が同時にその起草者として自己を理解しうるように保障する，市民の同等の政治参加」が不可欠である (Habermas, 2005b: 126). つまり，民主政治が正統性を産出する力をもつためには，法に服する者が同時に立法者として自己を理解できなくてはならず，そのためには市民に政治参加の機会が等しく保障されなくてはならない．宗教的市民が，議会から排除され，自らを立法者として理解しえなくなるなら，民主政治は正統性の力を奪われることになろう．

ここで，宗教的市民も，「翻訳」への信頼によって，自らを立法者として理解しうることが説かれる．「宗教的市民」は，「仲間の協同的な翻訳遂行への信頼のもとで，そこでは世俗的論拠のみが物の数に入るとしても，立法過程の参加者として自己を理解することができる」(Habermas, 2005b: 136). つまり，自分の宗教的論拠が他の市民によって世俗的論拠へと翻訳され，間接的にせよ公共圏を超えて通用すると考えることによって，自らを立法者として理解することが可能であるとされる．

しかし，宗教が公共圏に限定された民主政治のアクターであることは，結局，難しいように思われる．まず，宗教的市民が公共圏を超えて議会でも宗教的論拠に支えられた意見を表明しようとすることが，懸念されよう．また，世俗的市民が「翻訳」に協力的でないなら，宗教はせいぜい歪められた民主政治のアクターであるにとどまるだろう．ここでハーバーマスは，宗教的市民と世俗的市民の双方が相応のメンタリティへ転換していることが要件となることを説く．宗教的市民にはとくに，「世俗的論拠が政治的領域において享受する優位」を認めることが期待されることになる (Habermas, 2005b: 143). また，世俗的市民には，「宗教的な貢献の可能な真理内容に開かれ，宗教的論拠が場合によっては一般に接近可能な議論の形態へと生まれ変わる対話に関わる」態度が期待されることになる (Habermas, 2005b: 138).

こうして，ハーバーマスは，民主政治のアクターという公共的役割を，公共

圏に限定したうえで，宗教に認めている．逆に言うと，宗教には，この限定を超えて議会のアクターとなることや，この役割を超えて国家市民のモティベーションを涵養することは，認められない．そうした役割は，民主政治やリベラルな国家を歪める危険がある．

　ハーバーマスは，こうした議論によって，現代ドイツの問題状況に対応しようとしている．現代ドイツでは，宗教的多元性の増大のなかで，宗教界を代表する宗教団体の存在を前提にすることが難しくなりつつあった．そして，そのなかで，宗教の公共的役割をあらためて構想することが課題となっていた．ここでハーバーマスは，コーポラスティックな統治構造ではなくインフォーマルな公共圏を中核的要素とする民主政治のうちに宗教をとり込むことで，宗教界を代表する団体を前提にすることなく，宗教の公共的役割を構想しているのである[7]．

5　開かれた中立性の困難／合理化論の困難

　以上のように，ハーバーマスは，その宗教論で，理論内部の問題状況に，さらに現代ドイツの問題状況に，対応しようとしている．しかし，そうした対応は，どこまで説得的だろうか．さしあたり，それは，理論整合的で現実的でありうる．たとえば，その出発点で，理性が自立的ではなく倫理的基礎を要するとの観点から，カントの倫理的公共体説を評価しているが，この観点はすでに，遺伝子工学をめぐる議論で前面に押し出されていた．また，その到達点で，宗教的市民と世俗的市民の双方が相応のメンタリティへ転換していることを要件としているが，この転換は，現代ドイツからすると現実的でありうる．世俗的市民にはとくに，「宗教的な貢献の可能な真理内容」に開かれていることが期待されていた．この点については，1990年代以降の生命倫理をめぐる議論の盛りあがりを背景に，かえって宗教による文化批判の可能性について論じられていることが指摘できる[8)9)]．宗教的市民には，「世俗的論拠が政治的領域において享受する優位」を認めることが期待されていた．この点については，おそらく「憂慮」の対象とされるであろうムスリムは，ドイツの場合，その多くがトルコ系移民であり，かえって世俗主義的な国家観をもつ場合がすくなくないことが

指摘できる[10]．

　しかし，ハーバーマスの対応に，問題がないわけではない．ハーバーマスは，宗教に民主政治のアクターとしての地位を認めながらも，その範囲を公共圏に限定していた．この限定は，熟慮の政治の観点からすると，たしかに理にかなっている．しかし，それは他方で，宗教を国家から排除し，そのかぎりで宗教の公共的役割をその重要な部分において否定することとして，捉えられうる[11]．この場合，ハーバーマスの対応は不十分と批判されよう．また，すくなくとも，宗教を国家から排除することは，ドイツでは論争的である．ドイツではこれまで，国家に宗教的・世界観的中立性が要請されるとしても，この中立性は「開かれた中立性」として緩やかに解釈されてきたからである[12]．

　また，ハーバーマスは，宗教に学ぶ姿勢にくわえて，宗教への不可知論の姿勢を，形而上学以後の思想の要件としていた．たしかに，宗教への不可知論の姿勢を宗教に学ぶ姿勢の前提とすることは，理に適っているかもしれない．しかし，不可知論の姿勢をとることは，形而上学的な思考様式の可能性を認め，形而上学以後の思想であることを断念することとして，捉えられうる．形而上学以後の思想であることは何より，形而上学的な思考様式の無力化をふまえることにほかならなかったからである．この場合，ハーバーマスの対応は自己矛盾的と批判されよう．また，すくなくとも，形而上学的な思考様式の可能性を認めることは，ハーバーマス理論に容易には統合されえない．ハーバーマス理論では，生活世界の合理化によって「宗教的・形而上学的世界像」はその力を失ったとされていたからである[13]．

　しかし，ここに垣間見られる諸問題は，かえって示唆的である．ハーバーマスが宗教を国家から排除する結果となっていることは，ひるがえって，これまでのドイツに特殊な条件——宗教界を代表する宗教団体の存在を前提にしうること——を浮かびあがらせる．逆に，いまとなっては，宗教の公共的役割を国家のうちに構想することが困難になっていることを，さらに宗教的・世界観的中立性を「開かれた中立性」として解釈し実践することが難しくなっていることを，示唆している[14]．同様に，ハーバーマスが形而上学的な思考様式の可能性を認める結果となっていることは，理性の自立性という以前のハーバーマス理論の前提を浮かびあがらせる．逆に，いまとなっては，形而上学以後の思想

であることが困難になっていることを，さらに合理化を宗教的・形而上学的世界像の無力化と結びつけて捉えることが難しくなっていることを，示唆している[15]．ハーバーマス宗教論は，宗教的・世界観的中立性の解釈・実践と合理化論が直面している困難を，同時に浮かびあがらせているのである．

1) ハーバーマスは，この講演を『信仰と知』として 2001 年に出版している．ラッツィンガーとの対談が行われた 2004 年には，この対談の冒頭講演である「民主的法治国家の前政治的基礎？」を『情報哲学 (Information Philosophie)』の 10 月号に公表したほか，「信仰と知の境界――カント宗教哲学の影響作用史とアクチュアルな意味」をヘルタ・ナーグル゠ドツェカルとルドルフ・ラングターラー編集による『法・歴史・宗教――現代におけるカントの意味』に寄稿し，さらに「文化的権利の先駆者としての宗教的寛容」を『法学・社会哲学アルヒーフ (Archiv für Rechts und Sozialphilosphie)』の別冊 93 号に掲載している．2005 年には，これらの諸論文に加えて，「公共圏における宗教――宗教的および世俗的市民の『公共的理性使用』のための認知的諸条件」を所収した『自然主義と宗教の間』を出版している．
2) ドイツのスカーフ論争は，1998 年 7 月，バーデン－ヴュルテンベルク州で授業時にスカーフを着用しないことを拒否したとして，アフガニスタン出身の女性が教師に採用されなかったことを契機に，公的学校における教師のスカーフ着用の是非をめぐって争われた．論争の詳細については，飯島 (2008) を参照．
3) 連邦統計庁のデータを元にした fowid (Forschungsgruppe Weltanschauungen in Deutschland) のまとめによると，「特定宗派に属さない (konfessionsfrei)」は 1990 年に 22.4% であったが，2010 年には 37.2% に増加している．これに対して，「福音主義 (evangelisch)」は 36.3% から 29.3% に，「カトリック (katholisch)」は 35.4% から 29.2% に，それぞれ減少している (Forschungsgruppe Weltanschauungen in Deutschland, 2012)．
4) つとにテイラーは，ハーバーマスの「形式的な倫理学」を批判していた．テイラーによると，「彼［ハーバーマス］の基本原理にしたがうと，わたしたちは，合理的な了解を求める」が「この要求もまた，私はなぜそれを求めなくてはならないのかという問いに直面する」のである (Taylor, [1986] 2002: 45)．ここでハーバーマスが理性の倫理的基礎を認めていることには，こうした批判の受容を見ることができよう．
5) キェルケゴールを評価するからといって，彼と同様に，ハーバーマスが「キリスト者」であることにはならない．ハーバーマスは，「反キリスト者」ではないとしても，理性を可能とする宗教に関心をもっているかぎりで，「キリスト者」ではない．カトリック神学者のヴァルター・ラベルガーのつぎの評価は，正鵠を得ている．「宗教の合理性基準を承認しその存続にも同意するという宗教に向けられたジェスチャーによって，そうした哲学の好意の裏側で，宗教から何がしか受け取ろうとする契機もまた，与えられる」(Raberger, 2007: 248)．
6) ハーバーマスは，この問題はエルンスト゠ヴォルフガング・ベッケンフェルデによっ

て定式化されたとしている．ベッケンフェルデは，かつてつぎのように述べた．「自由で世俗化された国家」は，「一方で，市民に保障された自由が，内側から，個々人の道徳的な実質と社会の同質性から調整されるときのみ，自由な国家として存立しうる．他方で，この国家は，内的な調整の力を，それ自体からつまり法的強制と権威をもった命令という手段によって保障しようとするなら，その自由を断念するとともに，世俗化の側面では，宗派間の市民戦争へといったあの全体性要求に逆戻りすることにならざるをえない」(Böckenförde, [1967] 1991: 112). つまり，市民に自由を保障する世俗的な国家は，市民が道徳的で社会が同質的であるかぎりで，自由が破壊的な帰結をもたらさず，その存立を確保できる．しかし，だからといって，市民の道徳性や社会の同質性を，国家それ自体の力によって確保しようとすると，自己破壊的な結果を招かざるをえない，と．ハーバーマスは，ベッケンフェルデが自由と国家の間に見いだした問題を，民主政治と国家の間に見いだしたと言えよう．

7) ドイツ政府とムスリムの対話を目的としたドイツ・イスラム会議 (Deutsche Islamkonferenz) が2006年に設立されるなか，ドイツ・ムスリム調整協議会 (Koordinctionsrat der Muslime in Deutschland) がイスラム教を代表する団体を標榜して2007年に設立されている．このように，現実政治においては，これまでのコーポラスティックな統治構造をなお維持しようとする動きもある．ただし，協議会についてはその代表性に当初から疑義が提起されている．

8) たとえば，マティアス・ルッツ゠バッハマンとトーマス・シュミットは，『宗教と文化批判』と題された編著の序文で，「啓蒙の宗教批判以来，宗教はしばしば，学的で公共的な討論の合理性によって特徴づけられる世俗的文化による批判の対象となった．しかし，宗教的な現代文化の発展は，逆のケースに，すなわち宗教による文化の批判に，注意を喚起する」としている (Lutz-Bachmann und Schmidt, 2006: 9).

9) ドイツでは1990年代後半以降，生命倫理について広く議論されるようになっている．一連の議論のなかで，本稿としてはとくに，「人間の尊厳 (Menschenwürde)」の理念が焦点となり，その源泉として「神の似姿としての人間」というキリスト教の観念が省みられていることが注目される．ドイツの生命倫理については邦語文献でもすでに，松田純による紹介と検討がなされている (松田, 2005).

10) ドイツのムスリムは現在，300万人を超えるが，そのうち「およそ200万人がトルコ系で，ボスニア・ヘルツェゴビナからのまたアラブ諸国からのそしてアジア地域からのムスリムがそれに続いている」とされる (Kandel, 2004). 周知のように，トルコは，近年その問い直しが進んでいるとはいえ，ケマル主義の伝統のもとで，国家の世俗性を理念としてきた．

11) ただし，ハーバーマスからすると，宗教を国家から排除するからといって，宗教の公共的役割をその重要な部分において否定することにはならないといえよう．国家ではなく市民社会こそ公共性の担い手であることは，ハーバーマス社会理論の以前からの主張だったからである．しかし，この主張は，社会国家の理念のもとで国家に公共性の担い手であることが期待されてきたドイツでは，かえって論争的であろう．

12) スカーフ論争では，当時の連邦大統領ヨハネス・ラウが，「開かれた中立性」の観点から，「私たちの国家は宗教に敵対的な国家ではないし，宗教から自由な国家でもな

い」として，公的学校での教師のスカーフ着用禁止に反対した（Rau, 2004）．
13) ただし，現在を合理化が行き着いたその先にあるとするなら，形而上学的思考様式の可能性を認めることは，じゅうらいの合理化論の見地と整合的である．この場合，形而上学的思考様式は，合理化によっていったん無力化したとして，じゅうらいの合理化論の見地を保持しつつ，いまや再びその力を回復しているとして，それを認めることができるからである．ハーバーマスは，現在の社会を「ポスト世俗的社会」としているが，ここには，そうした時代認識が窺われる．すなわち，そこには，現在の社会が合理化によってもたらされた世俗社会の先にある社会であることが含意されている．しかし，このように整合性を確保しようとする場合，現在はポスト近代的ということになり，じゅうらいのハーバーマス理論との折り合いはいっそう悪くなる．なお，「ポスト世俗的社会」という認識については，ハンス・ヨアスが，「西洋の歴史」で宗教と世俗は常に既に複雑に絡まりあってきたとして，その経験的妥当性を批判している（Joas, 2004）．ハーバーマスは，おそらくこうした批判を念頭において，「ポスト世俗的」という形容が意識の転換にのみ関わることを強調するようになっている．「『ポスト世俗的』という近代的社会の新たな描写は，意識の転換に関連する」（Habermas, 2008: 36）．
14) 現代ドイツでは，国家の宗教的・世界観的中立性を「開かれた中立性」として解釈しない傾向も力を持ちつつある．たとえば，スカーフ論争で当時の首相ゲルハルト・シュレーダーは，公的学校での教師のスカーフ着用禁止を支持して，端的に「ドイツは世俗的国家」であるとしている（*Bild am Sonntag,* 21/12/2003）．
15) ヘルベルト・シュネーデルバッハは，「啓蒙の哲学者の大部分は，信仰をもたない者ではなかった．……私たちは，たいていの啓蒙家は敬虔なクリスチャンであったということから出発できる」として，啓蒙と宗教の歴史的な絡まり合いを再構成しようとしている（Schnädelbach, 2006: 341）．

【文献】

Böckenförde, Ernst-Wolfgang, [1967] 1991, "Die Einstehung des Staates als Vorgang der Säkularisation," *Recht, Staat, Freiheit: Studien zur Rechtsphilosophie, Staatstheorie und Verfassungsgeschichte,* Frankfurt am Mein: Suhrkamp Verlag, 92–114.

Eder, Klaus, 2002, "Europäische Säkularisierung. Ein Sonderweg in die postsäkulare Gesellschaft?: Eine theorethische Anmerkung," *Berliner Journal für Soziologie,* 12: 331–344.

Forschungsgruppe Weltanschauungen in Deutschland, 2012, "Religionszugehörigkeit," (http://fobid.de/fileadmin/datenarchiv/Religionszugehoerigkeit/Religionszugehoerigkeit_Bevoelkerung_1970_2011.pdf, 28. 04. 2012).

Habermas, Jürgen, 1988, "Motive nachmetaphysischen Denkens," *Nachmetaphysisches Denken: philosophische Aufsätze,* Frankfurt am Mein: Suhrkamp Verlag, 35–60.

Habermas, Jürgen, 2001, *Glauben und Wissen: Friedenspreis des Deutschen Buchhandels 2001,* Frankfurt am Mein: Suhrkamp Verlag.

Habermas, Jürgen, 2002, *Die Zukunft der menschlichen Natur: auf dem Weg zu einer*

liberalen Eugenik? (*Erweiterte Ausgabe*), Frankfurt am Mein: Suhrkamp Verlag.
Habermas, Jürgen, 2005a, "Vorpolitische Grundlagen des demokratischen Rechtsstaates?" *Zwischen Naturalismus und Religion: Philosophische Aufsätze,* Frankfurt am Mein: Suhrkamp Verlag, 106–118.
Habermas, Jürgen, 2005b, "Religion in der Öffentlichkeit. Kognitive Voraussetzungen für den »öffentlichen Vernunftgebrauch« religiöser und säkularer Bürger," *Zwischen Naturalismus und Religion: Philosophische Aufsätze,* Frankfurt am Mein: Suhrkamp Verlag, 119–154.
Habermas, Jürgen, 2005c, "Die Grenze zwischen Glauben und Wissen. Zur Wirkungsgeschichte und aktuellen Bedeutung von Kants Religionsphilosophie," *Zwischen Naturalismus und Religion: Philosophische Aufsätze,* Frankfurt am Mein: Suhrkamp Verlag, 216–257.
Habermas, Jürgen, 2008, "Die Dialektik der Säkularisierung," *Blätter für deutsche und internationale Politik,* 4/2008: 33–46.
飯島祐介, 2008,「スカーフ論争とドイツの規範的自己理解の現在」『社会学評論』59(3): 551–564.
Joas, Hans, 2004, "Religion post-säkular? Zu einer Begriffsprägung von Jürgen Habermas," *Braucht der Mensch Religion?: Über Erfahrungen der Selbsttranszendenz,* Freiburg in Breisgau: Herder Verlag, 122–128.
Kandel, Johannes, 2004, "Was ist Islam?: Islam und Islamische Organisationen in Deutschland," (http://www.bpb.de/themen/G1RPNN,0,0,Was_ist_Islam.html, 29.06.2008).
Lutz-Bachmann, Matthias und Thomas M. Schmidt, 2006, "Einleitung," Thomas M. Schmidt und Matthias Lutz-Bachmann, Hrsg., *Religion und Kulturkritik,* Darmstadt: Wissenschaftliche Buchgesellschaft, 9–14.
松田純, 2005,『遺伝子技術の進展と人間の未来――ドイツ生命環境倫理学に学ぶ』知泉書館.
Raberger, Walter, 2007, "Der 'Stachel eines religiösen Erbes'. Jürgen Habermas' Rede über die Sprache der Religion," Rudolf Langthaler und Nagl-Docekal, Hrsg., *Glauben und Wissen: Ein Symposium mit Jürgen Habermas,* Wien: R. Oldenbourg-Akademie Verlag, 299–321.
Rau, Johannes, 2004, "Religionsfreiheit heute: Zum Verhältnis von Staat und Religion in Deutschland (Rede beim Festakt zum 275. Geburtstag von Gotthold Ephraim Lessing in der Herzog-August-Bibliothek zu Wolfenbüttel)".
Schnädelbach, Herbert, 2006, "Aufklärung und Religionskritik," *Deutsche Zeitschrift für Philosophie,* 54(3): 331–345.
Taylor, Charles, [1986] 2002, "Sprache und Gesellschaft," Axel Honneth und Hans Joas, Hrsg., *Kommunikatives Handeln: Beiträge zu Jürgen Habermas' "Theorie des kommunikativen Handelns"* (*Erweiterte und aktualisierte Ausgabe*), Frankfurt am Mein: Suhrkamp Verlag, 35–52.
Taylor, Charles, 2007, *A Secular Age,* Cambridge, Massachusetts and London, England:

The Belknap Press of Harvard University Press.

10　現代中国における儒学的公共性

李　永　晶

1　公共性という現代中国への視座

　現代中国社会を素材に公共性を論じることは，些かのリスクを背負う覚悟が必要である．周知の如く，公共性という言葉は，ここ数年，日本や欧米の社会科学の複数の分野において急速に人口に膾炙し始めた．こうした言説は，先進工業社会から発せられ，それぞれの社会のある種の現実を問題化しながら流布していく．単純化を恐れず言うならば，公共性という言説が注目されているのは，何よりもまずよりよいデモクラシーの原理の探究及び実践によると考えられる[1]．この志向性は必然的に公共性に反体制的批判的な意味合いを付与する．それゆえ，社会主義を公式的に堅持する中国社会の公共性を捉える場合，中国社会が経験してきた時間－空間の特殊性に留意しなくてはならない．本章が1990年代以降の「儒学的公共性」に焦点を当てるのは，このためである．
　しかしながら儒学という古典的な思想を対象とすると，儒学と「現代中国」とはどのような関係にあるのかが問われるだろう．畢竟，これまで儒学と社会主義との連続性を主張してきた名高い中国思想史家溝口雄三さえ指摘しているように，市場経済を基礎とする今日の中国において「社会の深層では，現代こそ，いよいよ大きな伝統破壊，伝統の改革に直面している」のである（溝口ほか，2007：241）．すなわち市場という仕組みこそが中国社会を根本的に作り替えている，という．では中国社会はリベラル・デモクラシーにおける市場社会へと収斂し，儒学思想を失っていくのだろうか．
　簡単に答えようがない問題であるが，本章は，1990年代以降の中国における

社会秩序の根本的な原理の探求の中で，儒学がどのように取り上げられているのかに注目し，これらの問題にアプローチする手がかりを探りたい．そして公共性を社会のあり方に関わる根本的な問題として捉え，社会秩序の原理の構築における儒学的知識や教養が果たす役割を重視する種々の議論を「儒学的公共性」と呼び，それを儒学思想に基づく社会的・政治的秩序の構成原理として定義しておく．そこでの問題は，新たに主張されつつある儒学的公共性はどのように成立し，如何なる独自の社会秩序の構想を展開しているのか，である．

　まず，公共性一般についての議論を踏まえつつ，次のことを指摘しておきたい．すなわち広い視野で捉えるならば，公共性という概念のもとで私が問おうとしているのは，他でもない「現代性」（＝近代性）であるという点である[2]．しかし1990年代の中葉から中国に現れた公共性論のテクストに目を通すと，そこには大きな問題がある．西欧の，特にハーバマス的な公共性の理念に忠実なあまり，公共性が教条的にしか受け止められていないからである．実際，公共性や公共領域の概念に対し，多くの中国知識人が様々な麗しい理念と徳目とを与えている．例えば，公共性が「理性」「自由」「秩序」「民主」「公正」「寛容」「多元」「開放」などの価値を体現し，社会主義の市場経済及び良性的な社会秩序の成立に役立つとされている[3]．つまり，中国において語られている公共性は，一方では市場という私的部門の育成に，他方では政治という公的部門の民主化に繋がっていると，些か素朴に論じられている．

　本章は，(1)中国における公共性の原理とは何かという大きな問題を意識しながら，(2)現代性の異質的な他者とされてきた儒学の思想をめぐる言説を取り上げ，(3)現代中国社会における儒学的公共性の原理の可能性を論じることにしたい．そうすることを通して，1990年代以降の中国，すなわち社会主義市場経済を下部構造とする社会において社会が社会たらしめる根本的な原理——それはとりもなおさず公共性の原理でもある——が明らかになる一方，それを構築しようとする中国知識人の努力，情熱，苦悩——すなわち現代中国の公共性を育成する言説的空間の様相——もまた明らかになるはずである．

2　現代中国における公共性原理の構造転換

1990年代以降の中国における儒学的公共性の成立については，それまでの中国社会の公共性原理の構造と変動にそのメカニズムを求めることができる．実は，1978年に改革・開放政策の実施を境に，次の公共性原理の転換が確認できる．それは，人民共和国が成立した1949年から1978年までに追求されていた社会主義的公共性から，1978年以降の市場経済に基づく市民的公共性への転換である．儒学的公共性はこうした公共性の転換とともに形成されたものである．

社会主義的公共性と儒学の残響

まず指摘すべきは，現代中国においては社会主義的公共性の中に儒学的要素が見え隠れしている点である．社会主義的公共性は何よりも集団主義的な「公」を中核とする思想であるが，この「公」の概念には儒学的思想の残響が見られる．そして儒学的要素が社会主義的公共性に温存されていたからこそ，思想が多元化し始めた1980年代，とりわけ1990年代以降，儒学的公共性がクローズアップされたように思われる．

社会主義的公共性の特徴を経験的に特定しようとする場合，それをまず制度的な平面で捉える必要がある．よく知られているように，1949年以降の中国において制度的に，農村社会における「人民公社」[4]制度と都市部における「単位制」とが確立された．人民公社の特徴は，「大」と「公」としてまとめられるが，「大」とは，広大な土地，多くの人口を持ち，工業，農業，林業，畜産業，漁業などを包括していることを指し，「公」とは，社会生活における私的及び資本主義的な性質が消失したことを指す．人民公社と同じように，企業を中心に編成された都市社会における単位制は，単位を通じてすべての都市住民を厳格に国家管理のシステムへと組み込んだ．単位とは生産の単位であるだけではなく，生活の単位でもあった．従業員の生・老・病・死，衣・食・住など生活のほぼすべての領域が，単位によって担われ管理されてきたのである．

ここで注目すべきは，人民公社制と単位制との論理的同型性である．人民公社にしろ単位にしろ，これらの制度が目指したのは，社会主義的な経済活動の

公有制を通して，社会の構成員に高度の自発性を引き出し，社会主義社会の実現に動員することであった．換言すれば，私的領域を取り除くことは，社会主義的制度の実践の目標であった．これらの制度形式が全て国家の計画によって作られたのも事実であって，それは先進資本主義諸国に追い付くための，現代化した社会を創出することを目的としていた．それゆえ，そうした国家行為が社会主義的公共性を創出する試みであり，民衆の共同生産・共同生活の場が新型の公共性の実現の場とされていた，と考えることができる．

　これらの解釈に対し，ここで伝統中国社会の包括的なイデオロギーであった儒学思想の役割に注目を促しておきたい．儒学と中国マルクス主義との，言わば「選択的親和性」に関しては，これまでに既に様々な形で論じられている[5]．実際，中国マルクス主義者が建国後どれほど儒学批判を行ってきたかという側面に注目しさえすれば，社会主義的公共性の形成にある儒学的残響を特定することができるように思われる．本来，儒学批判は革命政権の正当化の一環に過ぎないが，そのプロセスの中で儒学が伝統中国社会の秩序原理ゆえに公共性の原理であることは，意図せざる結果として人々の眼前に突き付けられるようになったのである．

　1949年以降，社会主義のイデオロギーの樹立のために，まず非マルクス主義思想の批判が展開されたが，その中でリベラリストの領袖と目された胡適（1891–1962）及び現代新儒家の創始者の1人である梁漱溟（1893–1988）への批判は，代表的なものであった．そして1957年から孔子研究を中心に，階級という認識装置を介しつつ儒学批判が行われた[6]．また批判が展開される前に，国家による儒学の遺産化——例えば「尊孔読経」や「孔子祭典」などの廃止，「孔廟」をはじめとする儒学のシンボルに対する「文化遺産」の指定——が実施された．その目的は，儒学的思想や実践の歴史化であり，民衆の日常的生活空間ひいては公共空間から儒学的原理を除去することである．そしてその空間に補填されたのが「社会主義新文化」である．

　階級分析の枠組みにおいて儒学の階級性のみが論争の焦点とされ，儒学的社会秩序の原理が階級性によって解体されようとしていたことに注目しよう．換言すれば，中国のマルクス主義者たちは，伝統社会の公共性の原理たる儒学思想を，その階級的制限の暴露を通して，社会主義的集団主義という，より「普

遍的」な公共性に取って代えようとした．これは何を意味しているのか．社会思想の視点からすれば，このプロセスの中で，個人主義を原理とする市民的公共性が公共の言説空間から予め排除されると同時に，個人と社会との動的な繋がり——例えば社会学者費孝通 (1910-2005) が言う「自由に伸縮し得る同心円の構造」(費，1948=1999)——を強調する儒学的な「公」の思想を，更に社会という公共的平面で拡大することだったのである．そこにおいて私的領域の保護ではなく，個人の社会性が無限に強化されようとしていた．

市民的公共性の形成とその原理

上に触れたように，個人的自律性を基礎とする市民的公共性は，リベラル・デモクラシーの原理として建国の当初から社会主義的公共性によって封じ込められていた．しかし，単に市民的公共性と社会主義的公共性との鋭い対照を述べるだけでは，上にも触れた儒学思想という要素を看過してしまう．溝口 (1995: 75–76) が指摘するように，近代中国において個人間の契約を公共性の原理とする国家論，社会論が生まれることがなかったということは，中国の伝統思想における独自の道義性・原理性を有する「公」の思想の作用が無視できないことを意味する．では，こうした思想的状況の中で市民的公共性がどのように構想されているのだろうか．

端的に言えば，今日における公共性のパラダイムたる市民的公共性が，中国において制度の局面で形成されつつあることが確認できる．実は，1978 年から実施された農業生産の家庭請負制は人民公社を解体し，農民自身の自由と自主的経営とを特徴とする自主性を有した農村社会の出現を促進させていた．また 1984 年に始まった政治と企業の分離を目標とする都市の経済改革の中で，企業の自主性が増強された結果，企業が担っていた包摂的な社会的機能は分化し，単位に吸収されない人員が社会に次第に依存するようになった．これらの制度変更は国家と都市社会との分離を促していると考えられている．

以上の社会変動は，社会の多元化と私的領域の出現をもたらしている．その変動を敏感に捉え，いち早く理論化しようとしているのは，1990 年代以降開花した中国市民社会論である．中国市民社会論者は経験的に社会と国家との相対的な分離に基づきながら，規範的に社会と国家との関係を論じている．その規

範論とは,論者らが注目している「国家と社会との良性的な相互作用」論である (李,2005). 言うまでもなく,現代化の後発性,歴史的に国家と社会との対立が目立たなかったこと,また現行の社会組織原理などの諸点からすれば,こうした相互作用論が新たな公共性に輪郭を与えていくのであろう.

相対的に自立した社会というのが,最終的に相対的に自律した個人を担い手としなければならないという点からすれば,中国社会に市民的公共性が経験的に形成され始めてきたのは確かである. しかし市民的公共性の萌芽が見られることを,直ちに新たな中国社会秩序の基本原理とするのは,あまりに図式的である. 本章の冒頭に挙げた今日の中国における公共性論の例からも分かるように,そうした公共性は単に望ましい価値と理念の言説でしかなく,社会歴史的な基盤から遊離しているものに過ぎない.

とはいえ,以上のような市民社会論はリベラル・デモクラシー理念に触発されたものであり,それゆえに社会主義的公共性を批判するものである. ただし,国家と社会との良性的な関係論が示しているように,市民社会の言説の中に暗黙の内に埋め込まれた,社会主義的公共性ないし儒学的公共性との折衷に注目せねばならない. 当然ながら,市民的公共性は社会主義的公共性に対抗しているがゆえに,儒学的公共性に両義的な眼差しを投じざるを得なかったのである.

3 1990年代以降の中国における儒学の社会化と政治化

前述のように,社会主義的公共性の下で儒学は抑圧されていたが,数多くの思想的要素が継承されてもきた. それゆえ 1980 年代,とりわけ市場化が急速に展開した 1990 年代になると,儒学思想が蘇生し始め,アクチュアルな基礎を獲得しつつある. こうした中で復権している儒学思想は,儒学の新たな社会化と政治化として捉えることができる. 儒学的公共性を生み出すメカニズムはまずこうした動きに求められる.

儒学の社会化と儒学的公共性の形成

まず,儒学的公共性を支える基礎として,大陸新儒家と呼ばれている知識人集団の形成と,これらの知識人による儒学教育の展開,の 2 点が挙げられる.

大陸新儒家という呼称は，大体1990年代以降の中国大陸で儒学研究や儒教復興の活動を積極的に推進しようとしている知識人を指す[7]．なかでも1980年代の末からいち早く儒教復興を唱えた蔣慶の活動は特に注目されている．2004年7月に蔣慶は「陽明精舎」という彼自身が創った書院で陳明及び康暁光と一緒に「現代儒学の運命」と題した講演活動を行った．この出来事は中国大陸における新儒家運動の新たな展開のシンボルとして注目されている．また1980年代にわたって中国知識人に大きな影響を与えた哲学者李澤厚が1990年代に入って「大陸新儒家」と自称することもしばしば言及されている[8]．

　儒学の知識人集団の成立とともに，「児童読経運動」が1990年代の台湾に始まり，ついで中国大陸にブームを引き起こした．1995年に趙朴初（1907–2000）をはじめとする当時の著名な学者や作家，文化人などが「児童古典学校を建設する」ことを呼び掛け始めた．1998年に「中国共産主義青年団」と「中国青少年発展基金会」の2つの団体は「中華古体詩及び古典文学を誦読するプロジェクト」を組織し，2003年までに全国の60都市で合計500万戸の家庭の子供が活動に参加したという[9]．こうした動きを積極的に受け止めた政府は2004年に新しい教育指導綱要を頒布し，「中華民族の伝統美徳」の教育の強化を呼び掛けている．同年5月に蔣慶が編集した，代表的な儒学経典を網羅した『中華文化経典基礎教育誦本』が「中華孔子学会」と「中国教育学会」の2つの学会の推薦を得て，教科書の専門出版社「高等教育出版社」によって出版された（蔣，2004a）．

　ここで注目すべきは，以上の動きの中での民間と政府との連携である．そうした協動の結果として，儒学教育を中心に新しい社会空間が形成されているのである．実は，読経運動をめぐってリベラルな論争が『南方週末』をはじめとする紙面メディアを中心に繰り広げられ，更にインターネットという電子メディアで増幅され拡大していった．中国社会において複数のアクターの相互作用が確認できるという点からすれば，ある種の儒学的公共空間ないし儒学的公共性が成立したと言えよう．より重要なのは，儒学的公共性の成立は最終的に中国マルクス主義と中国リベラリズムとの三極構造を形成しているということである．

儒学の政治化と現代性批判

他方，儒学的公共性の成立のメカニズムとして，1990年代以降の中国に展開されてきた，近代西欧に起源した社会・政治秩序原理を批判する，言わば「現代性批判」という思想史的背景に注目する必要がある．というのは，これまで追求されてきた現代性が批判的に捉えられるようになると，現代化の阻害要因とされた儒学思想が逆に脚光を浴びるようになったからである．儒学思想には中国社会の秩序，とりわけ「政治的秩序の再建」に資するところが大きいという漠然としたイメージが，知識人の脳裏に浮かび上がってきたのである．そうしたイメージが1990年代の末から急速に成立した新しい学問としての「政治哲学」によって更に強化されてきた．政治哲学の枠組みの中で儒学の政治性が注目され，儒学の再政治化の動きが現れた．

ここでは，まず新しい学問のジャンルたる政治哲学の性格を確認しておこう．そのために，現代思想の論者としてよく注目されてきた劉小楓（1956–）と甘陽（1952–）の仕事に注目する必要がある．彼らによるアメリカのユダヤ人政治哲学者L. シュトラウス思想の中国への導入とそれに伴う論争は政治哲学の成立の最も重要な契機と見なされている．前者によるドイツの法学者・政治思想家K. シュミットの紹介もまた政治哲学の広がりを加速させている[10]．中国の政治哲学の性格は正にこうした2人の思想によって規定されていると言える．

政治体制の改革が今日の中国における焦眉の問題とされている中で，政治哲学が原理的に制度変革を方向付けようとしているからこそ，関心を集めるという解釈はまずは無難であろう．しかしこうした一般的な解釈より，ここでシュトラウスやシュミットの保守主義思想が，1990年代以降に形成されつつある，中国の現代性自体に疑問を突き付けている中国知識人の社会認識にある種の共振を引き起こしている，という点に注目されたい．シュトラウスとシュミットは反リベラリズムの思想家としてしばしば捉えられている．しかしながら，現代中国のコンテクストの中では，彼らはむしろ現代性を考え直す思想家として受け止められているのである（劉・甘，2005）．

実際，1990年代以降の中国における現代性の言説は，社会構成の根本的な原理を問題化している．1990年代に入ってから市場社会が形成するとともに，中国社会が先進資本主義社会へと収斂していくというイメージが現れた．このイ

メージは社会主義と乖離するのみならず，中国の伝統的な社会理念とも大きく異なる．こうした社会認識の状況の下で，「中国の現代性が危機に瀕している」というような言説が急速に広がり始めた．そうした危機の言説が狙っているのが新たな社会秩序の構築，新たな公共性の原理の探究であるということこそ，ここで注目すべき要所である．

例えば甘陽 (2005: 216) は，中国の経済発展の目標について，それは「単なる経済史的な意味を有するのみならず，世界文明史的な意味を有している」と考える．またこうした文明的な意味への自覚と呼び掛けは直ちに次のこと，すなわち「世界における中国の地位に相応しい文化の建設」を要請すると論じる．換言すれば，中国文化が現代化の阻害要因から生まれ変わり，世界文明の発展に寄与する要素として捉え直されており，文明の位相としての中国社会というより高次の課題が構想されているのである．逆に捉えると，今日の中国において中国固有の文明が消えているという危機の意識が広がっているとも言える．その結果，伝統文化を見直す雰囲気が醸成されつつあるのである．

まとめると，シュトラウス的な政治哲学を導入することは「中国の古典政治哲学を復活すること」を目標としていると考えることができる．換言すれば，シュトラウスの政治哲学が儒学を中心とする中国古典政治哲学の復興への迂回路とされているのである．そうした試みにはオリエンタリズムの複雑な動きがあるという分析ができるが[11]，ここで重要なのは，儒学が社会・政治秩序の再建をめぐる「政治哲学」という新しい枠組みにおいて，また教育の実践において，再び社会思想の中核に登場させられたということである[12]．

4　儒学的公共性の構造

では，儒学的公共性は何を問題化し，どのようなことを訴えているのだろうか．本節では大陸新儒家の代表的な儒学言説を踏まえながら，儒学的公共性を，規範と実践との2つのレベルにブレイクダウンし，その構造を解明することを試みたい．

規範としての儒学的公共性

　前述のように，1990年代以降の中国における儒学の政治化は社会秩序の原理の探究——より具体的には「憲政」政治への転換——という時代の課題を背景としている．そこで，マルクス主義やリベラル・デモクラシーのモデルの代わりに，儒学に基づく独自の対案を提起することが要請される．

　代表的な議論として，蒋慶はまず，儒学は政治的なものとして再建しなければならないと論じている．宋明以降の新儒学及び現代新儒学の脱政治化を批判しつつ，今日における「制度の改革及びそのための立法」に向けて，彼は儒学に固有の政治的な役割を回復しなければならないと考える（蒋，1995）．儒学の新たな政治化が狙っているのは，儒学の言説を中国の政治改革という経験的地平に載せることである．これは所謂「第三世代」の新儒家の主張——当代の儒学は制度的資源を持たないため，政治と社会との領域から離脱することを通してのみ，発展の道が開ける——に相反する論述となっている．儒学と政治との伝統的な繋がりが如何にして現代中国において再建され得るかということこそが，大陸新儒家の関心事なのである．

　こうした志向性を踏まえると，蒋慶の儒学論において現代中国の政治的秩序の正当性が批判の矢面に立たされているのは理解できる．蒋慶によれば，現代中国の政治が抱えている最大の問題は正当性の欠如である．通常，それは革命という暴力による政権の取得やマルクス主義による政治秩序の構築によると一般に考えられているのだが，蒋慶はこれらの問題に立ち入らず，儒学を社会的・政治的秩序の新たな正当性の原理として再建するために，もっぱら儒学の視点から正当性を論じている．そして彼が論じている正当性は重層的構造を有しており，「天道的正当性」（＝神聖性に基づく正当性），「歴史的正当性」（＝伝統に基づく正当性），「民心的正当性」（＝民意に基づく正当性）の3つに分けられる．結論としては，「中国政治は儒学的文化統治に基づくものであるならば，正当的であり，さもなければ非正当的である」という（蒋，2003: 209）．こうして，政治秩序の原理としての儒学すなわち「政治儒学」は，そのベクトルを再建するべき政治秩序の基礎付けと儒学との関係の構築に向けるものである．

　現代中国の政治の正当性を捉え直すことを通して，蒋慶は同時にリベラリズムの憲政モデルに対する批判的なスタンスを獲得した．リベラリズムのモデル

は確かに「民心的正当性」を解決できるのだが，他の2種類の正当性を提供することはできないと彼は考える．そこで，「当代の新儒学の学術的理路と方向が持つ最大の問題は儒学が民主思想と結合すべきであるかどうかという点にある」（蒋，2003: 287）という．このように，政治儒学論において儒学は至高の公共性の原理とされている．

また，中国知識人は儒学的公共性原理を以ってこれまでの中国の現代化のプロセスを見直し始めている．例えば，蒋慶は儒学を以って儒学，中国，西方，世界を解釈することを提起している．彼にとっては，「現代中国にとって根本的な問題となっているのは，如何にして儒学の義理的構造及び解釈のシステムに立ち戻り，儒学のヘゲモニー的権利と権力とを確保し，西洋の学術的なコロニアリズムから儒学を解放することができるか」（蒋，2004b: 313）ということである．かくして儒学的公共性は規範的な構成原理とされているからこそ，世界を捉え直す規範的方法，言わば「方法としての儒学」として構成されようとしている．

実践としての儒学的公共性

他方，政治儒学は以上のような規範の提示に止まろうとはしない．政治儒学が社会・政治秩序の再建に主眼を置いている以上，如何にしてその主張を経験的な社会変動と接続させるか，それが政治儒学にとって，むしろ死活の問題となる．畢竟，現代中国においてマルクス主義のモデルとリベラリズムのモデルは，それぞれの経験的基礎を持っているからである．ここでは「儒教復興論」の言説を中心に，儒学的公共性の実践的次元を検討してみたい．

儒教復興論の前史として，「儒学」復興論が1980年代の後半に早くも現れた．儒学研究の領域では「儒学は宗教であるかどうか」をめぐって意見の分岐があり，その分岐によって「儒学」と「儒教」の2つの用語を意識的に使い分ける学者が多い．しかしながら，1990年代以降の儒学言説が社会変革を志向しているがゆえに，論者たちはより実践倫理的な性格を含意する「儒教」という表現を使用し始めた[13]．2005年12月に「第1回儒教学術シンポジウム」の開催に至ると，言論の公共空間における儒教復興言説の合法性が宣言されるようになった．

要約すると，儒教復興言説の中で大陸新儒家たちは「儒教を以ってマルクス主義を代替すること」，「儒家の精神に基づいて中国社会を再建すること」などの目標を論じつつ，それらを実現する手段として，現存の政治秩序を儒教化する言わば「上り路線」と，民間社会に儒教的団体を組織する言わば「下り路線」を具体的に提示している[14]．したがって儒教復興論が示しているのは，何よりも社会的諸実践を内包する言わば「儒家社会モデル」であり，新しい「政治的なもの」及び「社会的なもの」のあり方についての構想である．端的に言えば，それは儒教を新しい政治秩序の原理とするものであり，儒教を国教化する立場でもある．

以上のラディカルな主張と異なり，今日の中国においてより穏やかな復興論の言説もまた生産されている．例えば「中華民族の復興」「中国文化の復興」などが社会のコンセンサスとなっている中で，「儒学の復興はこうした主張の下で必然的に提起された課題」だと認識されている．そして儒学，西洋の社会思想，マルクス主義の3者を融合することが実践的な方法とされている[15]．その結果，ある種の理想化された「儒家社会モデル」とそのイメージが作り上げられると同時に，それなりに具体化されようとしている．

公共性の視点からすれば，儒教復興論の中で儒学的公共性の中身が具体化され，儒教は再び中国社会を支える社会秩序の根本的な原理とされようとしている．こうした構想の中で，中国共産党の一党体制の正当性の問題，市場社会における市民の行動規範の問題，個人の信仰問題などへの解決策として，儒学が期待されている．要するに，中国社会の組織原理として，儒学的公共性の実践可能な側面が構想されている．

5　課題としての儒学的公共性へ

以上では，現代中国の社会変動の歩みに即しつつ，儒学的公共性の成立とその原理を分析した．端的に言えば，儒学的公共性は社会と政治との2つの領域において儒学的秩序原理の再生を目指すものである．そうした公共性を浮き彫りにしているのは，1949年以降の社会主義的公共性であり，1980年代以降の公共性構造の転換，すなわち社会主義的公共性の遠景化と市民的公共性の前景

化である．本章のまとめとして，儒学的公共性の可能性と限界とをもう少し論じてみたい．

前述のように，今日の社会科学領域においては公共性のプロブレマティークは主に市民的公共性の規範原理をめぐる問題によって構成されている．その中でも私的領域と公的領域との領域の画定，私的領域の保護，公的領域への参加などの理念的及び実践的な課題がよく取り上げられている．注目すべきは，1980年代以降の中国社会において形成し始めた儒学的公共性と市民的公共性とにおいてこそ，これらの課題が顕在化されようとしていることである．儒学的公共性の可能性がまずここにあると考えられる．

実際，社会の歴史的なプロセスの中で，理念と現実とはしばしば錯綜した構造を織り出している．革命後の中国社会において社会主義のイデオロギーの下で特定の社会組織，民衆の政治参加及び公私画定の様式が形成された．が，それは所詮全体主義的な国家への義務に主眼を置く社会主義的公共性に過ぎない．そうした公共性は，市場のメカニズムの下で成立した，個人の様々な権利に主眼を置くリベラリズム的な公共性と真正面から対立するようになった．

しかし，ある意味でその対立は単なる形式的なものに過ぎない．確かに，現代中国において社会構成員の義務 - 権利観念の変容は著しいものではあるが，それらはいずれも公共性原理を決定する最終的な変数ではない．むしろ，「義務」や「権利」の中身の歴史的構成こそが重要である．公共性の議論を実質的に展開しようとするならば，社会生活の歴史性という次元からの探究が必要不可欠である．残念ながら，多くの論者は公共性の理念のみを強調し，内実を問わないままそれを謳歌しているのである．

そうした現状を裏返して考えると，儒学的公共性の意義が分かってくる．それは，儒学的公共性の成立が，中国の現代化の理念と実践とを再び歴史的な軌道に乗せようとしている，という点にある．端的に指摘するなら，それは未来の理想図に賭ける社会主義のイデオロギーの終焉を意味するということである．

近代以降，よりよいデモクラシーの原理を追求することは，おそらく大多数の学者や思想家に共有されており，それ自体は望ましいことである．だからこそ，理念と現実との関係を見極めつつ，公共性の原理を探究し構築しなければなるまい．本章は現代中国における儒学的公共性の輪郭を描くことに止まって

おり，それに関する実質的な議論を展開するにはまだ及んでいない．ただし，伝統中国社会を支えた公共思想を，もう1つの公共性として論じることは，1つの新しい可能性を我々に示している．その可能性がリベラル・デモクラシーの基本制度においてのみ，健全な形で実るということは言うまでもない．

1) 論者の関心の違いにより「市民社会」「生活世界」「連帯」「福祉」などが具体的な課題として取り上げられている．この点に関しては，齊藤（2000）や稲葉（2008）などを参照されたい．
2) 公共性論に常に新たな知見を与えている政治哲学者 H. アーレント（Arendt, 1958=1994）や社会理論家 J. ハーバマス（Habermas, 1962=1994）の議論からも，この点が分かる．前者は実存主義的な方向で現代性における人間の境遇を論じ，現代性批判を展開しているのに対し，後者は現代性を未完のプロジェクトとして捉え，よりよいデモクラシーの原理を求めようとしている．用語として，本章は中国思想の文脈を考慮し，modernity と modernization の中国語の表現「現代性」と「現代化」を用いることにする．ごく単純に言えば，マルクス主義の影響の下で殆どの中国知識人は近代西欧の「近代性」と異なる新しい「modernity」を求めようとしている．
3) 公共性を取り扱う数多くの論文は，以上のように公共性を謳歌している．議論の詳細は王（2006），敬（2007）などのテクストを参照されたい．
4) 社会主義への移行を加速するため，1956年から人民公社制度の実験が始まった．1958年の8月，中央政治局は「農村に人民公社を作る問題についての決議」を採択した（薛ほか，1960: 217）．
5) この点についてまた次節以降の儒学をめぐる出来事の詳細については，拙論の第6章を参照されたい（李，2007）．
6) 例えば当事者の1人が回想しているように，当時の孔子研究の方法は，「まず階級的立場を断定しその学説や思想を論じるか，あるいはそれに反して学説や思想を以って階級的立場を断定するかのいずれかに過ぎなかった」（厳，1981: 4）のである．
7) 以下で言及する知識人の略歴として，蔣慶（1953–）は西南政法学院などを経て，2001年に教職を辞め，専門的に儒学研究に従事する．陳明（1962–）は中国社会科学院の研究員，2005年に「中国社会科学院儒学研究センター」を設立する．康曉光（1963–）は中国人民大学の教授である．
8) 李澤厚（1930–）は「実用理性」と「楽感文化」（＝経験的な日常生活に基づく合理性や意味の生成を重視する文化）の2つの特質を中国人の「文化-心理的構造」と見て，伝統儒学の意義を示唆している（李，2003）．
9) 以上の整理は姚（2002）と胡編（2006）などの記述による．
10) 劉小楓はキリスト教神学などの諸領域においてその研究がしばしば注目されているが，2000年以降，L. シュトラウスや K. シュミットの紹介者として活躍している（劉，2006）．劉小楓の幾つかの論文とともに，2003年に出版されたシュトラウスの主著『自然権と歴史』の中国語訳本に「前書き」として寄せられた甘陽の論文は中国に

おけるシュトラウスの紹介を促した．
11) 例えば中国の古典を復興することは，何故西洋の学問を経由せねばならないのかという問いに対して，「西洋の学問に対する無知により，中国の古典政治哲学が単に死んだ学問とされ，現代中国人の社会生活と全く無関係の古典学として扱われてしまっている」（水，2004: 67）というような分析が行われている．
12) シュトラウス的政治哲学の枠組みを利用しつつ，陳開先（2006）はシュトラウス的視点から儒家や道家の「天道」思想を取り上げ，「革命の秩序」の代わりにそれを新たな「正義の秩序」として論じている．
13) 例えば彭永捷（2007: 32）は，「儒教の視点から儒家文化を捉えるならば，その最も主要な機能は国民に最も基本的な生活の価値観を提供，伝播し，国民を教化することである」と論じている．
14) これらの論点の代表者として蒋慶（2004c）と康暁光（2003）が挙げられる．また「儒家憲政主義」や「仁政」という憲政の原則の提起（杜，2004），「科挙憲政主義」（蕭，2004）なども構想されている．
15) 以上の論述は姜林祥（2006），王家範（2005），姜智江（2006）などによる．

【文献】

Arendt, H., 1958, *The Human Condition,* Chicago: The University of Chicago Press（志水速雄訳，1994，『人間の条件』筑摩書房）．

陳開先，2006，「施特労斯政治哲学的精神与中国伝統之重建」『現代哲学』2006年第3期：56–62．

杜鋼建，2004，「儒家憲政主義——仁義礼智信的憲政主義」胡暁明編，2006，『読経——啓蒙還是蒙昧？ 来自民間的声音』華東師範大学出版社．

費孝通，1948，「郷土中国」『費孝通文集 第五巻』群言出版社，1999．

甘陽，2005，「文化自覚与中国大学的人文教育」胡暁明編，2006，『読経——啓蒙還是蒙昧？ 来自民間的声音』華東師範大学出版社．

Habermas, J., 1962, *Strukturwandel der Öffentlichkeit: Untersuchungen zu einer Kategorie der bürgerlichen Gesellschaft,* Frankfurt am Main: Suhrkamp（細谷貞雄・山田正行訳，1994，『公共性の構造転換——市民社会の一カテゴリーについての探究』[第2版] 未來社）．

胡暁明編，2006，『読経——啓蒙還是蒙昧？ 来自民間的声音』華東師範大学出版社．

稲葉振一郎，2008，『「公共性」論』NTT出版．

蒋慶，1995，『公羊学引論』遼寧教育出版社．

蒋慶，2003，『政治儒学——当代儒学的転向，特質与発展』生活・読書・新知三聯書店．

蒋慶，2004a，「『中華文化経典基礎教育誦本』前言」胡暁明編，2006，『読経——啓蒙還是蒙昧？ 来自民間的声音』華東師範大学出版社．

蒋慶，2004b，「以中国解釈中国——回帰中国儒学自身的解釈伝統」胡暁明編，2006，『読経——啓蒙還是蒙昧？ 来自民間的声音』華東師範大学出版社．

蒋慶，2004c，「読経，儒教与中国文化的復興——蒋慶訪談録」胡暁明編，2006，『読経——啓蒙還是蒙昧？ 来自民間的声音』華東師範大学出版社．

姜林祥，2006，「儒学復興新論」『斉魯学刊』2006年第1期：7-12.
姜智江，2006，「当前復興儒学的迫切性与必要性」『理論前沿』2006年第13期：41-42.
敬海新，2007，「在理想和現実之間——当前我国公共領域理論基本問題研究」『重慶社会科学』2007年第2期：102-106.
康暁光，2003，「文化民族主義論綱」『戦略与管理』2003年第2期：9-27.
李永晶，2005，「1990年代の中国における市民社会論と中国社会」『ソシオロゴス』第29号：147-162.
李永晶，2007，『現代中国における社会認識の生成』東京大学大学院人文社会系研究科学位論文.
李澤厚，2003，『歴史本体論・乙卯五説』生活・読書・新知三聯書店.
劉小楓，2006，『現代人及其敵人——公法学家施米特引論』華夏出版社.
劉小楓・甘陽，2005，「序」『現代人及其敵人——公法学家施米特引論』華夏出版社.
溝口雄三，1995，『中国の公と私』研文出版.
溝口雄三・池田知久・小島毅，2007，『中国思想史』東京大学出版会.
彭永捷，2007，「当代文化建設中的儒教問題」『中国人民大学学報』2007年第1期：28-32.
齋藤純一，2000，『公共性』岩波書店.
水亦樗，2004，「政治与哲学——甘陽和劉小楓対施特労斯的二種解読」『開放時代』2004年第3期：53-70.
王家範，2005，「如何看待"回帰中国"与"儒学復興"」『探索与争鳴』2005年第11期：14-17.
王淑琴，2006，「中国和諧社会語境下的公共領域問題探析」『蘭州学刊』2006年第10期：110-113.
蕭瀚，2004，「科挙憲政制論略——為恢復一個偉大伝統的嘗試」胡暁明編，2006，『読経——啓蒙還是蒙昧？ 来自民間的声音』華東師範大学出版社.
薛暮橋・蘇星・林子力，1960，『中国国民経済的社会主義的改造』北京外文出版社.
厳北溟，1981，「孔子要平反，"孔家店"要打倒」『社会科学輯刊』1981年第1期：3-13.
姚才剛，2002，「"第三代新儒家"沿議」『南昌大学学報』2002年第1期：9-14.

III　テクノサイエンス・リスクのゆくえ

11　テクノサイエンス・リスクと知的公共財

松本三和夫

1　問題設定——個人の肩入れと公共性

　私は痩せても枯れても帝国大学の一教授であり，その人生の大部分を超世間的な研究に投じて来た者なのである．その私が悦んで国の統制に軍の国防の一端の徴用に勇んで参加しようと言ふのである．之は私だけでは無く私の研究室員十五人全部もその心構であり少なくとも私の同僚四名もその心組である（小竹，1941: 65）．

　1940年12月28日，有機化学者小竹無二雄はこう述べる．ときは，国家総動員試験研究令が前年に公布され，対米開戦を翌年に控えた「国家存亡の時局」．されば，公のための研究を優先させるという主張が登場してもさして不思議ではない，とみられることであろう．なるほど，主張は「時局」にかなっている．
　ところで，この主張を「時局」という大状況からすべて説明できると考えるとすれば，少し無理がある．戦争協力をする気になった動機につき，彼はこう述べているからだ．「私は大学へ志した時に確かに探究といふ一念に徹して居った（中略）．然し十年が夢の様に過ぎて厄年の前後になると急に弱気になって来る．研究は思ふ壺には一向入り相にも無い．（中略）四十を境に敗北の色が濃くなって来ると此処に一つの妥協の心が湧いて来る．科学の進歩に追随し得なくなるのであるならば，せめて過去の経験を生かして……国家に若干の寄与をする事が世のためであり，自分のためでもあると言ふ念が生じて来るのである」（小竹，1941: 56–58）．

戦争協力という事態は「時局」という大状況からのプル要因だけでなく，科学者として歩んできた活動の軌跡というプッシュ要因の作用を抜きにして理解困難であることが示唆されている．科学史家の廣重徹は，そのようなプッシュ要因に由来する戦争協力者を「研究面での挫折感からくる方向転換組」と評す（廣重，1973: 165）．そして，そうした「方向転換組」は「こんにち学界行政や各種審議会で活躍している人々のなかにも少なくないであろう」と指摘する（廣重，1973: 165）．

　科学社会学において，これに関連する現象は科学者の「役割の摩耗」(role attrition) としてより一般的に概念化され，科学活動における「累積効果」仮説（生産性の高い豊かな者はより豊かに，そうでない者はより貧しくなるという仮説）に関連づけて言及されるようになって久しい[1]．

　ここで，科学史家によって「方向転換組」，科学社会学者によって「役割摩耗」と表現される現象に注目したのは，近代日本の科学体制の光と影に注意を促したいからではない．なにより，科学技術という知的営みの社会との界面における挙動をつかまえる見本例を提供しているからである．すなわち，科学技術の営みは科学者や技術者の人生を賭けた個人的な肩入れ (commitment) を抜きにして成立しえない．同時に，高度の公共性を備えている．それでは，個人の深い肩入れと公共性というふたつの異なる側面はどのような関係にあるのだろうか．科学技術と社会の相互作用が加速度的に複雑になりつつあるこんにち，ふたつの側面の関係にいかなる変容が予想され，そこからどのようなリスクが予想されるのだろうか．上に例示したとおり，研究を特定の社会的目標へと向かわせるプル要因とプッシュ要因は戦時動員下においても，こんにちの日常的な状況においてもひとしく想定されうる．

　この章では，こうした想定を念頭において，科学技術と社会の適正な関係を展望するための見取図をテクノサイエンス・リスクに関連づけて提示することを目的とする．ここでテクノサイエンス・リスクとは，不確実性がともなう，人間にとっての将来的かつ集合的な不利益のうち，科学技術と社会の界面で発生する観察されにくい不利益をさす（松本，2009）．

表1 公共財の定義

排除可能性	競合性	
	低 い	高 い
低 い	公共財	共有財
高 い	クラブ財	私有財

出所：Hess and Ostrom, eds. (2007: 9) による．

2 公共財としての科学技術——知的公共財のジレンマ

　公共財というと，競合性と排除可能性がともにきわめて低い財（サービスを含む，以下，便宜上財と表記）と定義される．すなわち，誰が使っても量が減ったり，質が劣化することがなく，他者の利用を排除して排他的に使用することが事実上不可能（ないしきわめて困難）な財をさす．たとえば，日照，国防，警察，消防，公衆衛生等々がその見本例とされる．むろん，競合性はあるが排除可能性は相対的に低い財（例：灌漑設備など）や，逆に競合性は相対的に低いが排除可能性が存在する財（例：有料のケア施設など）も想定できる．前者は共有財，後者はクラブ財と呼ばれ，ともに準公共財であると考えられている．そして，競合性も排除可能性もともに備えているような財がいわゆる私有財にほかならない．したがって，公共財はつぎのような位置をもつ財のひとつのタイプということができる（表1参照）．

公共財から知的公共財へ

　このような定義と分類にしたがって，財の使用と管理についてこれまでさまざまな議論が行われてきた．比較的よく知られているのは，競合性が相対的に高いけれども，排除可能性が相対的に低い共有財は，各個人がそれぞれに必要なときに必要なだけ利用する状態に委ねていると，いずれ量の不足や質の劣化を招き，誰も必要なときに利用できない状態になるという事態である（いわゆる共有地の悲劇）．この事態は，理論的にはゲーム論における囚人のジレンマのひとつの帰結として解釈され，牧草地などの土地や森林などの資源，より一般に環境の利用と管理のあり方をめぐる議論の焦点となってきた．これらの解釈

や議論は，公共財をめぐる社会的な問題の所在を明瞭にするうえで浅からぬ貢献をしてきた．

他方，これらの議論はあくまでもモデルのなかでの単純な前提をおいた議論であり，じっさいに公共財，準公共財をめぐって起こっている経験的な争点の構造をうまく表現しているかどうかについては別の判断がもとめられる．たとえば，G. ハーディンが定式化した共有地の悲劇のモデルでは，オープンアクセスと共同管理が区別されず，利用者のあいだにコミュニケーションがほとんど存在せず，利用者がもっぱら短期的利益をもとめて行動することが，事実上前提されている (Hardin, 1968; Hess and Ostrom, eds., 2007: 11)．

文化人類学者，生態人類学者が蓄積してきた個別のモノグラフの知見によると，じっさいに公共財，準公共財をめぐって起こっている争点においては，財の種類（例：集団所有の土地，焼畑，居住地，自然林，野生動物，自生植物等々）に応じて利用者の複数の異なる集団のあいだに複雑な共同管理の暗黙のルールが作動していることも少なくない（井上・宮内編，2001；秋道編，2007）．そのような場合，共有地の悲劇のモデルは，オープンアクセスと共同管理の差異を適確に区別しえず，経験的な争点の構造をうまく表現しているとはいいがたい．また，複数の異なる利用者のあいだにコミュニケーションが存在することや，利用者が短期的利益のみをもとめて行動するとはかぎらないことは，「二重条件性」，「状況規定」等々の術語によって従来社会学が主題化してきた論点にほかならない．さらに，従来の議論（例：環境社会学など）ではそもそも何が公共財であるかがあらかじめわかっている状態を前提しているが，地球環境をめぐって起こっている争点（例：成層圏オゾン層破壊問題等々）においては，何が公共財であるかが事後的にしかわからないような状態も珍しくない (Matsumoto, 2005)．これらのことから，公共財をめぐる議論では既存の議論の前提条件をよりゆるやかにし，現実に起こっている争点の構造を議論の内部にできるかぎり系統的につくりこむ彫琢作業がもとめられる．

さて，科学知や技術知は知的公共財とみることができる．すなわち，科学知や技術知を利用したからといってその分量が減ったり，質が劣化することは考えにくく（競合性が低い），科学知，技術知は公開されるため，他者の利用を排除して排他的に使用することが事実上きわめて困難である（排除可能性が低

い)[2]．科学技術コミュニケーション，とくに科学技術リテラシーをめぐる政策は，そのような知的公共財としての科学知や技術知の挙動をうかがう見本例を提供している．

知的公共財のジレンマ

科学技術リテラシーを高める試みはいわゆる欠如論に代わる双方向コミュニケーション論といった効果論から，一国の産業政策を支える知識基盤として位置づけられるにいたるまで，さまざまな変遷をたどってきた[3]．ここで注目したいのは，科学技術リテラシーの度合いではない．知的公共財としての科学知や技術知において，「わかりません」という解答が意味をもつ場面に注目したい．

たとえば，科学知や技術知は正確に社会に伝える必要がある，といわれる．そのとおりである．ただし，それは正解が存在する場合のことである．科学技術が社会とかかわる場面での事実や判断とは，あたかも真偽が「はい」か「いいえ」というふたつの選択肢で決まるような部分だけではない．事実や判断が真か偽かといわれれば，一概に「はい」とも「いいえ」ともいいがたい，正確には「わかりません」というしかない部分も存在する．研究の最前線にある科学知や技術知であればあるほど（例：地震予知），科学技術と社会の境界面で発生する複雑な社会問題であればあるほど（例：巨大事故の影響評価，原因究明），事実や判断は，おしなべてこういう性質をもちやすい．この種の事実や判断にかぎって，なぜ「わかりません」といわざるをえないのかという「理由」をいちはやく人びとに供することがもとめられる．そうした「理由」は，人びとの判断や行動を左右しうるがゆえに公開に値する知的公共財にほかならないからである．

いっぽう，「わかりません」という内容を一般の人びとは敬遠しがちである．このような条件下では，真か偽かといわれれば，一定時点で一概に「はい」とも「いいえ」ともいいがたい，正確には「わかりません」というしかない場合であるにもかかわらず，一般の人びとの期待にこたえ，迅速でわかりやすい正解を科学技術リテラシーが提供してしまうといったテクノサイエンス・リスクを否定しきれない．二分法的なわかりやすさの落し穴といってよいかもしれな

い．正解の見いだされていない科学知や技術知の研究前線に正面から取り組もうとして科学者や技術者が探究に深く肩入れすればするほど，こうした二分法的なわかりやすさからは距離をとらざるをえないことが少なくない．他方，科学技術と社会の界面で発生する社会問題であればあるほど，人びとにいちはやく利用される際の使い勝手，たとえばわかりやすさを優先するという誘因が存在する．知的公共財として利用されるにたる質を確立する要請と，知的公共財として広汎な利用に供する（場合により，いちはやく利用に供する）要請のあいだのジレンマといえる．このジレンマは，冒頭で述べた個人の深い肩入れと公共性というふたつの異なる側面のあいだの緊張関係に対応する．以下，このジレンマを知的公共財のジレンマと略記して議論をすすめる．

知的公共財のジレンマについて，唯一解は見いだされていない．それぞれの場合に応じて部分解を見いだしてゆく状況にある．そうした状況では，どの場合にどのような部分解が得られるかという分類をできるだけ周到に行うことがきわめて重要である．そこで，次節では，知的公共財のジレンマがあらわれるようすとそのメカニズムに注目して，知的公共財のジレンマの社会学的な含意を掘り下げたい（ここでいう社会学的な含意には，いわゆる文理融合の試みにかかわる含意を含む）．

3　公共社会学と反公共財の悲劇——知的公共財のジレンマのあらわれ方

公共社会学（public sociology）とは，社会学者の M. ブラウォイが 2004 年のアメリカ社会学会の年次大会で行った会長就任講演の題目である．同講演をもとに書かれた最初の論文に即して判断するかぎり（Burawoy, 2005），ブラウォイのいう公共社会学とは，社会学そのものの学問的基盤や目的を問いなおすような知を，非専門家を聴衆として生産，発信する営みとみることができる．かりにそういう種類の知を再帰的な（reflexive）知と呼ぶとすると，公共社会学は社会学において表 2 のような位置を占めることになる．

考えてみると，かつて R. リンドが「船が沈みつつあるときに航海術を講義する」といった比喩によって，現実に取り組むことを標榜しつつ現実離れしてしまっている社会（科）学の問題点を指摘して以来（Lynd, 1939: 3），表現こそ違

表2　ブラウォイによる公共社会学の位置づけ

生産する知	聴衆	
	専門家	非専門家
道具的知	専門社会学	政策社会学
再帰的知	批判社会学	公共社会学

出所: Burawoy (2005: Table 1) による.

え，こうした問題提起は社会学の伝統のひとつとなってきた．その伝統のなかで，ブラウォイのねらいは，専門社会学，政策社会学，批判社会学，公共社会学を全体として相補的になるようにまとめなおし，社会における社会学の課題設定を包括的に提示する点にあったと思われる．ここでのねらいは，そうした意図を多としながら，むしろ，そのような意図を実現するとすればより自覚的に織りこんでおくことが望ましいと思えるふたつの論点を吟味することにある．いずれも，知的公共財のジレンマの社会学的な含意にかかわる．

第1の論点は，ブラウォイがみずから「専門社会学の批判社会学的側面」，「政策社会学の専門社会学的，批判社会学的，公共社会学的モメント」と表現しているように，表2のような公共社会学の位置づけはあくまでも理念型である点にかかわる．

すなわち，表2は特定の社会学の作品や社会学者に実体化して捉えられるべき分類ではなく，異なる社会学の作品や社会学者にいろいろな成分比で含まれる知的成分にほかならない．たとえば，ブラウォイによれば，J. コールマンのような社会学者は，「批判社会学や公共社会学には敵対してきたけれども，専門社会学や政策社会学の世界で同時に仕事をしてきた」ことになる（以上，Burawoy, 2005 による）．また，ブラウォイは立ち入って言及していないが，スペースシャトル・チャレンジャー号の爆発事故の背景が，事故に先立つことすくなくとも9年以前からのNASA（アメリカ航空宇宙局）と下請けのサイオコル社のあいだの部品納入に関する「逸脱の常態化」(normalization of deviance) にあることをNASAの内部資料や聞き取りをもとに9年間費やして解明したD. ヴォーンの仕事などは (Vaughan, 1996)，専門社会学のモノグラフであると同時に，批判社会学，公共社会学，政策社会学の側面をあわせもつ（ヴォーン自身のその点に関する見解については，Vaughan, 2004 を参照）[4]．

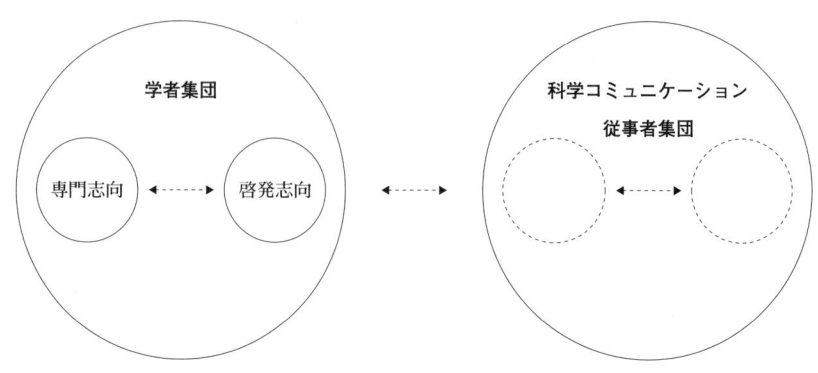

図1 知的公共財のジレンマの発現可能性

注：各集団内部の破線はサブセクター間のジレンマの発現可能性を，集団のあいだの破線は異なる集団間のジレンマの発現可能性を示す．

　すなわち，前節で定式化した知的公共財のジレンマは，専門家に向けた専門社会学と素人へ向けた公共社会学のあいだのジレンマという表現を常にとるとはかぎらない．専門社会学，政策社会学，批判社会学，公共社会学がいろいろな成分比で含まれるのが社会学の知的成果であるかぎり，単一の作品であっても，すべての社会学の知的成果には専門家を念頭におく専門社会学，批判社会学と，非専門家を念頭におく政策社会学，公共社会学とのあいだの知的公共財のジレンマの可能性が伏在している．

　科学技術と社会の界面の構造を解明する科学社会学（sociology of science and technology）とて，例外ではない．たとえば，科学技術と社会の界面を解明する営みにおいて，一方における科学コミュニケーション従事者と他方における科学社会学者のあいだで知的公共財のジレンマが存在するだけではない．科学社会学に携わる学者集団の内部に，専門家を基準とした知的成果の質を担保する志向性（「専門志向」と略記）と，非専門家にすばやく伝える志向性（「啓発志向」と略記）のあいだの知的公共財のジレンマが入れ子型のかたちであらわれうる（図1参照）．

　第2に，だとすると，そうした趣を異にする知的成分を互いに相補的にするには，知的成果の側面だけに注目するのでは不十分である．なぜなら，知的成果を生みだし，享受する担い手として誰を想定しているかという側面にまで立

ち返って考えなおしてみる余地があるからである．とりわけ，生産者，消費者という二分法的なカテゴリーによっては捉えきれない問題の所在が注目に値する．これまでの公共財をめぐる議論は，事実上生産者と消費者というカテゴリーを自明の前提として行われてきた．たとえば，G. ハーディンが共有地の悲劇を定式化したときに見本例とした牛飼いは最終製品としての牛の生産者であり，生産要素としての牧草地の消費者である．そして，共有地の悲劇は，そのような複数の消費者どうしのあいだで共有地である牧草地をめぐって競合性が発生する事態として描かれる[5]．これは，生産者と消費者が相互依存する分業系を想定した「神のみえざる手」を援用して共有地の悲劇が説かれている事実と整合的である (Hardin, 1968)．いずれの場合も，生産者と消費者のカテゴリーがなかば自明のものとして暗黙に前提されている．

知の生産者と消費者の境界

　知的公共財のジレンマについても，知的成果の生産者である専門家と消費者である非専門家のあいだで生じる事柄という解釈が一見成立しそうにみえる．けれども，前記のように社会学の知的成果のうちにも知的公共財のジレンマが伏在するのなら，生産者と消費者の境界はきわめてあいまいにならざるをえない．なるほど，すべての学問は，学知の消費者であり，生産者でもある同僚の評価 (peer review) によって支えられているといわれる．ここでいう生産者と消費者の境界のあいまいさには，そのような同僚集団の特性に帰着する部分と，そうでない部分がある．同僚集団が知的成果の消費者であり生産者でもある同僚からなるという意味の同僚は，基本的には知的成果の生産者であり，知的生産のために他の同僚の知的成果を消費する．したがって，同僚集団には，知的成果の消費者であるのみで生産者でないような成員は定義上存在しない．それは，すべての学問領域に共通の事情といってよい．

　他方，そのような意味での同僚集団の特性にかならずしも帰着しない事情によって知的成果の生産者と消費者の境界があいまいになっている可能性が存在する．それは，リスク・トレードオフのような，唯一解の見いだされていない争点について，学問と社会をつなぐさまざまなチャンネルの制度設計の不具合や機能不全が存在する状況において比較的あらわれやすい．

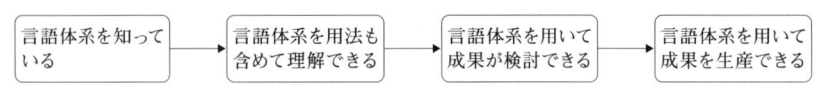

| 言語体系を知っている | → | 言語体系を用法も含めて理解できる | → | 言語体系を用いて成果が検討できる | → | 言語体系を用いて成果を生産できる |

図2　専門家になるまでの諸段階

　たとえば，多くの自然科学の学問領域において，知的成果の生産者かつ消費者である同僚と同僚以外の人びとのあいだの境界の線引きは歴然としている．そこは，同僚しか理解できない記号，式，術語，データ，装置，画像，やりとりの流儀等々からなる，同僚集団に特有の広義の言語体系の支配する世界であり，非同僚は口をさしはさむことはおろか，そもそも知的成果の意味を理解することがほとんどできない．同僚と同僚以外の人びととの境界線の存在は誰の目にも明らかである．たとえば，研究の前線の知的成果の意味を理解して新たな知的成果を生産するまでにレベルを異にする教科書や演習，さらにじっさいの問題解法による長期の系統的な訓練の諸段階が介在する（図2参照）[6]．

　この点に関するかぎり，学問と社会をつなぐチャンネルに制度設計の不具合や機能不全のある状況におかれた問題領域も同様である．異なるのは，そのような状況におかれた領域では，同僚集団に特有の言語体系が日常的な言語体系と一部重なる場合が存在する点である．たとえば，「合理性」という術語は，さまざまに異なる複数のシナリオを可能なかぎり特定して描き分けるための前提条件や仮定のもとで見通せる帰結を互いに比較する，という意味であることが少なくない．ところが，その意味の「合理性」が，日常的な言語体系における用法と自覚的あるいは無自覚的に混同され，実行される対策の正しさ，または社会において是とされる価値へと融通無碍に実体化されることがある．

　そのような場合，知的成果を生産する諸段階を逐次的にたどるのはとても困難である．たとえば，同僚集団の言語と日常的な言語がそのように一部重なることにより，科学コミュニケーションの場面でそうした知的生産の諸段階の意味と意義が認識されないまま理解され，伝えられ，評価され，その結果により予算配分が影響されかねない．

反公共財の悲劇との相似性

　この可能性は，学問と社会の界面の制度設計の不具合や機能不全によって増

幅された知的公共財のジレンマといえる．それが一種のテクノサイエンス・リスクであることを理解するには，共有地の悲劇という古典的な比喩より，反公共財の悲劇 (tragedy of the anticommons) の比喩を用いるほうがわかりやすい[7]．反公共財の悲劇とは，1998年にM. A. ヘラーが発表した論文のタイトルで，「複数の所有者が希少資源の排除可能性を公式，非公式に保持している」状態をさす．すなわち，「あまりにも多くの所有者が排除可能性を保持している場合，希少資源がほとんど使われないことになりかねない」．たとえば，社会主義崩壊後のモスクワの店舗では店舗の所有権 (排他的な使用権を含む，以下同様) を主張できる利害関係者 (複数の国家機関) があまりにも複雑に錯綜するため，結局ほとんど誰にも利用されず，むしろ路上の売店が満杯になるような状態をさす (以上，Heller, 1998による)．

所有権を保持する複数の国家機関をめぐる複雑な規制を撤廃して，市場原理が遍く実現するようにすればよいと思われるかもしれない．しかし，ことはそう単純ではない．市場での所有権のひそみにならう特許権をめぐって同様の状態が発生する可能性が示唆されているからである．たとえば，研究の過程に市場原理を導入してプロパテント政策を一様に採用したとしよう (例：1980年代以降のアメリカにおける機能特許の認可政策など)．すると，研究・開発の上流の基礎研究の段階でも多くの特許権保持者が存在することになる．生医学のような競争の激しい分野であればあるほど，基礎研究段階において細分化された特許が重複，乱立しがちである．高度に複雑な研究・開発の最終成果である新技術 (例：新薬) を生むには，そのように細分化された複数の特許に同時に関与せざるをえない場合が多い．その結果，既存の複数の特許権と抵触し，特許権係争が発生したり，莫大な特許料の支払いを余儀なくされる可能性が生じる．

いずれにせよ，基礎研究をすすめてその成果を公開するインセンティブを低下させる．その結果，新技術の誕生は大きく阻害されることになる．そのような状況はさらに基礎研究の場面で価値のある情報が自由にやりとりされる可能性を阻害し，価値のある基礎研究の成果情報を誰も公共の場に提示しなくなってしまう．その状態は，公共の利益に反する (以上，Heller and Eisenberg, 1998による)．

この帰結は，市場原理を模した状況のもとで，単一の特許項目をめぐって100

件をこえる特許権が重畳するような生医学などの競争状態を見本例として導かれている．つまり，市場原理が過小であっても（例：社会主義崩壊後のモスクワの店舗），過大であっても（例：アメリカのプロパテント政策），反公共財の悲劇が起こりうる．ここで主張したいのは，専門家になるまでの諸段階がスキップされて知的成果が理解され，伝えられ，評価される場合，同じようなことが起こり，知的公共財のジレンマに近い現象が導かれる可能性である．たとえば，図2に登場する最初の段階である言語体系を知っているという状態が満たされていない場合，特定分野の言語体系を用いて生産した成果を評価することは困難である．図2にあるとおり，「知っている」，「理解できる」，「検討できる」，「生産できる」という逐次的な4つのステップがふまえられていないかぎり，評価の誤差はすくなくとも四重に増幅される可能性をはらむからである．その種の場に専門家が知的成果を投入することは，反公共財の悲劇と同様の事情により考えにくい．そのわけはこうだ．

「増幅」とは，「知っている」，「理解できる」，「検討できる」，「生産できる」という逐次的な4つの段階がふまえられていない場合，評価には各ステップにおける評価の誤差を足し合わせた以上に，誤差と誤差とを掛け合わせて大きくする効果をさす．わかりやすくするために，スキップされるステップ数をふたつに減らし，かりに，「知っている」けれども「理解していない」（それゆえ，「検討」できない）主体が何かを「検討している」としよう．増幅作用は，すくなくともふたつある．ひとつは，すでに知られた事柄を援用して未知の事柄を知る営みが研究だとすると，すでに知られた事柄の無理解は未知の事柄の解明を混乱させる．そして，そのように混乱された未知の事柄の「理解」によってすでに知られた事柄についての無理解がさらに深まる（以下同様）という増幅が予想される．

たとえば，経験科学の理論モデルとして個別問題に適用できるというより，むしろ世界観を表現している理論モデルが存在するとしよう[8]．そのことを理解しているかぎり，そのような理論モデルを個別問題に適用するには，世界観から経験的世界の状態への系統的な読み替えとそれにかかわる適切な条件設定が不可欠である．ところが，そのことがきちんと理解されていないと，その不可欠の手続を抜きにしてそのような理論モデルによって個別問題を解明したと

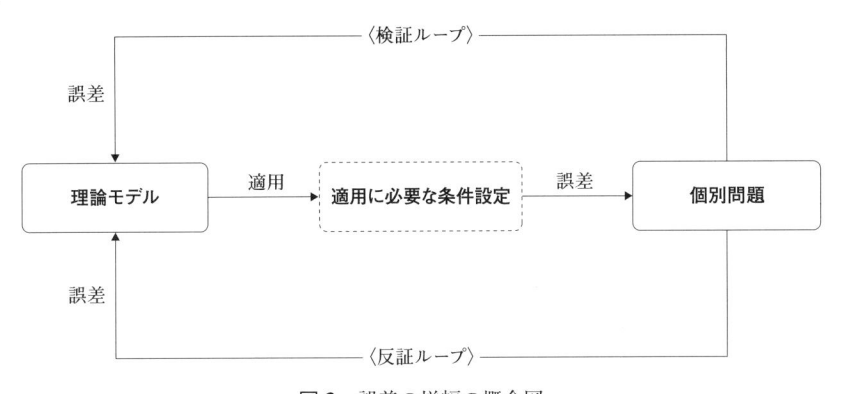

図3 誤差の増幅の概念図
注：破線はスキップされる手続を示す．

する試みがあらわれたとしても不思議はない．たとえば，安全でないにもかかわらず安心してしまうというリスクを特定できない理論モデルによって安心と安全を並列して唱えることの責任の所在が万人にディスクローズされない状態が生まれ，その状態が続くことによってくだんの理論モデルが逆にさまざまな利害関係者に重宝がられるといった共依存関係などは，その好例である．誤差に誤差を掛け合わせる，と述べたのはこのような場面をさす（図3参照）[9]．

いまひとつの増幅の場面は，そういう試みが複数存在する場合，そのような増幅作用が加速度的にすすむことが予想される場面である．たとえば，多種多様な個別問題への「適用」を謳う試みがつぎつぎにあらわれ，そういう試みどうしの相互関係によって，前記のようにして増幅された誤差の範囲は加速度的に広がってゆく．

「知っている」，「理解できる」，「検討できる」，「生産できる」という逐次的な4つのステップをへて訓練された専門家にとり，そのようなステップを踏んでいないために誤差が増幅される評価は，高く評価されるにせよ，低く評価されるにせよ，いずれもミスリーディングである[10]．それゆえ，専門家になるまでに必要な訓練の段階をスキップすることに由来する攪乱が4つのステップをとおして累積され，そのような訓練段階がスキップされる可能性があるかぎり，膨大な訓練をとおして得た知的成果をそのような場へ投入しても，効用はかぎりなくゼロに近い（極端な場合にはマイナス）であろうことは想像にかたくな

い．ここで効用とは，知的成果を発展させるための認識利得と，知的成果に対する適正な業績評価をともに含む．もし専門家が共有地の悲劇に登場する牛飼いと同程度に効用計算ができるという意味での合理性を備えているとするなら，専門家であるかぎり，そのような可能性を含む場にあえて知的成果を投入するとは考えにくい[11]．

　むろん，これはごく単純化した思考実験の帰結である．条件設定を変えたり，モデルそのものを変更すれば，導かれる帰結は変動する．けれども，すくなくとも知的成果を投入する場の特性がいかに重要な意味をもつかを浮き彫りにしている．すなわち，図2のような逐次的な訓練の過程がスキップされる場を専門家が利用しなくなるのは，非専門家を敬遠するといった高踏的な特性を専門家の側に想定しなくとも，専門家がごく素朴な意味で合理的なふるまいをするかぎり，なかば場の条件から導かれる状態である．

　反公共財の悲劇は希少資源が極端に利用されなくなる状態（underuse）を終期状態とする．専門家になるまでの過程のどれかの段階をスキップする余地があるかぎり，知的成果が生産，消費される場の条件の設定次第では，反公共財の悲劇に近い，公共の利益からほど遠い状態が帰結しうることをこの思考実験はものがたっている．それは，知的成果が流通する場となる公共空間から専門家がすっかりすがたを消してしまいかねないという，極端なかたちの知的公共財のジレンマのあらわれとみることができる．

　すると，知的公共財のジレンマを突破するには，専門家に対して非専門家とのコミュニケーションの必要性や心得を説いたり，非専門家に専門家の議論に参加することをすすめたりといった類のいわゆる双方向コミュニケーションを志向するだけではさして効果がないことになる．もし前記の推論が正しいとすると，問題はコミュニケーションの向きやスキルではなく，なにより知的成果が生産，消費される場の条件設定に帰着するからである．専門家と非専門家のコミュニケーションが無用などと言い立てたいのではない．要は，知的成果を生産する場と消費する場をきちんと識別したうえで，専門家と非専門家のコミュニケーションを構想すべき点にある．もし双方向コミュニケーションの試みが，知的成果の生産の場と消費の場の境界を制度的に不明瞭にするようなかたちで推進されるとすれば，そのような試みは知的公共財のジレンマに棹さすことに

より知的成果の生産と流通を適正な水準以下に萎縮させ，非専門家の側にも理解不能な言語体系に由来する専門家への不信を招くという別種のテクノサイエンス・リスクの発生が予想される．

4 テクノサイエンス・リスクの社会学的含意

以上，この章で得た知見はつぎの3点にまとめることができる．

(1) 科学知，技術知を公共財と捉えると，科学技術と社会の界面においてこれまで等閑視されてきたテクノサイエンス・リスクのひとつは知的公共財のジレンマ（知的公共財として利用されるにたる質を確保する要請と知的公共財として広汎な利用に供する要請のあいだに生じるジレンマ）である．とりわけ，正解の見いだされていない科学知や技術知の研究前線にかかわるほど，科学者や技術者は二分法的なわかりやすさから距離をとる結果にならざるをえない．反面，科学技術と社会の界面で発生する社会問題にかかわるほど，提供される知がいちはやく利用されるためにわかりやすさを優先するという誘因が生じる．両者のあいだのジレンマに唯一解は見いだされていない．

(2) 一般に，学術知の担い手を生産者と消費者に二分法的に分割する見方は適切でない．学術知を念頭におくかぎり，知的成果の担い手は常に生産者かつ消費者であり，消費者であるのみで生産者でない存在は担い手たりえないからである．にもかかわらず，学術知と社会の親和性を向上させる施策（さまざまな双方向コミュニケーション活動）にともない消費者ではあるが生産者でない主体が生じる場合，知的公共財のジレンマが構造的に発生することが予想される．

(3) その場合，反公共財の悲劇と相似の状態が帰結し，学術知の成果の生産と流通を適正な水準よりはるか下方にシフトさせると考えられる．

知的公共財のジレンマのもとでは，学術知の生産以外の目標を志向する外部資金を学術知の生産現場に投入し続けることが，学術知の生産者をいざというときに傍観者へと変貌させるという社会全体にとってのテクノサイエンス・リ

スクをもたらす可能性が否定できない．かりにそのような不具合を含む制度が設計され，慣行によって運用され続け，それに起因する重大な不利益が生じている場合，そのような制度を設計した主体とそのような制度であるにもかかわらず慣行にしたがって運用し続けてきた主体の責任を問うしくみを，制度のなかにつくりこむことを提言したい．

たとえば，若手研究者であれ，被災現場の子供であれ，理不尽な制度による不利益を被る当事者が次世代の社会の担い手であるようなことがあるとするなら，制度の設計主体と運用主体を誰の眼にもわかるように公開することが肝要である．主体は個人であるとはかぎらない．組織の場合もありうる．いずれにせよ，そのようにして制度の設計責任と運用責任の所在を明確にすることは，同じ型の失敗を回避するための重要な条件である．

1) 同概念の最初の定式化については，Allison and Stewart (1974) を参照．
2) 科学知や技術知を公共財とする見方は徐々にあらわれつつある (Hess and Ostrom, eds., 2007 など)．技術知は特許によって排除可能性が生じるため，クラブ財とみるほうがふさわしい場合がある．そのため，公共財としての学術知に言及する場合，準公共財 (共有財，クラブ財) も事実上含むものとして以下の議論をすすめる．事実上知的公共財にかかわるという視点で広く捉えると，物的な資源を越え出る議論がすくなくともふたつある．ひとつは，制度派経済学における，いわゆる制度資本に関する議論である (宇沢，2000 など)．いまひとつは，厚生経済学における衡平性に関する議論である (鈴村，2006 など)．これらの議論と本稿の議論の関係を見定めることは興味ぶかい課題であるが，議論の地平を物的な公共財から知財に拡張することに焦点をおく本稿では，残念ながら立ち入る余裕がない．他日を期したい．
3) 欠如論 (deficit model) の呼称は，1988 年 5 月にランカスター大学で開催された SPSG (Science Policy Support Group) ワークショップの席上で科学の公衆理解を批判する文脈において B. ウィン (B. Wynne) が用いたことに端を発する．
4) 日本では，ヴォーンの精緻な実証研究はおもに技術倫理の文脈において理解されてきた．その過程で，社会学知に関する図 2 の諸段階のどれかをスキップした短絡的な理解が見受けられるのは残念である．同書はチャレンジャー号爆発事故のいわゆる『大統領委員会報告』を周到にふまえたうえで，同報告からも，歴史叙述のステレオタイプからもひとしく見落とされてきた，「組織ぐるみの逸脱がいかにして個々人の容認可能な行動として担われることになるのか」(Vaughan, 1996: xiv) という社会学的な問題の所在を実証的に解明しているからである．そうした問題の解明から得られる教訓が活かしきれていない日本の事例は少なくない．
5) よく知られているとおり，この過程をハーディンは牛飼いが牛 1 匹を新たに牧草地

に放牧することによって得られる効用の計算の過程として描く（Hardin, 1968）．
6) 松本（2011）による．このような4つの段階の存在は多くの分野で経験的な暗黙知として知られているが，科学社会学の概念に対応物を見いだすとすれば，「第3の波」論における専門知の分類の「手当たりしだいに得た知」（beer-mat knowledge），「マスメディアから得た知」（popular understanding），「原著論文から得た知」（primary source knowledge），「知的貢献のための専門知」（contributory expertise）におおよそ対応する（Collins and Evans, 2007: 13-27）．もっとも，そうした分類を提唱したH. コリンズとR. エヴァンスのねらいは，「原著論文から得た知」と「知的貢献のための専門知」との中間に「相互作用的な専門知」（interactional expertise）を想定し，それを科学社会学の専門知であると主張することにあるが，本章はそのような主張に棹さすものではない．
7) ちなみに，1階の条件を設定した枠組のもとでは，共有地の悲劇と反公共財の悲劇を対称的に扱えるという見方が存在する．Buchanan and Yoon（2000）を参照．
8) 科学技術の社会学について自己例証するとすれば，アクターネットワーク理論，あるいはある種のリスク論を個別の経験的な問題に適用した結果を検討するという場面を想起することは再帰的な省察の見本となりうる．
9) 松本（2011）による．
10) とくに文理融合にかかわる知の場合，このような知の妥当性を確立する過程における問題点を視野に収めて知的公共財のあり方を考えることが肝要である（斎尾・栗原，2010などを参照）．
11) ちなみに，そうであってもなお，そのような可能性を含む場に別のねらいで知的成果をあえて投入するという専門家の存在は想定しうる．そのような場合も含め，一般に当事者，利害関係者，第三者などの異質なアクターが社会を構成する異なるセクターにおいて相互作用するさまを分析するモデルの提案については，松本（2009: 213-331）を参照．

【文献】
秋道智彌編，2007，『資源とコモンズ』弘文堂．
Allison, P. D. and J. A. Stewart, 1974, "Productivity differences among scientists: Evidence for accumulative advantage," *American Sociological Review*, Vol. 39, No. 4: 596–606.
Buchanan, J. M. and Y. J. Yoon, 2000, "Symmetric tragedies: Commons and anticommons," *Journal of Law and Economics*, Vol. 43, Issue 1: 1–13.
Buckley, T., 2007, "The myth of the anticommons," May 31, http://www.bio.org/ip/domestic/TheMythoftheAnticommons.pdf.
Burawoy, M., 2005, "For public sociology," *American Sociological Review*, Vol. 70, No. 1: 4–28.
Collins, H. M. and R. Evans, 2007, *Rethinking Expertise*, The University of Chicago Press.
Critical Sociology, 2005, Vol. 31, No. 3: 313–390.
Durant, J., 1992, "Editorial," *Public Understanding of Science*, Vol. 1 (1992): 1–5.
Durant, J., Evans, G. A. and G. P. Thomas, 1989, "The public understanding of science,"

Nature, 340, 6 July: 11–14.
Espeland, W. N., 1998, *The Struggle for Water: Politics, Rationality, and Identity in the American Southwest*, The University of Chicago Press.
Evans, R. and A. Plows, 2007, "Listening without prejudice?: re-discovering the value of the disinterested citizen," *Social Studies of Science*, Vol. 37, No. 6: 827–853.
Hardin, G., 1968, "The tragedy of the commons," *Science*, Vol. 162, 13 December: 1243–1248.
Heller, M. A., 1998, "The tragedy of the anticommons: Property in the transition from Marx to markets," *Harvard Law Review*, Vol. 111, No. 3: 621–688.
Heller, M. A. and R. S. Eisenberg, 1998, "Can patent deter innovation?: The anticommons in biomedical research," *Science*, Vol. 280, 1 May: 698–701.
Hess, C. and E. Ostrom, eds., 2007, *Understanding Knowledge As a Commons: From Theory to Practice*, The MIT Press.
廣重徹，1973，『科学の社会史——近代日本の科学体制』中央公論社．
井上真・宮内泰介編，2001，『コモンズの社会学』新曜社．
Irwin, A., 2006, "The politics of talk: coming to term with the 'new' scientific governance," *Social Studies of Science*, Vol. 36, No. 2: 299–320.
Juraku, K., T. Suzuki and O. Sakura, 2007, "Social decision-making processes in local contexts: a STS case study on nuclear power plant siting in Japan," *East Asian Science, Technology & Society*, Vol. 1: 53–75.
Kerr, A., S. Cunningham-Burley and R. Tutton, 2007, "Shifting subject positions: experts and lay people in public dialogue," *Social Studies of Science*, Vol. 37, No. 3: 385–411.
小島剛，2007，『科学技術とリスクの社会学』御茶の水書房．
小竹無二雄，1941，『科学者の心境』畝傍書房．
Lin, K., 2006, "Inequalities, knowledge and public deliberation: Three consensus conferences in Taiwan," Proceeding of EASTS Conference, pp. 1–28.
Lynd, R., 1939, *Knowledge for What?: The Place of Social Science in American Culture*, Princeton University Press.
Matsumoto, M., 2005, "The uncertain but crucial relationship between a 'new energy' technology and global environmental problems," *Social Studies of Science*, Vol. 35, No. 4: 623–651.
松本三和夫，2009，『テクノサイエンス・リスクと社会学——科学社会学の新たな展開』東京大学出版会．
松本三和夫，2011，「テクノサイエンス・リスクを回避するために考えてほしいこと——科学と社会の微妙な断面」『思想』（特集：科学社会学の前線にて）第1046号：6–26．
Ostrom, E., 1990, *Governing the Commons: The Evolution of Institutions for Collective Action*, Cambridge University Press.
Owen-Smith, J., 2003, "From separate systems to a hybrid order: Accumulative advantage across public and private science at Research One universities," *Research Policy*, Vol. 32, No. 6: 1081–1104.

Raichvarg, D. and J. Jacques, 1991, *Savants et Ignorants: Une histoire de la vulgarisation des sciences*, Paris: Seuil.

Rothstein, H., 2007, "Talking shops or talking turkey?: institutionalizing consumer representation in risk regulation," *Science, Technology and Human Values*, Vol. 32, No. 5: 582–607.

斎尾武郎・栗原千絵子,2010,「レギュラトリーサイエンス・ウォーズ」『臨床評価』第38巻第1号: 177–188.

鈴村興太郎,2006,『世代間衡平性の論理と倫理』東洋経済新報社.

立石裕二,2011,『環境問題の科学社会学』世界思想社.

The Royal Society ad hoc Group, 1986,「公衆に科学を理解してもらうために (The Public Understanding of Science)」『科学』第56巻: 21–29, 96–102, 171–181.

宇沢弘文,2000,『社会的共通資本』岩波書店.

Vaughan, D., 1996, *The Challenger Launch Decision: Risky Technology, Culture, and Deviance at NASA*, The University of Chicago Press.

Vaughan, D., 2004, "Public sociologist by accident," *Social Problems*, Vol. 51, No. 1: 115–118.

12　原子力発電所をめぐる公共性と地域性

寿楽　浩太

1　はじめに：等閑視される「公共性」——原子力発電所立地問題

　2011年3月11日，東日本大震災（東北地方太平洋沖地震）による津波被害に端を発し，東京電力福島第一原子力発電所事故（福島原発事故）が発生した．世界の原子力利用史上においても最も深刻な事故の1つであるこの事故そのものをめぐっては，2012年春の今日までに，すでに多くの論考が出されている一方，事故そのものの推移もいまだ（技術的な意味のみならず，社会的な影響を踏まえればとりわけ）収束に至っていない．本章はこの事故が起こる以前から存在してきたエネルギー施設立地と公共性をめぐる相克を，原子力発電所（原発）と風力発電施設（風車）の2つの事例を通して捉えようと試みたものである．

　2012年現在，全国で営業運転に供されている原子力発電所（原発）は50基．立地道県数は13，立地市町村数は21にのぼる[1]．隣接・隣々接自治体と呼ばれる周辺の自治体も含めると，この数はさらに大きく増えることとなる．これらの地域それぞれが，原発の立地をめぐって大きく揺れ，最終的にそれを受け入れ，「共存」してきた．「エネルギーの安定供給」や「エネルギー自給」から，近年ではさらに「エネルギー安全保障」や「地球温暖化対策」まで，原発の「必要性」は大上段に構えた「公益」あるいは「国策」と絡めて語られた．そして，それに対する見返りとして，いわゆる交付金制度が存在し，直接・間接の雇用や需要の創出と併せて地域社会に「貢献」している，というのが，原子力利用を進めてきた側の主張であった．

　一方，「安全性」を中心として原発の存在や原子力利用そのものの是非につい

て批判的・否定的にとらえる異論もまた,提起され続けてきた.そうした意見を唱える人びとはしばしば,「反対派」と呼称される.政府,電力会社といった原子力利用推進側の関係者は彼らをいわば「仮想敵」にして,いかに納得を得るか,あるいは,彼らが世論全体を「偏った」方向に「誘導」するのをいかに食い止めるか,「敵‒味方」図式にとらわれたまま苦闘し続けてきたように見える[2].

原発―国策―安全性―反対運動.誰もがそうしたステレオタイプの中で事態を理解してきたが,そうした連想が共有されたことには相応の理由があろう.また,よく言われるNIMBY(Not In My BackYard)という概念もまた,原発立地問題の核心を突いていることは間違いなかろう[3].

そして,こうした状況判断に基づいて,原子力に関わる意思決定をより透明にしよう,民主的にしよう,市民参加を促そう,そうした主張はすでに福島原発事故のずっと以前から,枚挙にいとまなくなされてきた.「反対派」のアクティビストからも,政治家からも,研究者からも,である.

しかし,地域がそうした「NIMBY」な施設の立地をめぐる意思決定を行うというのは,本来的にはどのような意味があるのだろうか.とりわけ,それが科学技術に深く関わる場合,どういった留意が求められるのであろうか.本章では,いわゆる「住民投票」を含む地域の社会的意思決定プロセスを通して原子力発電所の立地が取りやめられた新潟県巻町の事例分析と,原発とはあらゆる面で対照的な風力発電施設立地の場合との比較検討を通して,公共性をめぐる科学技術の社会学の観点から,この問いに対する回答を試みたい.

2 「民意」を軸にした事態の変容
――新潟県巻町における原子力発電所立地中止事例[4]

東北電力巻原子力発電所計画

新潟県西蒲原郡巻町での原発計画(東北電力巻原子力発電所計画)は1960年代後半にその端緒をさかのぼることができる[5].立地に向けた手続きは順調に進み,1981年11月には県知事の同意を受けて国の電源開発基本計画に組み入れられ,後は原子炉の安全審査を受けて建設を待つのみとなっていた[6].

ところが1983年9月，前年1月に提出されていた原子炉設置許可申請について東北電力は審査の中断を申し入れる．以後，計画はストップした．予定敷地内の海岸付近の土地を反対派住民が共有地として所有していたことが判明，また，予定地内の別の土地についても，町と地元の寺院が所有権を争う事態となり，手続きが進められなくなったのである[7]．

さらに，巻町を含む西蒲原郡地域では保守勢力が分裂し，熾烈な権力抗争を繰り広げており，原発立地問題もこの政争に巻き込まれた．町長選挙では，原発立地計画の推進を訴える現職候補が慎重論を掲げた対立勢力の候補に敗れ，しかし，選挙戦で慎重論を掲げた新町長も，当選後は保守政党（国政における政権与党）に属する立場上推進に転じざるをえなくなり，さらに次の選挙で慎重論を掲げる対立候補に敗れる，という状況が繰り返された．

しかしこの間に町と寺院の土地の所有権訴訟は町側の勝訴に終わり，取得の見通しの立たない用地は反対派共有地のみとなった[8]．また，1990年には保守勢力の分裂に対応して分裂していた地元の発電所立地推進団体が一本化され，受け皿を整えつつあった．

こうした時機を察した当時の佐藤莞爾町長は，1994年8月の町長選挙で従来よりも原発建設推進に前向きな姿勢を見せて3選を果たし，約10年ぶりに巻原発は建設に向けて動き出しつつあった．

「自主管理住民投票」

このような動きに対し，地元の自営業者を中心とする人びとが疑問を提起した．町の将来を大きく左右する原発立地問題が，明確な住民の意思確認なしで進められてよいのか，と彼らは考えた．再選した佐藤町長は選挙戦の中「原発推進」を明確には公約しておらず，また，選挙戦で原発立地に「慎重」あるいは「反対」を訴えた他の2人の候補の合計得票数が佐藤町長の得票を上回っていたためである．彼らは原発立地問題に焦点を絞って町民の意思を直接確認したいと考え，住民投票を最善の手段と考えた．すぐに佐藤町長に住民投票の実施を訴えるも一蹴され，自らの手で住民投票を実施することを決め，会を発足させた．佐藤氏の3選からわずか1カ月後，1994年9月のことであった．

翌10月には30人ほどが集まって正式に「巻原発・住民投票を実行する会」

が設立された．同会は町長に再度，住民投票実施を訴えるも，町長にその意思はなく，同会は「自主管理住民投票」の実施に向けて動き出す．

ここでの問題は，この住民投票の正統性を確保するとともに，投票することへの人びとの不安や躊躇を軽減することであった．投票の公正さや信頼性を担保できなければ，投票の結果も影響力を失うことになる．また，住民の中には既に原発立地推進の動きに関わっている人びともおり，原発立地に異を唱えるような動きに参加することは，地域社会の様々なしがらみの中で，政治的・経済的な立場や生活そのもの，あるいは人間関係を危うくするとの懸念が少なからず存在していた[9]．

そこで，「実行する会」はこうした懸念に対する様々な配慮を行ったうえで[10]，1995年1月，「自主管理住民投票」を実施した．

推進団体が投票の「ボイコット」を呼びかけ，また前述のように住民には少なからぬ躊躇が予想されたにもかかわらず，町内有権者の45.4%が投票，その95%が反対票を投じ，その票数は佐藤町長が前年の選挙で得た得票数を上回った．

佐藤町長は1995年2月に東北電力からの町有地譲渡の申し入れを受け，町有地売却承認のための臨時議会を開催しようとするが，これに反対する人びとの座り込みにあい議会は流会，売却は断念された[11]．直後の4月に行われた町議会議員選挙では発電所立地推進・反対は別として「住民投票条例制定」を掲げる議員が多数当選し，議会内で多数派となった．同条例は1995年6月に成立し，これには「90日以内の投票実施」が含まれていた．

ところが，推進派が多数を占めていた議会[12]は住民投票の告示日目前に条例改正の直接請求を行い，同年10月，実施時期の判断を町長の裁量下とする，条例改正案を可決させる．町長が住民投票不要論者，原発立地推進論者である以上，この改正は実質的に住民投票の無期限延期を意味した．さらに，佐藤町長は同年12月の定例議会で再び町有地売却について議会に諮ることが予想され，そこで売却が承認されれば原発立地計画が着実に前進することを意味した．

そこで，「実行する会」のメンバーらは町長のリコール運動を開始．しかし解職請求には署名が必要で，その署名簿は縦覧に供される．これは中規模の町の市民にとっては重い意思表明である[13]．このため，住民投票には参加しても，

署名は遠慮する町民が多いのではないかと懸念されたが，実際にはすぐに法定必要数を充足，佐藤町長は解職投票を待たずに辞職し，1996年1月の出直し選挙で「実行する会」代表の笹口孝明氏が町長に当選した．

住民投票の実施と建設計画の中止

1996年8月4日，笹口新町長のもと，「巻町における原子力発電所建設についての住民投票」（条例に基づいた住民投票）が実施された．投票率は88.3%に達し，発電所建設に反対の票がその60.9%，有権者総数に対しても53.7%を占めた．すなわち，再び有権者の絶対過半数が原発建設に反対の票を投じたのである．投票前に「賛成多数なら建設推進，反対多数なら町有地売却は行わず原発建設はストップする」と明言していた笹口町長は，この公約を貫くことを表明，東北電力に対し建設断念を促した．

しかし，東北電力は翌1997年3月に建設の3年延期を表明したものの，あくまで計画推進の立場を崩さなかった．国の立地許認可上，住民投票は法的裏付けを持たないことが，その主張の根拠の1つとされ，原発立地推進の立場を取る町議や地元経済界からも，住民投票の政治的正統性に関する批判が相次いでいた．また，町議会は依然，立地推進派が多数を占め，1999年4月の町議選でもこの状況は変化しなかった．

このため，笹口町長は，任期を全うする前の1999年8月，問題の町有地を，「民意を尊重することを表明した」住民23名に売却した[14]．この町有地は面積と時価が議会の議決を必要とする基準を下回っていたため，この判断は町長の専決処分で行われた．このことは推進側の批判を呼んだが[15]，笹口氏は2000年1月の町長選で再選．同氏は自身の当選により，町有地売却の判断は町民に支持されているとしたが，推進派住民は住民監査の実施を請求，これが認められないと住民訴訟に訴えてあくまで町有地の原状回復を求めた．

結局この住民訴訟は最高裁まで争われ，最終的に2003年12月に最高裁の上告不受理により推進派住民の敗訴が確定，同月，東北電力は計画の断念を正式に発表した．

3 住民投票の意義――公共性の復権?

上記の経緯においては「自主管理住民投票」がすでに,原発立地に関わる社会的な意思決定プロセスの軌道を大きく変えていた.原発計画の是非に的を絞った「民意の確認」という明確な目的と,公正さを最大限担保するために払われた運営上の配慮は,臨界的な数 (critical mass),すなわち,佐藤町長の直近の得票数を上回る数の町民を反対票へと導いた[16].この「自主管理住民投票」によって,巻町における社会的意思決定のモードは,政策パッケージと「人物」を選ぶ「選挙」のモードから,個別の政策事項について町民が直接,二値的に賛否を示す「投票」のモードへと切り替わったのである[17].

もちろん,選挙で選ばれた代表者に政治的討議を委ねることは現在の民主主義のあり方に照らして決して不自然なことではない[18].しかし,巻町では,原発立地の是非について「選挙」のモードでしか意思表明できないことが,critical mass を上回る数の町民にとって水面下の不満となっていたのだ.

このため,原発立地推進側の人びとが,「住民投票」という手法自体を,制度上の政治的正統性への疑義をめぐって批判し続けても,町内の大勢の支持を得ることはできず,一方で,住民投票は,全く法制度上の根拠を持たない自主管理住民投票から,条例に基づいた住民投票へと歩を進めた.どちらの投票も法制度上の拘束力はなかったが,笹口新町長は予定敷地内の町有地を「民意尊重派」住民に専決処分で売却するという措置を取ることで決定の実効性を担保した.この措置も上記の制度論の立場から批判されたが,多数の町民からの支持を失うことはなく,笹口氏は直後に再選された.

すなわち,法制度に基づく公的な意思決定プロセス (例:地方首長公選や地方議会といった地方自治のシステム,そして原発立地の法定許認可プロセス) は町内での政治的正統性を失い,「公明正大な手続き」を前面に押し出し,「原発計画の是非」についての「民意を直接確認」するという,制度的には非公式だが実質的な正統性のある新たな意思決定プロセスが,それに取って代わったのである[19].

原発立地が地域社会に与える影響はきわめて大きい.安全性が最大の争点に

なるのはもちろん，想定される雇用・経済への影響，開発による地域自然環境の改変はいずれも大規模であり，地域社会の様相があらゆる面で変貌してしまう可能性がある．住民にとっては，いったん原発立地の話が俎上に載れば，誰もがその可否の判断に否応なく巻き込まれ，そして，その結果は誰もが引き受けざるを得ない．これは，原発立地が地域にとってすぐれて公共的な事柄であることを意味する．そして，誰もが結果を引き受けることになるのなら，その決定には誰もが関わってしかるべきである．公共的な事柄は公論を通して決定されるべきであるという主張はきわめて自然なものである．「選挙」のモードでは，この点が十分でなかったのだ．すなわち，巻町での社会的意思決定のモードの変化はすなわち，「失権」していた公共性の「復権」としても評価できよう．

しかし，そもそも，こうした公共性に関わる問いが問われえなくなってしまった理由は何か．科学技術と社会の界面における相互作用を今少し注意深く観察しながらこの公共性の「失権」と「復権」の事例を眺めてみると，なぜ公共性は「失権」してしまったのか，その構造的な理由が見えてくる．手がかりは，法制度によって与えられる許認可プロセスの設計が，上記のような公共的な討議の不在とどのように関わるかという点である．

4 実質的な意思決定と法制度上の意思決定の位相のずれ
——既成事実化批判

図1は，原発立地について，電力会社関係者が原発の「立地プロセス」として示しているものである[20]．通常は，左から右に向かって，時系列的に手続きが進み，一番右の「設置許可」の後，具体的な工事内容についての「工事認可」が出され，最終的に着工となる．このプロセスの基本的な根拠法令は電気事業法と原子炉等規制法である．

さて，このような形式の図で示されると，あたかも，個々の囲みのすべてが同等の法的な拘束力を持つステップであるかのようにも感じられるが，実はそうではない．法的に原発立地の是非に対して決定的な拘束力があるのは，図のなかほどの「設置許可申請（事業者）」以降の段階であり，「設置許可審査」「第

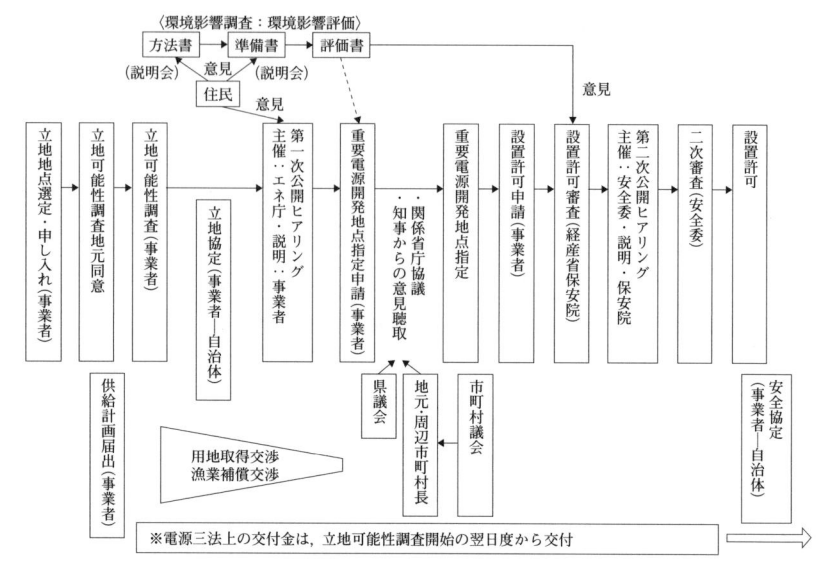

図1 原子力発電所の立地プロセス

　2次公開ヒアリング」「2次審査」が法的規制事項として義務づけられ，また，その結果なされる決定（「設置許可」）が「原子炉設置の許可」に対して決定的な法的拘束力を持っているのである．すなわち，規制の法制度に基づくステップとそうではないステップが，あたかも一連のプロセスであるかのように描かれるために，どのステップも規制行政上同等の拘束力があると誤認してしまうのである[21]．

　では，「設置許可申請」以前の段階はなぜこの図に描かれているのか？　その答えは，この図に示されている事項はすべて，「実質的に必要」なプロセスとして，政府や事業者に認識されているものだからである．

　たとえば，「第1次公開ヒアリング」は「第2次公開ヒアリング」と名称の上では完全な対応関係にあり，対となって「設置許可申請」の前後に公聴の機会を設けるものと認識されがちである．しかし，「第1次」は経済産業省資源エネルギー庁が，「広く地元住民から意見を聴くとともに，設置者から説明を行わせることにより，地元住民の理解を深めるために開催する」[22]ものであり，いわば，行政サービスの一環である．つまり，「設置許可」の可否を決める規制

行政の一部ではない[23]．したがって，この「第１次公開ヒアリング」の結果は，原発立地可否に法的な拘束力を持たない．しかし，この「第１次公開ヒアリング」が開催できる状況になること自体，あるいは，このヒアリングが平穏裡に終わることは，地域における合意形成のメドが立ったことを示す，実質的な意味がある．であればこそ，国や電力事業者はこのヒアリングを図のこの位置に置き，次に「重要電源開発地点指定申請」に進むとしているわけだ．

そしてまた，この「重要電源開発地点指定」[24]も，規制上必須ではない．しかしこれも，指定を受けると立地予定地域への交付金が増額されることや，指定に至る審議の中で，立地地域の都道府県議会，市町村長，市町村議会の同意を踏まえた上での「都道府県知事同意」を「尊重する」ことになっており，事実上，地元同意の最終段階と位置づけられ，立地可否にきわめて重い意味を持つ．

さらに，この「地元同意」と用地取得，漁業補償の３点は，巻町事例でも問題になったように，「設置許可申請」以後のいわゆる安全審査＝法的拘束力のある許認可手続きに先立つ要件とされている．したがって，この「重要電源開発地点指定」は実質的にはほとんど規制要件に等しい意味を持つ．しかし，あくまで規制法上の法的拘束力を持たない．

また，地元への「立地地点選定・申し入れ」やその後の用地取得交渉，漁業補償交渉は，立地を計画している電気事業者＝民間企業と自治体，地主，漁業者等のいわゆるステークホルダー間の「交渉」として，しばしば非公式な形で進められる．実際，多くの立地点で（巻町もそうであったように），用地取得交渉などは立地計画が公表される前に進行し，すでに計画がある程度具現化（批判的な言い方をすれば既成事実化）した後で公共の討議に付されるという展開をたどる．これが「密室」とか「一度決まったら変わらない」などの不信や批判を招き，地域の社会的紛争状況を悪化させる一因ともなってきた．

そのうえ，「設置許可申請」前のプロセスは法的な規制上の義務ではないため，その妥当性について住民訴訟・行政訴訟を起こすことも困難である．たとえば，「第１次公開ヒアリング」における意見陳述人の人選や説明の不足などを挙げて，国の不法行為として訴えようとしても，そもそもが「行政サービス」である以上，規制行政上の許認可判断における瑕疵として認められる可能性は

きわめて低い．逆に，法的に定めのある「設置許可審査」についてはその不備を訴える訴訟が可能だが（実際にいくつも提起されてもいる），この段階では立地はいよいよ既成事実化しており，建設から運転開始に至るまでの時間と裁判に要する時間を勘案すれば，仮に原告側の勝訴となっても，すでに発電所は建ってしまった，という事態に立ちいたる[25]．

このように，規制行政としての法制度上の許認可プロセスと，実質的な立地決定のプロセスがずれていることが，原発立地における地域での社会的意思決定をいびつにし，紛争を惹起する結果につながっていることがうかがえる．

5　技術の特性に対する予断と公共性——法制度設計への影響と公共的討議

ではなぜ，このような意思決定のプロセスが設計され，運用され続けてきたのであろうか．ここでも，その原因を何らかの「悪意」「不義」に帰して解釈することは可能だ．「役人は住民の意見を尊重する気はない」「はなから利権ずくで決めるつもりで，プロセス自体が茶番だ」などはよく聞かれる批判だ[26]．

しかし，ここでは，あえて原子力発電という技術の特性についての政策担当者や一般の人びとの認識とこうした制度設計の整合性を考え，現行の制度がどのような観点から見て妥当であると見なされてきたのか，考えてみたい．

原子力発電技術において，まずもって重要なのは，あらゆる場合において放射能を制御下で閉じこめ，施設内外で放射線障害を発生させないことである．これに失敗すれば，他の技術に比べてもきわめて大きな被害（原子力災害）がもたらされ，地域社会はもちろん，国全体，あるいは地球規模で甚大な悪影響を及ぼすことは言うまでもない．したがって，原子力技術は数ある技術の中でも最高度の，細心の規制の下に置かれ，慎重に管理されなければならない．これは広く受け入れられうる理解であろう．

このように考えれば，それまで発電技術あるいは発電所を規制していた電気事業法に加えて，「原子力」発電所については「原子炉等規制法」という別の立法がなされ，その枠組みで「設置許可審査」という安全審査が行われることは自然な成り行きだ．他の種類の発電所以上に厳しい安全規制を行うために，さしあたり考えられる中でもっとも権威が高く，権限が大きく，様々な資源も動

員できうる「国」自らがその設計を審査し，また，運転開始後も自ら検査を行って規制・監督を行うという制度設計がなされていると理解でき，これには一定の妥当性もあるだろう．

しかし，別の見方からすれば，国は，そもそも基本的には事業者が自らの責任で行う発電事業（当然そこには施設立地に向けた地域の合意形成も含まれる）について，「原子力であるがゆえの特殊性の部分についてのみ」，すなわち，安全規制の部分のみ，別途なされた規制立法を根拠にして関与している，とも言える．そしてこの見解は，前節で見た法制度設計の偏りを正当化する理由ともなり得る．すなわち，規制行政としての法制度上の許認可プロセスと，実質的な立地決定のプロセスがずれているとしても，こうした立場に立てばそのずれは問題化されないことになる．

ここで，これと対照的なケースを示そう．風力発電施設の立地である．

言うまでもなく，風力発電技術はその技術特性において原子力とはあらゆる面で対照的に認識される．現在の日本での標準的な施設の1基あたりの建設費用は，原子力が3000億円以上であるのに対し，風力では2–3億円程度と言われる．もちろん，その発電容量も原発の130万kW程度に対して2500kW程度と大きく異なる．そして，風力発電施設における最悪の事故として想定される事態は，施設の破損・倒壊が代表的であり，原子力発電所における放射能放出を伴う過酷事故に比べれば，認知されるリスクも大いに異なるといえよう．

そして，こうした技術の特性についての対照的な説明は，実際に人びとの技術や施設に対する見方，イメージの形成にも大きく影響している．

原子力利用と異なり，風力発電は放射能災害のような深刻な被害が想定されないために負のイメージがほとんど言及されないばかりか，二酸化炭素排出削減に貢献し，地球温暖化防止・地球環境保護に資するという，今日的な意味できわめて有用なものと繰り返し喧伝されている．

しかし，風力発電施設は，こうした認知上の好特性の反面，1基あたりの発電容量が小さいことと，風況という自然環境による環境条件に左右される特性ゆえに，多数の施設が特定の地域に固まって立地する傾向が強い．その数は時に数十にも上るし，近年では，当初からまとまった数の立地を計画的に行うケース（ウィンドファーム立地）も多く見受けられるようになった．こうした多数の

立地は地域の様相を大きく変える．風力発電施設はまさに巨大な「風車」であり，その高さは 100 m 程度，羽根（タービンブレード）の直径も数十 m に達する．しかも，人びとにとって見慣れた構造物ではないために，その存在感は大きく，地域の景観において異彩を放つ．特に，地域の歴史的あるいは自然的景観に特別な価値が認められる地域では，景観問題として論争化することもある[27]．また，野鳥のブレードへの衝突（バードストライク）も原理的・技術的に完全に防ぐことが難しく，周辺に生息する野鳥が希少種の場合に影響が懸念され，問題が提起されることもある．さらに，住宅地に隣接して立地し，ブレードが回転する際の風切り音が騒音として問題とされるケースも出ているし，音としては聞こえない低周波振動が健康被害を生んでいるという指摘も出され始めている[28]．

このように，風力発電施設も，地域における公共的な利害をめぐって「問題なし」とは言えないわけだが，そもそも風力発電施設立地には原子力発電所立地のような，「流れが絵に描ける」ほどの，段階的かつ強い規制権限を持つ許認可手続きが存在しない．ようやく最近になって，野鳥保護や自然景観保護など，いわゆる「環境保護」の論点について，公的なガイドライン策定が進められている段階である．現状では，国立・国定公園や県立の自然公園等の指定がある場合など一部を除いて，「その地点にそれを建てることの是非」は，少なくとも法制度上は問われないのである．

この結果，立地の合意形成は事業者とごく限られた住民（立地予定地の地権者と近隣住民）の間で進められ，市町村・県・国は手続き的に許認可を処理するに過ぎない．この結果，大量の風力発電施設が立地し，すでに地域全体の様相が変容しているにもかかわらず，立地のそもそもの是非や今後の施設増設にあたっての方針などについての公の討議がなされず，騒音や景観などについての住民1人ひとりの不満や疑問が静かに蓄積されていっているという事例も存在する（千葉県銚子市の事例[29]）．

同市にはすでに 30 基程度の風力発電施設が存在し，周辺市町も併せると 70 基程度が存在する首都圏随一の風力発電施設立地地域である．しかし，特に銚子市内においては，風車は複数の事業者によって全体に一貫した配置や台数の原則がないままに漸増しており，結果的に，いわば雑然とした景観を呈してい

る．また，一部では騒音や日照フリッカー[30]などについて近隣住民から苦情が出されている．だが，風力発電施設立地は各種の選挙，議会での討論，住民運動など，どこにおいても包括的に論じられたことがないのである．

6　まとめ：エネルギー施設立地の意思決定の課題──公共性の真の復権とは

このように，エネルギー施設立地においては，技術の特性を人びと，あるいは政策担当者がどう理解しているかが，特に公共セクターが制度として提供する意思決定プロセスの設計に大きな影響を与え，それが地域の社会的意思決定プロセス全体に大きく影響している可能性がある．技術が大きなリスクに関わると認識された場合（例：原子力発電所）でも，逆にリスクは小さく認識され，ベネフィットへの期待が大きい場合（例：風力発電施設）でも，それに応じて変化する公共セクター（典型的には政府）の意思決定への関与の度合いやあり方が，地域における社会的意思決定のありよう，公共的討議の様相を強く規定しているのである．

国の関与がリスクに関する事項，つまり安全規制に集中する制度設計（許認可プロセスの設計）をしながら，一方で，実際にはいわゆる「国策」として国が電力事業者と連携して様々な局面で地域社会に影響力を行使し，かつ，ステークホルダーを限定しようとした結果，原発立地は各地で深刻な論争を引き起こした．

新潟県巻町事例では，「住民投票」という手法によって原発立地を地域内政治の諸事項や様々な紐帯から切り離し，二値的な選択による住民個人の意思表明が可能となったことで，公的なプロセスでは意思決定に十分関与できなかった一般住民の意見分布が顕わとなり，地域として立地反対の意思表明がなされた．これは，原発立地が地域にとってすぐれて公共的な課題であることに鑑みれば，地域住民の主導による公共性の「復権」であったとも評価できる．

しかし，本来的には，そもそも「立地プロセス」として提示される定型的なプロセスの中で，住民全体の参加を得たうえで，安全性のみならず，様々な公共的テーマ（想定される雇用・経済への影響，開発による地域自然環境の改変）について多面的な討議がなされ，地域社会の将来が検討される中で，立地の是

非を議論する場があってもよいはずだ．

　また，技術導入の初期などにおいて，技術を社会に導入した場合に起こりうる負の影響が広く認識される前の状態では，この時期に一挙に導入・普及（＝エネルギー施設の場合の立地）が進み，後から考えれば必ずしも最適ではない状況が出現する可能性が常にある（例：ランダムに立地してしまった風力発電施設を整然としたかたちに再配置することは多大なコストを要し，施設の寿命が到来して撤去されるまでは実質的にそれは不可能となる，など）．

　したがって，エネルギー施設立地のような，科学技術に深く関わり，地域社会の様相を大きく改変しえて，かつ，負の影響が無視できないほど大きい施設の立地の社会的意思決定においては，その技術について一般的に認識される評価，特にリスクに関する評価にばかり引きずられて議論を収斂させるのではなく，むしろ，そうした技術的論点を他の様々な公共性とともに，多面的・複眼的に扱えるような，意識的な配慮が求められるといえる．

　これは，しばしば指摘される手続き的な公正や，国―地方あるいは都市―地方といった対立図式をめぐる不公平・不平等の問題などに軸をおいた立地問題の批判的検討とも矛盾しない．こうした公正・公平についての十分な配慮がなくては，プロセスに関与する関係者が，その中で行われる討議やその結果としての意思決定に正統性を認めない，あるいはプロセスに参加しないことにつながるからだ[31]．

　そして何より，こうした問題は福島原発事故後の今日においてますます，社会に対する重い問いかけとなっている．もちろん，福島原発事故を受けて，少なくとも当面，場合によっては今後遠い将来にわたって，原発の新規立地や増設はない，したがって本章で見た巻町の事例のような原発立地問題もまた，二度と起こらない，起こしてはならないのだという主張もありうるだろう．しかし，福島原発事故後に定期検査で停止した原発の「再稼動問題」を見ても明らかなように，また，原子力以外も含めたエネルギー施設が何らかの「施設立地」を伴う限り，施設立地地域を中心とした社会意思決定が難しい局面を繰り返し迎えるであろうことは明らかだ．

　この種の問題への回答として繰り返し提案されてきた，市民参加型の諸手法を取り入れた意思決定プロセスの再検討・再設計が有効であるということも，

総論としては幅広い賛同が得られる主張だと考えられる．しかし，では，そうした市民参加型の意思決定プロセスを用いて何を議論するのか，市民参加型のプロセスを採用することが討議の内容をどう変容させるのか，肝心の検討は，なおこれからの課題として残されているように思われる．実際，上記の「再稼動問題」を例にとっても，こうした手法を討議と意思決定の質の向上に役立てる具体的な方途は見いだされていないし，正統性のある意思決定に至りうると確信できるようなプロセスの青写真も描かれていないのではないだろうか．

　事故が起こってしまったことは極めて残念であるが，福島原発事故の発生は結果的に，エネルギー施設立地の問題，あるいは広くエネルギー問題に対する社会全体の関心，そして学術からの関心を非常に高めている状況にある．今後，関連するさまざまな事例をめぐる社会学的な考察がなされれば，広く科学技術をめぐる社会的意思決定プロセスの課題をさらに緻密に浮き上がらせ，社会がこうした問題に取り組むにあたって有益な多くの示唆を得ることもできよう．ここに，公共性をめぐる科学技術の社会学の1つの方向性が示されているように，筆者には思われる．

1)　福島原発事故で損傷した東京電力福島第一原子力発電所の1-4号機は，2012年4月19日付けで電気事業法上は「廃止」となり，こうした統計上の原発の数からは除かれることとなった．また，中部電力浜岡原子力発電所の1・2号機は，いまだ施設は維持されているものの，2009年1月30日で営業運転を終了しており，今後，廃止措置（廃炉）のプロセスに移行する予定である．さらに，同発電所3-5号機については，福島原発事故を受けた菅直人首相（当時）の要請により，運転中であった4,5号機は2012年5月9日に停止が決定された．なお，2012年5月現在，安全運転が完了し，立地地域等の社会的合意が得られるまで定期点検後の再稼動を認めない政府の方針により，日本国内のすべての原子力発電所は停止中である．ただし，2012年5月現在，青森県大間町には電源開発株式会社の大間原子力発電所が，島根県松江市には中国電力株式会社の島根原子力発電所3号機が建設中である．したがって，これら2基をすでに「立地済」に含めるとすれば，原子力発電所の基数は52基，立地道県数は14，立地市町村数は22となる．
2)　武田（2002）は，「核」をキーワードに，そのイメージやスティグマがどのように関係者の行動を規定し，それがこうした図式を現実として再生産しているかを活写している．
3)　原子力施設をめぐるNIMBY論争については，たとえばKaplan（2000）参照．
4)　本節は寿楽・鈴木（2007）での記述をもとに，一部加筆・修正している．なお，巻

町事例の経緯については，新潟日報報道部 (1997) や今井 (2000) などがその全容をまとめている．
5) 当初は「遊園地建設」などの名目で用地買収を進めていたといわれているが，1969年に地元新聞が建設計画をスクープすると東北電力は候補地点の1つとしての調査への協力を新潟県や巻町に要請し，1971年5月に正式に候補地点として公表した経緯がある．
6) 各原発の立地プロセスは主に電気事業法と原子炉等規制法の2つの法律に基づいて進められるが，そもそもどこにどのぐらいの規模の電源（原発に限らず，火力発電所，水力発電所等を含む）を設置するかは，1952年に公布された電源開発促進法に基づく，「電源開発基本計画」によって年度ごとに定められ，電力会社はそれに従って電源を設置する仕組みとなっていた．そして，実態としては，この「電源開発基本計画への組み入れ」が立地決定を意味し，その前提条件として，用地取得・漁業補償・地元同意の3点（原発の場合）が課せられていた．なかでも知事同意は「地元同意」の最終的なものと見なされ，立地決定に大きな意味を持ってきた．
7) 上記の3つの条件のうち，「用地取得」が満たされていなかったことになり，前提条件が崩れてしまったのである．
8) 町と寺院で所有権を争っていた土地が予定敷地の中程に位置していたのに対し，反対派の共有地は予定敷地の端に位置し，計画を修正すれば建設は不可能ではない情勢になっていた．
9) この「しがらみ」の問題については，山室 (2004) がフィールドワークに基づいた詳しい分析を行っている．
10) 行った配慮は以下のようなものであった．「『反原発』の立場はとらず，あくまで民意を確認する投票の必要性のみを訴える」「会の打ち合わせをすべて公開（住民のみならず，報道関係者にも）」「一方，報道関係者には打ち合わせや投票の際，プライバシーを憂慮する参加者には特段の配慮（テレビカメラを向けない，など）をするよう要請」「利便性と匿名性確保のため，投票日は1日のみではなく投票期間を設け，投票時間も夜間までとした．投票所も複数開設し，さらに個別訪問も行った」「選挙期間中，投票箱は毎晩，第三者である倉庫業者に保管を依頼し，不正を防止」「投票所には立会人を置くことにし，地元と直接利害関係のない大学教授や弁護士の立ち会いを得た．原発立地推進側の人物からも立会人を選任」．
11) 本来この町有地売却は町長専決事項として処理できるものであったが，佐藤町長はあえて議会の承認を取り付けることで決着を図ろうとした．ただし，国土利用計画法に定める大規模開発に該当し，そもそも町長専決での決裁はできなかったのではないかとの指摘も，聞き取り調査を行った関係者から出されている．
12) 当初の条例制定後に一部の議員が住民投票実施について慎重な姿勢に転じ，賛否の議員数が逆転していた．
13) 実際，住民の中には，立地事業者である電力会社と取引がある事業主も少なくなかった．また，雇用主から発電所立地に賛成するよう強く促されていたケースも多かったという．
14) 新聞記事や多くの関連文献・書籍では「原発反対派に売却」と記されているが，当

時の笹口町長自身は，原子力自体への賛否から判断したのではなく，住民投票の結果を将来にわたって尊重することを表明した住民に売却したと繰り返し述べている．
15) 原発立地計画を進めた佐藤前町長が町有地売却を専決処分することを避けたという経緯があったため，推進側は笹口町長の決定こそ，手続き上不透明で非民主的であると強く批判した．
16) 大西 (2001) はこの点について，住民への賛否両派からの情報のインプットとそれによる住民各人の意思の変容という観点から，セルオートマトン法によるシミュレーションを用いて分析し，反対の意見を持つ住民の割合が一定割合を超えると，急激に反対意見が増加する（いわば，閾値を越えると「相転移」が起こる）という時系列的な変化が存在したことを明らかにしている．
17) なぜ笹口氏らのグループがこの転換をなしえたのかについては，別稿において relevant marginal actor 概念を用いて分析した．Juraku *et al.* (2007) を参照されたい．
18) 実際，佐藤前町長は選挙運動によって，「私を信じてください」という言い方で支持を訴えたと，筆者が聞き取りをした町内関係者は語っていた．佐藤氏が実際にその通りの発言を行ったかはさておくとしても，こうした訴え方は少なくとも日本の選挙においてはそう珍しいものではなく，またそれ自体が直ちに批判される性質のものでもないだろう．
19) この点をめぐる詳細な論考として，中澤 (2005) がある．
20) 鈴木 (2009) による．鈴木は電気事業連合会の原子力関連法制の担当者であり，図1は少なくとも各電力会社の公式な理解を示していると考えて差し支えないと思われる．
21) より正確には，図1の上方にある「環境影響調査：環境影響評価」も法定の規制プロセスである．こちらは電気事業法によって定められており，火力等の他の電源による（原子力でない）発電所の場合にも義務づけられるステップである．
22) 平成12年9月20日通商産業省資源エネルギー庁報道発表「中国電力（株）上関原子力発電所1号機及び2号機の設置に係る第一次公開ヒアリングの開催について」における表現．
23) だからこそ，主催者は規制官庁である経済産業省原子力安全・保安院ではなく，同省資源エネルギー庁なのである．
24) かつては，「要対策電源指定」がこれに相当し，その指定も現在のように経済産業大臣の裁量によらず，「電源開発基本計画への組み入れ」とあわせて，電源開発調整審議会（電調審）での決定のうえ，閣議了解を経ていた．なお，この「要対策電源指定」は1977年に設けられた制度であるため，それ以前に立地した原発は指定を受けていない．
25) 石橋 (1999) はこの問題を含めた現行の制度の問題点をまとめ，国レベルの原子力政策決定プロセスに一石を投じた文書である．
26) たとえば，朝日新聞山口支局編著 (2001) は，山口県上関町に立地が計画されている中国電力上関原子力発電所の立地プロセスにおいては，2000年9月に第1次公開ヒアリングが開かれたが，立地に反対する主要4団体は同ヒアリングに参加せず，その理由として，「公開ヒアリングは原発建設を前提としており，反対意見を述べても聞き

入れてもらえない．単に意見を聞いたというアリバイ作りに使われるだけ」との批判を展開したという事例を紹介している．
27) また，風況がよい地点は切り立った台地の上，山の稜線などの場合も多く，このことも特異な自然景観の保護という観点から問題化しやすい一因といえる．
28) たとえば，2009 年 1 月 18 日付の『朝日新聞』記事「風力発電，近所で頭痛・不眠　環境省，風車の騒音調査」では，こうした問題についての近隣住民の訴えを紹介し，環境省も関心を寄せていることを報じている．
29) この事例については，寿楽 (2008) で詳述・分析している．
30) 特に明け方や夕方，日照が低高度から降り注ぐ時間帯に，風車が太陽の方向と同一直線上にあると，回転するブレードによって日照が周期的に遮られ，高速で影と日向が繰り返される現象，めまいなど体の変調を訴える住民もいるという．
31) この論点については，鈴木・城山・松本編 (2007) に所収の諸論考を参照．

【文献】
朝日新聞山口支局編著，2001，『国策の行方――上関原発計画の 20 年』南方新社．
今井一，2000，『住民投票――観客民主主義を超えて』岩波新書．
石橋忠雄，1999，「原子力への信頼，国民合意，国民的合意形成について」（原子力委員会長期計画策定会議第一分科会（第 3 回）資料 2-1）http://www.aec.go.jp/jicst/NC/tyoki/bunka1/siryo3/siryo21.htm（2010 年 3 月 24 日最終確認）．
寿楽浩太，2008，「風力発電施設立地をめぐる社会的均衡状況――千葉県銚子市地域の事例研究」『年報科学・技術・社会』Vol. 17，科学・技術と社会の会．
寿楽浩太・鈴木達治郎，2007，「原子力の普及における社会意思決定プロセス――巻町と北海道の発電所立地事例研究」鈴木達治郎・城山英明・松本三和夫編『エネルギー技術の社会意思決定』日本評論社，第 8 章．
Juraku, Kohta, Tatsujiro Suzuki and Osamu Sakura, 2007, "Social Decision Making Processes in Local Contexts: An STS Case Study on Nuclear Power Plant Siting in Japan," *East Asian Science, Technology and Society: an international journal*, 1 (1).
Kaplan, L., 2000, "Public participation in nuclear facility decisions: Lessons from Hanford," in D. L. Kleinman, ed., *Science, technology and democracy*, New York: State University of New York Press.
中澤秀雄，2005，『住民投票運動とローカルレジーム――新潟県巻町と根源的民主主義の細道，1994-2004』ハーベスト社．
新潟日報報道部，1997，『原発を拒んだ町――巻町の民意を追う』岩波書店．
大西輝明，2001，「原子力発電所建設に係る巻町民意の変容と情報環境」『年報科学・技術・社会』Vol. 10，科学・技術と社会の会：55-76．
鈴木孝寛，2009，「原子力施設の立地プロセス等において自治体の果たす役割」『2007-2008 年度 原子力法制研究会 社会と法制度設計分科会 中間報告』東京大学公共政策大学院エネルギー・地球環境の持続性確保と公共政策（SEPP）．
鈴木達治郎・城山英明・松本三和夫編，2007，『エネルギー技術の社会意思決定』日本評論社．

武田徹, 2002, 『「核」論——鉄腕アトムと原発事故のあいだ』勁草書房.
山室敦嗣, 2004, 「フィールドワークが〈実践的〉であるために——原子力発電所候補地の現場から」好井裕明・三浦耕吉郎編著『社会学的フィールドワーク』世界思想社, pp. 132–166.

13 ダイオキシン論争の分析
政治性に対する政治的な批判を越えて

定松 淳

1 問題設定

ダイオキシン問題は，1990年代後半日本国内で最も関心を集めた環境問題のひとつである．埼玉県所沢市周辺地域，茨城県龍ヶ崎市・新利根村（当時），大阪府能勢町をはじめとして，全国の一般廃棄物・産業廃棄物焼却施設からのダイオキシン排出が注目された．そして，世論の高まりのなかで1999年ダイオキシン類対策特別措置法が制定され，一応の解決を見たとされている．しかし，その世論の高まりの大きさもあって，特措法制定の以前・以後を通じて，ダイオキシン対策に対する批判も数少なくなかった（中西，1997, 1998, 1999; 日垣，1998; 林，1999; 渡辺・林，2003; 渡辺，2003a, 2003b など）．つまり，ダイオキシンのリスクは大きいものではなく，そこまでの対策は必要なかった，という主張である．これに対して，ダイオキシン研究者や住民運動の側からの反批判（長山，2007; 川名，2008）や，双方を交えての議論（宮田ほか，1999; ダイオキシン関西ネット，2004）が行われてもいるが，明快な結論が得られているとは言い難い．

彼らの批判を支えているのは，中西準子を中心とする「環境リスク論」を掲げるグループによる研究である．中西は，最も初期にダイオキシン対策批判を展開してきた（中西，1997）．そしてその後，そのような主張を裏付けるとする研究成果を発表していった．このことが，渡辺正・林俊郎をはじめとして，ダイオキシン対策批判の支持者を増加させている．リスク論とは何か，その定義は曖昧であるが（松崎，2002），最大公約数的には確率を用いてリスクを論じる

立場であるといえる．そして一般的に「現状肯定的」「産業界寄り」であって，「科学を装った政治的な言説だ」という批判がよく行われる．しかし，「政治的だ」と批判するだけでは，それもまた相手の政治性を押し返そうとする政治的言説にとどまる．結論から立場を判断して議論するのではなく，立論のあり方を丁寧に検討したうえで，論理の飛躍があるのかないのか，あるとするとどこにあるのかを検討し，そのうえで残る前提の違いについて考える必要があるだろう．本章ではそのような分析を試みる．

　以下ではまず，①まずリスク論者によるダイオキシン対策批判に通じる研究について概観したうえで，②そもそものダイオキシン研究者のリスク評価がどのようなものであったかを掘り起こす．そして③ダイオキシン研究者とリスク論者のリスク評価の異同について確認したのち，④原著論文等に立ち返りつつ，リスク論者のリスク評価の中身を検討する．しかるのちにそれを⑤ダイオキシン研究に基づいて行われた，実際のダイオキシン規制のあり方と比較し，⑥両者の科学的な立論の違いがどこにあるのか，また前提の違いはどのようなものなのかを明らかにする．⑦最後にこれらの分析を踏まえ，リスク論の「政治性」と言われているものは何なのか，論争の本質はどこにあるのか，といったことを考察する．

　なお，本章で「リスク論者」と呼ぶのは，海外も含めたリスク論者一般のことではなく，日本の中西準子を中心とした研究グループのことを指す．文中で検討される蒲生昌志ほか (Gamo *et al.*, 2003) はこのグループによる論文である．一方，本章で「ダイオキシン研究者」と呼ぶのは，主に1990年代の日本国内でのダイオキシン問題の社会問題化に大きく貢献した研究者である，宮田秀明を念頭に置いている．ただし，宮田の背後に，宮田が属していると考えられるダイオキシン研究者の世界的な共同体を想定している（ダイオキシン研究者共同体内の立場の分岐については本章では検討できておらず，今後の課題である）．文中引用される高山幸司ほか (1991) は，宮田の所属する研究室が行った調査報告である．

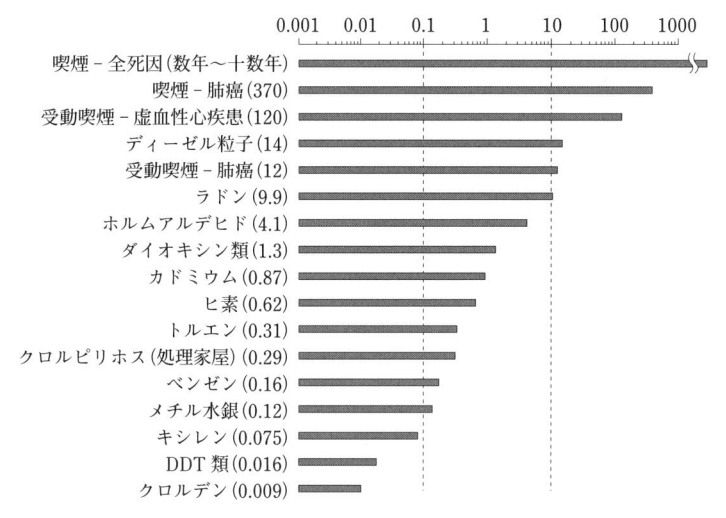

```
           0.001   0.01   0.1    1    10   100  1000
喫煙 – 全死因(数年〜十数年)
喫煙 – 肺癌(370)
受動喫煙 – 虚血性心疾患(120)
ディーゼル粒子(14)
受動喫煙 – 肺癌(12)
ラドン(9.9)
ホルムアルデヒド(4.1)
ダイオキシン類(1.3)
カドミウム(0.87)
ヒ素(0.62)
トルエン(0.31)
クロルピリホス(処理家屋)(0.29)
ベンゼン(0.16)
メチル水銀(0.12)
キシレン(0.075)
DDT類(0.016)
クロルデン(0.009)
```

図1　日本における化学物質のリスクランキング

作成：蒲生昌志・岡敏弘・中西準子.
出所：中西 (2004: 80).

2　リスク論者によるダイオキシン対策批判

　中西グループによるダイオキシン対策批判に通じる科学的成果は大きく2つある．東京湾などの底質におけるダイオキシンの起源を，主成分分析と重回帰分析を用いて探ったところ，廃棄物焼却よりもかつて用いられた農薬（に含まれる不純物）由来のダイオキシンがはるかに多いとする結果が出たとの研究（益永ほか，1998；益永，1999など）と，異なるリスクを比較する手法を開発して適用した結果，ダイオキシンのリスクはそれほど大きくないことが示されたという研究（Gamo *et al*., 2001, 2003）である．本章では後者を取り上げよう（前者については別稿を準備中）．これについては，図1が有名である（中西ほか編，2003: 208；中西，2004: 80）．
　これは「損失余命」（後述）という手法に基づいてさまざまなリスクを比較したものである．ここでは，ダイオキシンの損失余命は1.3日と計算されている．これは，大気汚染物質の「ベンゼン」（0.16日）やかつて使用された殺虫剤の

「DDT類」(0.016日) など多くのリスクと比較すると，小さな数字とはいえない．しかし，喫煙による肺癌 (370日) やディーゼル車から排出される粒子 (14日) と比較すれば，かなり小さい．ダイオキシン類は確かに小さくないリスクであるがそこまで大騒ぎするものではない，と感じられる．

「損失余命」について簡単に説明しておこう．これは，集団における死亡者数を，集団の平均寿命の損失時間に置き換えて比較を行うものである．例えば中西による一般向けの著作『環境リスク論』では，次のように説明されている．

> 例えばがんになると，平均的に寿命が10年近く短くなる．(中略) これを基にいくつかの仮定をたてて計算すると，10^{-5}の発がんリスク，つまり10万人に1人ががんになる状況は，10万人に平均してしまうと寿命が0.04日，つまり1時間短縮することに相当する (中西, 1995: 103)．

概算してみよう．10年は3650日である．これを10万 (人) で割ると0.036日となるので，引用の0.04日にほぼ相当することがわかる．ここからさらに，発癌をすなわち死とみなし単位 (1) として，他の「死に至らない悪影響」を1以下で表現してゆく．このような異種のリスク比較によって，より効果的なリスク削減を目指すというのが，「環境リスク論」の主張である．

3　ダイオキシン研究者によるリスク比較

図1のグラフはダイオキシン対策批判によって広く流通した．よって，中西グループは合理的根拠に基づいてダイオキシンのリスクの小ささを主張していると捉えられ，逆にダイオキシン研究者は (ダイオキシン研究者であるがゆえに) ダイオキシンのリスクにばかり注目する視野狭窄に陥っていたかのような印象を受ける．しかし，まず本章が指摘しておきたいのは，ダイオキシン研究者たちも他のリスクとの比較を行っているということである．先に触れた鼎談 (宮田ほか, 1999) を注意深く見てゆくと，宮田秀明が次のように主張している箇所を見つけることができる．

表1 乳児が母乳から摂取する農薬などの1日推定摂取量と1日摂取許容量との比較

化学物質	母乳の濃度 (ng/gまたはppb)	1日の推定摂取量 (μg/日)	1日の摂取許容量 (μg/日)	1日の推定摂取量 ÷1日の摂取許容量
BHC	48	28.8	–	–
DDT	76	45.6	100	0.5
ディルドリン	0.8	0.48	0.5	1.0
ヘプタクロールエポキシド	0.4	0.24	2.5	0.1
ヘキサクロロベンゼン	1.2	0.72	3	0.2
クロルデン	6	3.6	2.5	1.4
PCB	12	7.2	25	0.3
ダイオキシン類 (2,3,4,8-ダイオキシンとして)	0.0015	0.0009	0.000005–0.00005	18–180

注:1日の推定摂取量は乳児の体重を5 kgと仮定し,乳児は1日に体重1 kg当たり120 mlあるいは120 gの母乳を飲むと考えて計算しました.
出所:長山 (1994: 170).

　大阪府でも何十人かの母乳を25年間分調べていますけれども,PCBやディルドリンにくらべて,突出して許容摂取量をオーバーしているのがダイオキシンなのです(宮田ほか,1999: 294).

　そこで,ダイオキシン問題が注目される以前(1995年以前)のダイオキシン研究者たちの著作などを探してゆくと表1のように,これを裏付けるような計算が他のダイオキシン研究者によって行われているのを見出すことができる(長山,1994: 170).
　表1は乳児が母乳から摂取するダイオキシンの量を,他の母乳中の農薬などと比較したものである.あまり知られていない事実だが,現在ヒトの体内には微量ながら数百種類ともいわれる人工化学物質が蓄積・循環している.そのなかには既に使用が禁止されたものも含まれており,有害物質が世代を越えて継承されていることを示している.表中のPCB(ポリ塩化ビフェニル)とは,かつて絶縁体や複写紙などに広く利用されていたが,その難分解性・生物蓄積性の高さから日本では1973年に使用禁止になった化学物質である.その他の汚染物質は農薬や殺虫剤などである.なおここで血液中濃度ではなく母乳中の濃度が注目されているのは,ダイオキシン類は脂肪に蓄積しやすく母乳に多く含

まれる傾向があるため，乳児へのリスクを配慮しようとしているためである（乳児は汚染物質に対して成人よりも敏感であると考えられている）．この表を見れば，体内のダイオキシン濃度は大変に低い．しかし，危険視されている濃度がそもそも低いことから，他の有害物質と比べて許容値よりも「断然に突出している」のである．なお，表の一番右下のダイオキシンの値は「18–180」となっている．これは，その後 1997 年に設定された基準値を用いて計算すると「180倍」に達している，という結果になる．

　ここからわれわれが理解しなければならないことは，ダイオキシン研究者たちの発想はある意味ですぐれて「リスク論的」である，ということである．① 個別物質について人体汚染の水準と基準値を照らし合わせたうえで，複数の物質間のリスクの大きさを比較し，「ダイオキシンは削減に値する」と判断しているからである．また，② 成人を基準に考えられている基準値についてのみリスクを考慮するのではなく，母乳を通じてダイオキシンのより大きなリスクにさらされる乳児というハイリスクグループについて配慮を行っているからである．これらのポイントはいずれも例えば中西が『環境リスク論』（中西，1995）の中で主張していることである．では，どちらもリスクの比較を行っているにもかかわらず，なぜ，一方はダイオキシンは見過ごせないリスクであると捉え，他方はそこまで大騒ぎするリスクではないと捉えているのだろうか．

4　ダイオキシン研究におけるリスク評価の潮流

　その前にまずこの既存のダイオキシンのリスク評価の内容について確認しておこう．この基準値（耐容 1 日摂取量 tolerable daily intake: TDI，あるいは許容 1 日摂取量 acceptable daily intake: ADI）は，一生涯を通じて 1 日平均で，体重 1 キログラム当たり 10 ピコグラム（TEQ 換算[1]）のダイオキシン類を摂り続けても tolerable（あるいは acceptable）である，とする基準である（以下文中で「ピコグラム」との表記は，基本的に「TEQ 換算 pg/kg/day」の意である）．このような摂取量の基準は，動物実験に基づいて定められることが多い．ヒトに対して実験は行えないからである．非発癌性物質の場合毒性に閾値があると考え，まず動物実験の結果から最小毒性量と最大無毒性量を決定する．そしてその濃

度から100倍厳しい数値をヒトの基準とするのが一般的な慣習となっていた (Rodricks, 1992=1994: 318–319などを参照のこと).

　1997年に日本でダイオキシン類の摂取基準が10ピコグラムとされたとき，念頭にあった動物実験は，R. J. コシバほか (Kociba *et al.*, 1978) やF. J. ミュレイほか (Murray *et al.*, 1979) などであった．コシバほか (Kociba *et al.*, 1978) では，ラットに対し2年にわたる低濃度のダイオキシン類の投与が行われた．その結果1万ピコグラムでも肝細胞の過形成結節の増加が見られた．ミュレイほか (Murray *et al.*, 1979) では3世代にわたる生殖毒性について実験した．その結果，1万ピコグラムでは親の世代に影響は見られなかったが，子や孫の世代に繁殖能力の有意な低下や，出生仔のサイズの低下，死産率の上昇，生存率および成長率の低下といった影響が見られた．こういった実験から1万ピコグラムを最小毒性量，1000ピコグラムを最大無毒性量とするのが妥当ではないかと考えられ，1990年代に世界各国で $1000 \div 100$，すなわち10ピコグラムがTDIとして採用されていったのである．

　なおこの後も，1998年5月にはWHO (世界保健機構) の国際がん研究機構 (IARC) がダイオキシン類のTDIとして，さらに低い1–4ピコグラムを提案し，日本では1999年にTDIは4ピコグラムに変更された．つまり，ダイオキシン類のリスク評価の世界的な潮流は，発癌性よりも生殖毒性や免疫毒性が重視されるようになり，それに伴ってより低濃度の汚染が問題化されていくものであった．一方第2節で見たように，中西グループの損失余命による異なるリスクの比較は，「死ぬ場合 (癌もこれに含める)」を1としてそこから他の毒性を小さく見積もっていく，という形であった．これは，ダイオキシン研究者たちが深めてきた議論の方向性とは，逆になっている．例えば上述の「親の世代に影響は見られなかった．しかし子や孫の世代に繁殖能力の有意な低下や，出生仔のサイズの低下，死産率の上昇，生存率および成長率の低下といった影響が見られた」というような悪影響は，損失余命としては「死 (発癌)」よりもずっと小さな評価になってしまう (あるいは評価することができない) だろう．このことを確認して，それぞれのグラフと表の比較対照に移ってゆこう．

5 それぞれのリスク比較の違い

2つの比較の間で大きく異なっているのは，リスク論のそれにおいては「喫煙」や「ディーゼル粒子」が含まれている，ということである．これらを直接ダイオキシンのリスクと比較するのは不適切と言わざるをえないだろう．「喫煙」や「ディーゼル粒子」に含まれているのは単独の有害物質ではないからである．「喫煙」や「ディーゼル粒子」と比較するのであれば，廃棄物焼却から排出される有害物質総体と比較するのが適切である．廃棄物焼却から発生する有害物質のうち，ダイオキシンは氷山の一角に過ぎないからだ．また，喫煙・受動喫煙のリスクは全人口に対するものではなく，「喫煙によるリスクは，喫煙者の平均リスク，つまり総リスクを喫煙者数で割った値」，受動喫煙によるリスクは「受動喫煙の影響を受ける人数（全人口の35%）で割った値」であるという（中西ほか編，2003: 207-208）．これは，特に喫煙者においては，個々人がそのようなリスクを意思を持って選択している事実を念頭においているのだろう．そのような喫煙リスクの方が，ダイオキシンが全人口に対して（自発的選択を伴わず）もたらしているリスクよりはるかに大きい，というわけである．しかし，喫煙のリスクを喫煙者に限定して比較するのであれば，ダイオキシンに関してもより集中的にリスクに晒されていると考えられる廃棄物焼却従事労働者，特に汚染除去設備が貧弱な施設の労働者のリスクと比較すべきである．そしてもう一点指摘しておきたいのは，環境総体に対して汚染物質を多く排出しているのは，その燃やされる量から考えて喫煙よりも廃棄物焼却の方であろうということだ．中西グループのグラフでは，人間の摂取を基準としたリスク（健康リスク）としての比較が行われているが，廃棄物焼却は人間に摂取されずとも大量に環境中に排出される（環境リスク）．しかしこれはグラフにとって外在的な指摘であるので，グラフ内在的に検討を続けてゆこう．

そこで注目したいのは，リスク論者のグラフ（図1）に含まれており，ダイオキシン研究者による表（表1）に含まれていないグループの物質である．すなわち，ラドンとホルムアルデヒドである．これらはいずれも発癌性物質である．図1によると，これらの発癌性物質の方が，よほどダイオキシン類よりもリス

クが大きい，ということになる．この点こそが，真に検討に値する論点である．ここから生じる疑問は，ダイオキシンは発癌性物質にとどまらないリスクとしてダイオキシン研究者たちから重要視されていたのではなかったか，ということである．これに対しリスク論者は，ダイオキシンのリスクを一体どのように算定しているのだろうか．ここからわれわれは原著論文 (Gamo *et al.*, 2003) に踏み込んでその内容を検討していかなければならない．中西はこの論文のラストオーサーである．

6　リスク論者によるダイオキシンのリスク評価

この論文 (Gamo *et al.*, 2003) は発癌性物質と非発癌性物質を横断的に 12 種類取り上げ，それらのリスクのランクづけを行ったものである．なお，原著論文では「喫煙」は比較対象として取り上げられず，「ディーゼル粒子」のみが取り上げられている．また，前出のグラフ (図 1) とは異なり，論文中のグラフ (Gamo *et al.*, 2003: 282) では発癌性物質・非発癌性物質が区別されて並べられている（さらにそれぞれが，「吸入」と「摂取」に区別されている）．アブストラクトで中西らは「我々は，発癌リスクと非発癌リスクの両方を共通の尺度で評価できるリスク評価枠組みを適用した」としている (Gamo *et al.*, 2003: 277)．この論文では，先のダイオキシン研究者が行っていたような TDI に基づいた比較とは異なる比較，すなわち損失余命を用いているわけである．ダイオキシン類についての説明は以下の通りである．

> PCDD 類，PCDF 類，コプラナー PCB 類［いずれもダイオキシン類：引用者注］の摂取を通じての曝露による癌のリスクが評価された．1997 年に行われた全食事調査に基づき，曝露レベルの幾何平均は TEQ 換算 120 pg/day と推定された．体内負荷の個人のばらつきを考慮に入れるため，2.2 の幾何標準偏差が用いられた．米国環境保護庁の，1997 年の外部向け草稿に従い，TCDD［四塩化ダイオキシン：引用者注］に対する発癌スロープファクターは pg/kg/day に対して 1×10^{-4} である (Gamo *et al.*, 2003: 280)．

「発癌スロープファクター」とは，米国で用いられている発癌性の強さを表す数値である．先行研究である中西 (Nakanishi, 1998) に従えば，1日 120 ピコグラムの摂取量を平均体重 60 kg で割ると体重 1 kg 当たり 2 ピコグラム，これに上述の発癌スロープファクターを乗じると，発癌率が 2×10^{-4} と算出される．1万人あたり 2 人，1億人あたり 2 万人が癌になるような摂取量であるというわけである．この論文では「われわれは蒲生ほか (1996) の算定に基づき，10^{-5} の生涯発癌率に 0.046 の LLE [損失余命：引用者注] を適用した」(Gamo et al., 2003: 279) としている．ここから単純に考えると 1×10^{-4} の生涯発癌率が 0.46 日の余命の損失，よって 2×10^{-4} の生涯発癌率は 1 万人に対して 0.92 日の寿命の損失に当たることになるだろう．これは人口 1 億人に対しては，0.000092 日の損失ということになる．しかし，これは 2 ピコグラムの摂取量の人間 1 人から算出された損失である．全人口の中にはこれより少ない摂取量の人もいるし多い人もいる．中西ほか編 (2003) によれば，このようなばらつきは一般に対数正規分布 (対数軸を取ったときに正規分布になる) に近似することが多いことから，「幾何平均」と「幾何標準偏差」を用いて全人口の摂取量のばらつきの分布を想定する．それらに発癌スロープファクターを乗じた発癌率を積算したうえで損失余命に転換した結果が，1.3 日の損失というわけであろう．

つまり，「発癌物質と非発癌物質を共通の枠組みで評価する手法を開発した」と謳われているけれども，中西グループのグラフにおいてはダイオキシン類は発癌性物質としてしかリスク評価されていない (よって，第 4 節末尾で指摘した，発癌性以外の毒性に対する捉え方の違いの問題は，このグラフでは顕在化しないことになる)[2]．ただし，発癌スロープファクターはダイオキシンの発癌性に「閾値がない」という厳しい仮定に基づいている (中西ほか編, 2003: 35 など) ので，上記のダイオキシンの発癌リスクはかなり安全側に立った (発癌者数を大きく見積もる) 算定であると考えられる．

リスク論者のグラフにおいては，全人口に対する悪影響 (ここでは発癌) の総計という形で，リスクを評価しようとしている．幾何平均と幾何標準偏差を用いて，問題の全体像を捉えようというこの方法論の開発自体は評価されてよいだろう．ただし，この方法は結局全体像を平均的に考えることに近似してくる (0.000092 日 (2 人の発癌の 1 億人に対する損失余命) を 1 万倍 (→ 1 億人中の

発癌者数）すると「0.92日」，1万3千倍（→1億3千万人中の発癌者数）すると「1.196日」になる．よってグラフの1.3日という結果は，単純に算術平均として計算するよりも，やや大きく見積もる結果になっている）．

7 ダイオキシンのリスクの捉え方の違い

最後の分析として本節では，リスク論者とダイオキシン研究者の見方の違いはどのようなものであるかを考えるために，1997年に始まった日本のダイオキシン規制を取り上げよう．その際，一生涯を通じて1日平均で，体重1キログラム当たり「10ピコグラム」という基準が定められたことは既に見た．それに基づいてどのような規制が構想されたか，を以下では見る．そこでは，ダイオキシン研究者・宮田秀明の研究グループの成果（高山ほか，1991）が用いられている．

1997年の規制は，PCDD類・PCDF類という2種類のダイオキシン類のみが対象であった．これらについて高山ほか（1991）の数値は「3.5ピコグラム」であったので「安全性を高めるため」標準偏差を加えた「5.9ピコグラム」を食事からの摂取量とし，その他の摂取を含めて「6.08ピコグラム」を「通常の一般地域における」摂取量として規制を考えている（厚生省水道環境部，1997）．この摂取量にゴミ（ここでは一般廃棄物）焼却から摂取されるダイオキシン類を付け加えても，基準値をオーバーしないようにするという形で，ゴミ焼却施設の排出基準が定められた（厚生省水道環境部，1997）．ここでの基準値とは，第4節で述べたような発癌性物質にとどまらない形で評価された値であった．動物実験から100倍程度厳しい基準を定めたうえで，その基準に摂取量が到達しないようにするというのが，ここで行われたことである．その基本的な考え方は，ハイリスクグループにおいても日本人にダイオキシンの影響が現れないようにする，ということであるだろう．よって，ダイオキシン研究者にとっては，規制が行われた結果，一般的な日本人においてダイオキシン類の影響は現れていないと考えられているはずである．

もちろんダイオキシン研究者によって想定されたハイリスクグループよりも，ダイオキシン摂取量が大きい日本人がいる可能性はある．しかし，蒲生ほか

(Gamo et al., 2003) で出された数値は，そのような（ダイオキシン規制の中での想定を越えるような）ダイオキシンの影響を，全人口の中で捉えなおしたものではない．もしリスク論者が，想定されたハイリスクグループよりも大きな摂取量のグループを算出して影響を数値化したとすれば，そのような集団は相当小さいであろうから現行のグラフよりもはるかに小さな損失余命となってしまうだろう．つまりリスク論者のグラフにおける問題の捉え方は，ダイオキシン研究者（あるいは現実の日本のダイオキシン規制）とは大きく違ったものである．

また，1997年の規制とリスク論者のグラフとでは，基本的な事実認識にも大きな違いがある．蒲生ほか (Gamo et al., 2003) では，日本人のダイオキシン類摂取量の幾何平均を，「PCDD類，PCDF類，コプラナーPCB類」という3種のダイオキシン類を併せて，2ピコグラムとしていた．しかし，1990年代のダイオキシン規制において検討された宮田秀明らの調査（高山ほか，1991）では，3種のダイオキシン類を併せて16.7–21.3 ピコグラム（数値の違いは，異なるTEQ換算方法を用いたため）の摂取量と捉えられていた．宮田らダイオキシン研究者は，1997年当時この水準で日本人のダイオキシン摂取量に危機感を抱いていたはずである．もし蒲生ほか (Gamo et al., 2003) において，高山ほか (1991) の21.3ピコグラムを幾何平均として採用すると摂取量は約10倍に増える．ここから単純に考えるとグラフにおけるダイオキシン類の損失余命は1.3日から13日に増え，ラドン（9.9日）やホルムアルデヒド（4.1日）を越えることになる．

8　考　察

ここまで，性急に政治性を指弾することは避けながら，ダイオキシン研究者とリスク論者のリスク評価のあり方の違いを分析してきた．これを踏まえて，リスク論の政治性と呼ばれているものを丁寧に腑分けして検討してみよう．

まずこれまで指摘してきた，リスク論者のグラフにおける立論の特徴を挙げてみよう．①複合的なリスク（喫煙・ディーゼル粒子）と単一物質群（ダイオキシン類）のリスクを比較している．②環境に排出される汚染物質のリスクとい

う形ではなく，人間によって摂取されるリスクという形でリスク評価を行っている．③ ダイオキシン類のリスクを，ハイリスクグループについてではなく，全人口に対する影響として捉えようとしている．④ ダイオキシン類のリスクを，発癌性にとどまらない生殖毒性などを引き起こす毒性物質としてではなく，閾値のない発癌性物質として評価している．⑤ 高山ほか(1991)の数値を，平均値ではなく，ハイリスクグループの数値として捉えている．

このように，丁寧に検討してゆくとリスク論者のグラフにはいくつもの大きな前提が置かれていることがわかる．中西グループは「科学的なリスク評価を徹底しようとしている」と見られることがあるが，むしろ徹底化しようとしているのは「数値化」であって，その科学性は相当の偏りを持った科学性であるように思われる．以下，個別に検討してゆこう．

① は実際がどうであれ，意図的な政治的(ここではダイオキシン類のリスクを小さく見せようとする)振る舞いと見られても仕方がないように思われる．しかし，これは一般的にもわかりやすい論点である．これに対して ② は見落とされがちな点である．しかしこれは，グラフの目的上仕方のない面もあるだろう．よって，このグラフが環境への汚染排出という論点を覆い隠してしまうのは，結果的な(意図せざる)政治的効果であるといえる．だからこそ，われわれはこの論点を忘れないことが重要であるだろう．

なお，これら ① と ② は，確率をもちいたリスク論(リスク研究)の持つ政治性というよりも，異なるリスクを比較する「リスク言説」につきまとう政治性であると見なした方が適切ではないだろうか．「喫煙」や「ラドン」と他のリスクを比較するのは「リスク論」(リスク言説)でしばしば見られるレトリックである．これに対し ③ は，「リスク研究」に由来する政治性であるといえる．確率統計を用いて研究を行った結果，ある見方を押し出すことにつながっているからである．リスク論者は影響の全体像を捉えようと努力していることは本章では評価したいが，それは「確率を用いて考えることで，問題を平均的に薄めてしまう」というリスク論に対してよくある批判を，呼び込む結果になっている．ただし，これは問題の捉える視角・方法論の違いであると捉えた方が建設的である．なぜなら，同様にダイオキシン研究者は，「ダイオキシン類のリスクを，全人口に対する影響としてではなく，ハイリスクグループについて，捉

えようとしている」と言うことができるからだ．それぞれの視角に基づいた見方を提出して多角的に問題を検討し，対策を考えてゆくことは可能である．

しかし，それを妨げているのが④ である．リスク論者のグラフは発癌スロープファクターを用いているために，日本のダイオキシン研究者や規制担当者が考えてきた問題（発癌性にとどまらない毒性物質としてのダイオキシン）の全体像を明らかにしているわけではないからだ．ダイオキシン研究者は（そして日本のダイオキシン規制は）「発癌性物質にとどまらない毒性物質として厳しくリスク管理して日本人にダイオキシンの影響がでないように規制している」と考えているのに対し，リスク論者のグラフは「閾値のない発癌性物質として大きく（安全側に立って）リスク評価するとダイオキシンは日本人にこれくらいの影響を与えている」と算出を行っている．

しかし実は最も問題なのは，最も初歩的な ⑤ ではないだろうか．このグラフが前提としている数値は，1990年代にダイオキシン研究者が抱いていた危機感を反映するものでは全くないからだ．もちろんこのグラフは，ダイオキシン対策に対する批判のみを念頭においたものではない．しかしダイオキシン対策批判としては，このグラフは不十分なものである．そして，⑤ が持つ政治性を意図的なものと考えるにせよしないにせよ，それは確率を用いた「リスク研究」そのものに起因する政治性（=③）ではないことを本章では指摘しておきたい．であるから，このグラフに対する「政治的なリスク論だ」という批判は，①や③ に目を奪われて，論争の最も核心にある食い違いである ⑤ を見落とさせることにつながっている．しかし逆に見れば，このような結論（グラフ）の提示の仕方は，長い目で見たとき，リスク論者に対する信頼を損ねることを通じて，リスク研究そのものに対する信頼を損ねる恐れがあると考えられる．

9　結　論

以上，本章では日本におけるダイオキシン論争を題材に，ダイオキシン研究者とリスク論者の議論についての分析を行った．そこでは，政治的であることの指摘をもって相手を退ける政治的な議論を避け，可能な限り対称的な取り扱いを心がけた．すなわち，それぞれの立論の違いを丁寧に比較し，それでも残

る前提の違いを明らかにした．

　リスク論者の議論を丁寧に見てゆくと，確かに政治的な点をいくつか持っていることは指摘できる．ただし本章では，意図的と見られてもしかたのない「政治性」と，彼らの示そうとしているものの性質上避けることは難しい「政治性」を区別した．また，これらは確率を用いる「リスク研究」に由来する政治性ではなく，異なるリスクを比較する「リスク言説」の持つ政治性であると捉えた．そのうえで「リスク研究」に由来する「政治性」については，立場の違いとしてよりも，見方の違いとして捉えた方が建設的な議論が行えることを指摘した．そして，これらの「政治性」に焦点を当てすぎると，論争の核心にある差異が見落とされることを明らかにした．それは，リスク論者はダイオキシン類のリスクの大きさを発癌スロープファクターを用いて算出しているという点であり，そしてそれぞれの前提となっている数値がそもそも大きく異なっているという点である．特に後者については，リスク論者はダイオキシン規制後の低い数値に基づいてリスク評価を行っており，ダイオキシン研究者たちがダイオキシン規制前に抱いていた危機感を反映したものとは言えない．この点がグラフを見ているだけでは伝わらないことは，このグラフの持つ政治性であると批判されても仕方がない．しかしそれは「リスク研究」そのものに由来する政治性ではない．よって，「政治的なリスク論だ」という批判は，問題の所在をかえって曖昧にしてしまうのである．このように本章では，政治的であることの指摘をもって相手を退ける政治的な議論が結果的に覆い隠してしまう，論争の構造を明らかにすることができた．

　では，リスク論者の政治性（立場の偏り）を引き起こしているものは何なのであろうか．本章の分析に即する限り，それは彼らの「結論に対する性急さ」であるように思われる．彼らのグラフ（図 1）においては横断的なリスク評価の結論を出すことが優先され，個別分野とのすりあわせが十分ではないという印象を受けるからだ．それは，一般的な解釈として「研究成果への性急さ」と捉えることも可能であるだろう．だとすれば，「中西グループは行政や産業界のために政治的に振る舞っている」という批判はやはり的外れであり，「中西グループは自分の研究分野のために政治的に振る舞っている」という批判が適切であることになる．彼らの主張が前者のような機能を果たしているとしても，それは

あくまで副次的な作用ということになるからだ．彼らに対する批判においては，この2つがもっと区別されてしかるべきである．そしてそのような批判の作法は，科学技術がかかわる他の領域でも考慮されるに値するのではないだろうか．

もっとも，この点は本章の分析からは「示唆される」に止まる．この点の解明については，別稿を期したい．

1) ダイオキシンとは，狭義には ① ポリ塩化ジベンゾパラジオキシン（polycholorianated dibenzo-p-dioxin, 略名 PCDD）の通称であるが，これに加えて ② ポリ塩化ジベンゾフラン（polycholorianated dibenzofran, 略名 PCDF），③ コプラナー PCB（coplanar polycholorianated biphenyl, 略名 Co-PCB）を含めたものが「ダイオキシン類」である．PCDD は 75 種類，PCDF は 135 種類の同族体が存在する．Co-PCB は PCB の同族体の一部であり，12 種類ある．合計 222 種類の同族体の中でもそれぞれ毒性が大きく異なることから，これまでにわかっている毒性が最も強い 2,3,7,8-TCDD（四塩化ジベンゾパラジオキシン）の相当量に換算して合計の毒性を表わすのが通例である．これを 2,3,7,8-TCDD 毒性等価量 toxicity equivalency quality, TEQ と呼ぶ．
2) なおこの論文は，非発癌性物質について「動物実験から得られた死亡率増加や健康状態低下の情報は用いなかった．ヒトには当てはまらないだろうからである」（Gamo et al., 2003: 278–279）という立場を取っている．

【文献】

ダイオキシン関西ネット，2004，『徹底討論『ダイオキシン 神話の終焉』をめぐって「ダイオキシン」は安全か——報告集 討論の全記録』止めよう！ダイオキシン汚染・関西ネットワーク．

蒲生昌志・岡敏弘・中西準子，1996，「発がん性物質への曝露がもたらす発がんリスクの損失余命による表現——生命表を用いた換算」『環境科学会誌』9(1): 1–8．

Gamo, M., T. Oka and J. Nakanishi, 2001, "Ranking Risks of Chemical Substances in Japan,"（日本における化学物質のリスクランキング）*Proceedings of The 4th International Workshop on Risk Evaluation and Management of Chemicals*, pp. 188–197.

Gamo, M., T. Oka and J. Nakanishi, 2003, "Ranking the Risk of 12 Major Environmental Pollutants That Occur in Japan," *Chemosphere*, 53: 277–284.

林俊郎，1999，『ダイオキシン情報の虚構』健友館．

日垣隆，1998，「ダイオキシン猛毒説の虚構」『文藝春秋』1998 年 10 月号．

川名英之，2008，『実は危険なダイオキシン——『神話の終焉』の虚構を衝く』緑風出版．

Kociba, R. J., D. G. Keyes, J. E. Beyer, R. M. Carreon, C. E. Wade, D. A. Dittenber, R. P. Kalnins, L. E. Frauson, C. N. Park, S. D. Barnard, R. A. Hummel and C. G. Humiston, 1978, "Results of Two-Year Chronic Toxicity and Oncogenicity Study of 2,3,7,8-Tetrachlorodibenzo-p-Dioxin in Rats," *Toxicology and Applied Pharmacology*, 46: 279–303.

厚生省水道環境部，1997，「ごみ処理に係るダイオキシン削減対策検討会中間報告〈緊急

対策の部〉」『都市と廃棄物』27(1): 41–53.

益永茂樹, 1999, 「日本の環境中ダイオキシンは何に由来しているか」『水情報』19(12): 4–11.

益永茂樹・桜井健郎・中西準子, 1998, 「東京湾と霞ヶ浦流域におけるダイオキシン類の収支」『横浜国立大学環境科学研究センター紀要』24(1): 1–10.

松崎早苗, 2002, 「リスク管理への環境政策への批判」『科学』72(10)(2002年10月号): 1036–1042.

宮田秀明・横田一・日垣隆, 1999, 「激突！『ダイオキシン・パニック』大論争――母乳が危ない, ガンになる, 奇形が増える」『文藝春秋』77(1): 292–306.

Murray, F. J., F. A. Smith, K. D. Nitschke, C. G. Humiston, R. J. Kociba and B. A. Schwetz, 1979, "Three generation reproduction study of rats given 2,3,7,8-tetrachloro-dibenzo-p-dioxin (TCDD) in the diet," *Toxicological applied Pharmacology*, 50: 241–252.

長山淳哉, 1994, 『しのびよるダイオキシン汚染――食品・母乳から水・大気までも危ない』講談社.

長山淳哉, 2007, 『ダイオキシンは怖くないという嘘』緑風出版.

中西準子, 1995, 『環境リスク論――技術論からみた政策提言』岩波書店.

中西準子, 1997, 「ごみ処理対策の方向誤るな」『朝日新聞』1997年10月6日付朝刊4面.

中西準子, 1998, 「環境ホルモン空騒ぎ」『新潮45』1998年12月号.

Nakanishi, Junko, 1998, "Dioxins: from the Risk Assessment Perspectives," *Proceedings of The 1st International Workshop on Risk Evaluation and Management of Chemicals*, pp. 188–197.

中西準子, 1999, 「ダイオキシン『煽情的極論』を排す」『文藝春秋』2001年6月号.

中西準子, 2004, 『環境リスク学――不安の海の羅針盤』日本評論社.

中西準子・益永茂樹・松田裕之編, 2003, 『演習 環境リスクを計算する』岩波書店.

Rodricks, J. V., 1992, *Calculated Risks*, Cambridge University Press(宮本純之訳, 1994, 『危険は予測できるか！』化学同人).

高山幸司・宮田秀明・青笹治・味村真弓・樫本隆, 1991, 「日本における食事経由のダイオキシン関連物質の摂取量」『食品衛生学雑誌』32(6): 525–532.

渡辺正, 2003a, 「環境問題を科学はどう伝えているか――ダイオキシン神話を事例に」『談』69: 17–36.

渡辺正, 2003b, 「安全と健康を考える(1) ダイオキシン騒ぎの終焉」『化学』58(10): 12–17.

渡辺正・林俊郎, 2003, 『ダイオキシン 神話の終焉』日本評論社.

【付記】

本章は, 平成17–19年度科学研究費補助金(特別研究員奨励費)に基づいた成果の一部である.

14 環境問題における批判的科学ネットワーク
長良川河口堰問題の1970年代と1990年代

立石　裕二

　地球温暖化，化学物質リスク，大規模開発に伴う自然破壊など，今日解決を迫られている環境問題の多くでは，科学的知識は大きな不確実性を抱えている．そのため，専門家であってもはじめから帰結を予測するのは難しい．他方，個々人の立場・価値観に応じて問題の捉え方が変わるため，社会全体が合意して進むのも容易ではない．専門家だけに解決策を委ねることも，社会全体が合意して同じ方向に進むことも困難である．それでは，私たちはこうした問題とどう向き合っていくべきか．社会として意思決定をくだす際，専門家による判断と民主的な討論はそれぞれどうあるべきで，どういう関係を結ぶべきか．このような科学と社会の関係をめぐる諸問題について考えるのが「科学社会学」である．

　科学社会学のアプローチをとる際に重要なポイントは2つある（立石，2011）．1つは，意思決定の場での科学者・科学知の役割を分析するだけでなく，そうした場で使われる科学が生産される局面も分析対象にするということである．環境問題の研究は，ひとりでに進んでいく場合ばかりではない．原因を解明するのは，行政の委託を受けた研究者のこともあれば，環境運動と協力した研究者のこともある．環境問題が注目を集め，対策が進む過程で，当初は無関係だった研究者が「専門家」になっていく．環境問題における対立のあり方に応じて，科学研究は促進されたり，阻害されたり，特定の方向に誘導されたりする．社会的影響を受けつつ進んだ研究が，今度は対立の構図や問題の展開に影響を与える．こうした科学と社会の相互作用（松本，2009），すなわち科学の生産局面と，意思決定のなかで科学が利用される局面の間のダイナミズムに注目することで，環境問題における科学の役割を的確に捉えることができる．

　もう1つのポイントは，科学と接する「社会」の諸アクターを具体的な形で

捉えるということである．環境問題における科学と社会の関係というと，知識をもった専門家と知識の欠けた「市民」という構図で理解されがちである（いわゆる「欠如モデル」）．しかし，今日の環境問題には行政や企業，社会運動，マスコミなど多様なアクターがかかわっている．アクターごとに科学との関係は異なり，「市民」という概念化は大まかすぎる．また，専門家と比して「知識をもたない」というのも不正確である．それぞれのアクターは，問題に対して固有の形でかかわっており（行政であれば法律の制定，消費者であれば日常的な生活といったように），その視点からの知識は豊富にもつことが少なくないからだ．

1 環境運動と科学の関係の両義性

　本章では，科学と接する諸アクターのなかで，環境運動に注目しよう．環境問題に対する行政や企業の姿勢に問題を感じたとき，1人1人がばらばらに声を上げても影響力をもつのは難しい．同じ問題意識をもった人々が集まり，環境運動として組織化されることで，マスメディアに取り上げられて世論を喚起したり，行政や企業と向き合って政策変更を迫ったりすることが可能になる．環境運動の主張が影響力をもつには，主張を支えるさまざまな材料を集めて提示することが必要になる．その際に科学は，被害を目に見える形で示したり，原因を絞りこんだり，対策のメニューを提示したりといった形で，問題を訴えるための武器になってきた (Hannigan, 1995=2007)．

　その一方で科学は，対策を求める声を「非科学的」と門前払いするためにも使われてきた．科学的に証明されていないとして被害の存在を否定したり，原因が特定されていないとして対策を先延ばしにする局面においては，行政・企業に近い立場の「御用学者」が大きな役割を果たしてきた．

　環境運動のなかには，自ら調査研究をおこなって運動を支える根拠にしようとする考え方もあれば，科学にこだわりすぎて相手の土俵で戦うのを警戒する考え方もあって，両者の間でジレンマを抱えている (Yearley, 1992)．これまで環境運動と科学の関係のあり方は繰り返し論じられてきたが（例：宇井，2006），一貫した枠組を用いた実証的な分析はほとんどなかった．本章では長良川河口堰問題を事例として取り上げ，環境問題における科学と社会運動の関係につい

て，科学社会学のアプローチから分析していく．

2　長良川河口堰問題とは何か

　長良川河口堰は三重県桑名市の，長良川河口から約5.4 kmの地点に造られた可動式の堰である（横山，2000）．潮の干満などによる海水の逆流を堰で防いだ上で，下流部で川底を掘り下げ，増水しても溢れにくくするとともに（治水），堰の上流部を淡水化して工業用水・生活用水として使うこと（利水）を目的にして造られた．河口堰計画は，浮上した当初から1995年の運用開始後に至るまで多くの反対を受けてきた．2012年現在でも，堰建設により悪化した環境の改善策を探るための「開門調査」について検討が進められている．おもな争点は以下のとおりである．

- 堤防の強化や川底の掘り下げといった治水対策だけ進めて，海水逆流による塩害には河口堰以外の手段で対応するべきではないか．河口堰の建設費用は塩害による損失と比べて巨額すぎるのではないか．
- 工業用水・生活用水としての需要はほとんどないのではないか．
- アユ・サツキマスなどの魚が川をさかのぼる障害となり，漁業に悪影響が出るのではないか．稚魚の放流などの対策は本当に有効なのか．
- 河口堰によって水流が妨げられ水質悪化の原因になるのではないか．淡水と海水が混ざる汽水域に広がる貴重な生態系が破壊されるのではないか．

　この問題では，行政側と環境運動側がそれぞれ調査研究を進めた（図1）．行政側は河口堰建設の妥当性を裏づけ，環境影響が小さいことを示すために，運動側は河口堰のもたらす問題の深刻さを示すために調査研究をおこなった．長良川河口堰問題は，1960–70年代に漁業組合を中心に反対運動が盛り上がった時期（以下，第1期）と，1988年以降に従来型河川開発の象徴として批判され，全国的に注目を集めた時期（第2期）の2つに分けられる（表1）．これら2つの時期の間では，環境運動と科学の関係に大きな変化が見られた．第1期には，環境運動と科学の関係は限定的だった．第2期になると，環境運動の活動のな

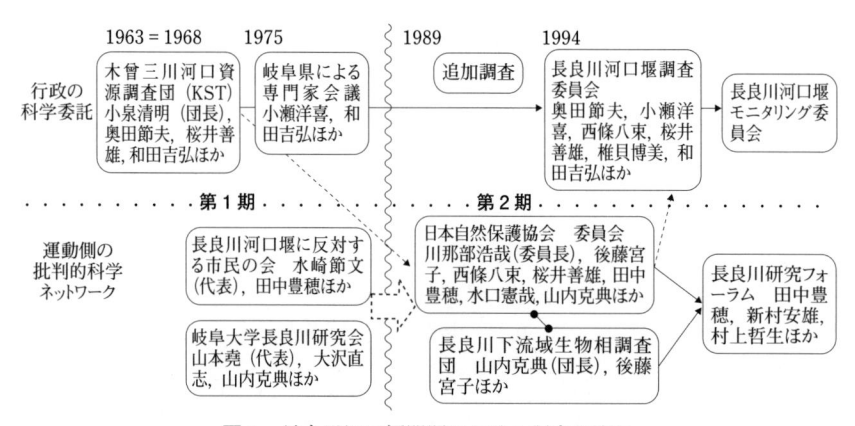

図1 長良川河口堰問題における研究の流れ

行政の科学委託:
- 1963=1968: 木曾三川河口資源調査団 (KST) 小泉清明（団長），奥田節夫，桜井善雄，和田吉弘ほか
- 1975: 岐阜県による専門家会議 小瀬洋喜，和田吉弘ほか
- 1989: 追加調査
- 1994: 長良川河口堰調査委員会 奥田節夫，小瀬洋喜，西條八束，桜井善雄，椎貝博美，和田吉弘ほか
- 長良川河口堰モニタリング委員会

第1期 / 第2期

運動側の批判的科学ネットワーク:
- 長良川河口堰に反対する市民の会 水崎節文（代表），田中豊穂ほか
- 岐阜大学長良川研究会 山本巍（代表），大沢直志，山内克典ほか
- 日本自然保護協会 委員会 川那部浩哉（委員長），後藤宮子，西條八束，桜井善雄，田中豊穂，水口憲哉，山内克典ほか
- 長良川下流域生物相調査団 山内克典（団長），後藤宮子ほか
- 長良川研究フォーラム 田中豊穂，新村安雄，村上哲生ほか

表1 長良川河口堰問題の略年表

	年 月	事 項
	1960. 1	建設省中部地方建設局で「長良川河口ダム構想」生まれる．
	1963.11	木曾三川河口資源調査団 (KST)，調査開始 (1967年まで)．
第1期	1968.10	長良川河口堰を含む「木曾川水系水資源開発基本計画」が閣議決定．
	1973.12	長良川流域の漁業関係者らが工事差し止め訴訟（マンモス訴訟）を起こす．
	1974. 1	「長良川河口堰に反対する市民の会」結成．
	1981. 3	マンモス訴訟の取り下げ，以降は漁業組合と公団の間で補償交渉が進む．
	1982. 4	地域住民20人が差し止め訴訟（住民訴訟）を起こす．
	1988. 2	最後まで残っていた3漁協が着工に同意．
	1988. 6	「長良川河口堰建設に反対する会」結成．翌月，河口堰本体工事が始まる．
第2期	1989.12	日本自然保護協会が河川問題調査特別委員会を設置．
	1993.12	建設省，1年をかけた再調査の方針を決める（長良川河口堰調査委員会）．
	1995. 3–4	長良川河口堰に関する円卓会議，開催．
	1995. 7	長良川河口堰のゲートが下ろされ，運用が始まる．
	1998.12	住民訴訟の控訴審判決，原告側の請求を棄却．

注：横山 (2000) などをもとに筆者が作成．

かで調査研究が積極的におこなわれるようになった．2つの時期の間で何が変わったのか．変化を生みだした要因は何なのか．

表2　専門と争点を軸にした研究活動の分類

	争点内	争点外
専門内	1	2
専門外	3	(4)

3　専門への限定と争点への限定

　こうした変化を捉えるために，本章では「専門への限定」と「争点への限定」という異なる2つの方向性が研究活動のなかに含まれることに注目したい．科学者は，学術的に意義のあることならば，社会的争点であろうとなかろうと研究を進めるが，専門外のことはやりたがらない．これに対して環境運動は専門分野には関係なく，運動目的にかかわる争点のみを追求する．環境問題における研究活動は，各研究者の専門分野に含まれるかどうか，社会的争点にかかわるかどうかという2つの軸で分けることができる（表2）．

　専門内・争点内（表中の1）は，研究者にとって自らの専門分野の研究であると同時に，社会的な争点にもなっていることをさす．専門内・争点外（2）は，当該の環境問題とはやや距離をおいた学術研究のことをさす．環境問題において争点化するのは一部であり，その周囲を学術的にのみ関心を集める研究領域が取り囲んでいる．専門外・争点内（3）は，研究者が社会的必要に応じて，自らの専門外の課題に取り組むことをさす．本章では，行政側と運動側のそれぞれの研究活動のなかで，1–3の研究活動がどのように進められてきたのか，各研究活動が進むための社会的条件は何か，を分析していく[1]．

4　科学と環境運動の間の距離

　長良川河口堰の建設のような公共事業を始める場合，事前調査（アセスメント）をして，費用に見合った効果が得られるのか，地域の生活や自然環境に悪影響を及ぼさないのか，よりよい代替手段はないのか，などを調べておく必要がある．化学物質の規制のような環境政策を立てる際にも，当該物質の毒性や

代替手段の有無などを検討した上で決める必要がある．こうした目的で関連分野の専門家を集めて研究を委託し，その成果を使って政策を決定する（あるいは，既定の方針を後づけで正当化する）ことを「科学委託」と呼ぶ（立石，2011）．科学委託は今日の環境行政において不可欠な位置を占める一方で，一般の市民が意見をいう機会を閉ざしたまま密室で決めている，対策を先送りするための口実になっている，といった批判も受けてきた．

KST調査という科学委託

長良川河口堰問題では，1963年に建設省の委託によって木曾三川河口資源調査団（KST）が結成され，河口堰の建設によって長良川の漁業に影響が出るのではないかという懸念に応えるべく調査研究が進められた．水産，とくにアユ漁への影響と対策の研究に重点が置かれ，アユの養殖・放流などに関して多くの成果が得られた．

KST調査は，全体として見たとき，学術的な性格が強いものだった．科学委託の性質は，どのようにメンバーを選び，誰がメンバーになるのか，によって規定される部分が大きい．KST調査では，研究者たち自身の人選により，陸水学・水産学・生態学などの分野から88人の研究者が集められた．「即応的な面のみでなく，問題解決に必要な基礎的な研究はとくに重視する」という方針のもと調査研究が進められたが，担当項目の調査結果（生データ）を載せるだけの例や，学術的関心に沿った研究ばかりを進める例（専門内・争点外）も少なくなかった．その結果，興味のあることに関してお金がもらえるからやっているとか，河口堰の影響評価とは関係のないことをやっている，といった批判を受けることもあった．

「市民の会」における批判的科学ネットワーク

次に，第1期における環境運動の側の研究活動について見ていこう．

ここで注意したいのは，環境運動と科学の関係は，行政と科学の関係とは大きく異なるという点である．行政は科学委託を通じて研究費などの資源を提供する立場にあるが，運動側はふつう同規模の資源は提供できない．たとえば，日本自然保護協会が河口堰の運用開始後の環境影響をモニタリング調査したと

きの費用は820万円だったのに対し，水資源開発公団は同じ目的の調査に総額14億円を支出したという[2]．

こうした大きな非対称性のもとで環境運動が研究者を集め，必要となる資金・設備などを調達して，行政の提示した方針（既定方針）に対して批判的な立場から調査研究を進めることを「批判的科学ネットワーク」の形成と呼ぶ（立石，2011）．「ネットワーク」という言葉を使うのは，人間関係を通じて広がり，異なるタイプの人どうしが結びつくという性質をもつからである．批判的科学ネットワークの典型例は，日本の環境運動の原点ともいわれる，三島・沼津のコンビナート進出反対運動である（宇井，2006）．地元の高校教師たちを中心に結成された「松村調査団」の調査によって，行政側の主張の問題点が明らかになり，反対運動が盛り上がるなかで進出計画は中止に追いこまれた．

長良川河口堰問題では当初，KST調査を委託した行政に対して，環境運動の側は調査研究にあまり積極的ではなかった．第1期の反対運動である「長良川河口堰に反対する市民の会」には，数人の研究者が参加していたものの，活動のなかでは「技術論では勝てない，その勝てない手段を検討することが，果してどんな価値があるのか」（会報『川吠え』5号，1974年7月）といった論調がおもであり，科学者と協力して調査研究を進めるといった活動はほとんど見られなかった．

1970年代前半の状況では，環境運動が幅広い研究者を集めて行政に対抗するのは困難だった．KST調査は河口堰の建設を前提とした上で，建設・運用に伴う影響を減らす，そのための対策を考えるという側面が大きかった．河川管理のための技術的手段（堤防，ダムなど）を研究する河川工学の分野では，技術職の行政官，公共事業を受注する企業，行政や企業に人材を送りこむ大学研究室が強固に結びつき，「技術者コミュニティ」と呼べるようなグループを形成していた（新藤，2002）．そのため，河口堰に反対する立場にある環境運動が，専門家からの協力を得るのは難しかった．運動側の視点で見れば，科学者の協力を得にくい状況のなかで，自らの主張を正当化するには，科学自体に対して懐疑的姿勢をとらざるをえなかったといえる．

長良川河口堰に対する反対運動は，あくまで「長良川を守りたい」という漁業者・市民としての実感に支えられており，科学は必要に迫られて持ち出すと

いう位置づけにとどまっていた．同時期に進んでいた漁協関係者による「マンモス訴訟」では，KSTの団長だった小泉清明が原告・被告双方申請の証人として出廷し，KST調査後の状況の変化を考えると，環境アセスメントの観点に立った再調査が必要だと証言した．行政が「すでに調査済み」と主張する際の根拠である当の調査のリーダーが，さらなる調査の必要性を訴えたことは，反対派にとって大きな手がかりとなった．また，「岐阜大学長良川研究会」のメンバーだった大沢直志は，治水・利水・塩害・環境影響など全般について証言し，反対派の主張を研究者として裏づける役割を果たした．ただ，彼の専門は繊維工学であり，裁判での証言は専門分野の研究活動と結びついていなかった（専門外・争点内）．1977年2月には日本自然保護協会などが主催した「自然保護セミナー」が開かれたが，それに対しても「集会の性格があいまい（中略）純粋な研究集会なのか，何らかの社会効果をめざした集会なのか」（『川吠え』38号，1977年4月）という疑問が出されている．この時点では，河川の自然・生態系について論じても河口堰反対に直結するような社会状況ではなかったのである．

5　重なり合う科学と環境運動

1980年代に入ると，長良川河口堰問題はしばらく膠着状態になった．水資源開発公団と各漁協の間での補償交渉は，なかなか決着には至らなかった．反対運動も下火になり，1980年代半ばには，「マンモス訴訟」の取り下げを受けて提起された「住民訴訟」を続けることがほとんど唯一の活動となっていた．しかし1988年2月，最後の3漁協が着工に同意すると，状況は一気に動き始めた．7月には本体工事が始まることになり，それに反発して6月には「長良川河口堰建設に反対する会」が結成された．開発と自然保護をめぐる問題の象徴としてマスコミで盛んに報じられ，全国的な注目を集めるようになった．

科学と科学が向き合う構図

反対運動が再び盛り上がった当初の建設省の反応は，河口堰による環境影響はKST調査およびその後の調査で明らかになっており，改めて調査する必要はないというものだった．しかし，河口堰への批判の高まりを受けて，建設省は

相次いで科学委託をおこなった．

　1994 年には長良川河口堰調査委員会が組織され，1 年間をかけて環境・防災・塩害の調査をおこなうことになった．この委員会では，行政の姿勢に対して批判的な研究者（後述する日本自然保護協会の委員会にも参加していた西條八束や奥田節夫ら）が加わり，生データの公開，議事要旨の公開，委員の持ち回りによる記者会見など，比較的オープンな運営がなされた．自動監視装置による水質調査など，学術的に見ても一定の成果が得られた．西條は「自然保護派と建設側が科学的なデータをもとに議論できるようになった」と述べている（『朝日新聞』名古屋本社版 1995 年 7 月 19 日朝刊）．

　第 2 期の長良川河口堰問題において特徴的なのは，行政と環境運動の双方が科学に基づく調査の必要性を訴えているという点である．第 2 期の反対運動の 1 つである「長良川河口堰建設に反対する会」の会報には，「河口堰が環境・治水に大丈夫だと言ってくれる，権威ある調査研究機関も学者も最早おらず，建設省が頼れるのは同省の"同族"だけ」「このような機関に調査依頼をした時点で，科学論争における建設省の敗北が確定していた」と指摘する記事が載っている（『長良川ネットワーク』8 号）．運動側の調査研究こそが科学的であって，建設省の調査は科学的に見て問題があるというのである．これに対して，行政側も裁判の場などで，運動側の主張は科学的視点に基づいていないと批判する．行政と運動側が「科学／非科学」の軸で向かい合う対称的な構図になっているのである．ここでは，建設省が握る「科学」に対して，運動側は「反科学」の姿勢，漁業者の経験や市民の価値観を前面に出していた第 1 期とは，対立の構図が変わっている．

　こうした変化が生じたのはなぜか．その背景には，科学と環境運動の両側での変化がある．1980 年代後半に入ると，保全生態学の研究が進み，開発と生態系の関係について学術的に調査し，社会に向けて発信することが可能な状況が生まれてきた．こうした研究の進展と連動する形で，白神山地や石垣島白保のサンゴ礁などの保全をめぐって，大規模開発に反対する自然保護運動も活発になっていた．長良川河口堰に対する第 2 期の反対運動が盛り上がったのはこうした局面においてだった．生態系保全への社会的関心が高まるなかで，対立の争点が河川工学から，専門家の協力を得やすい陸水学・生態学の領域へと広がっ

たため，科学論争で戦いやすい状況が成立したのである．

1980年代後半には，環境運動のあり方にも変化が生じた．非階層性・分権性・構成単位の自立性といった，科学者集団にも見られる特徴をもった「ネットワーク型」の環境運動が登場してきたのである（帯谷，2004）．新しい環境運動が手段としての有効性よりも，プロセスそのものを重視するという傾向をもっていた点も，科学的な調査という，結果の予測がつきにくい活動に乗り出すことを後押ししたと考えられる．

日本自然保護協会の取り組み

1951年に設立され，自然保護の分野での環境NGOの草分けである日本自然保護協会は，1989年12月，河川問題調査特別委員会長良川河口堰問題専門委員会を設置した．この委員会では，行政との接点が多い研究者を含む，さまざまな立場・分野の研究者が集まり，行政側の調査結果について批判的な検討をおこなった．独自の調査研究も進められ，とりわけ村上哲生・西條八束・奥田節夫らの研究によって，河川下流域の水質や生態系などについて多くの知見が得られた（村上ほか，2000）．西條は「単なる反対ではなく，研究不足だった下流部の問題に本気で取り組んできた」（『朝日新聞』1996年5月21日朝刊），「国の事業を，学問として学会レベルの討議をすることが必要」（同徳島版1997年3月19日朝刊）と述べている．自分の専門分野，研究テーマに合わせて問題を切りとるのではなく，かといって単に反対の声を上げるのでもなく，長良川河口堰にかかわるなかで見えてきた問題に本腰を入れて取り組み，学術的にも社会的にも評価される成果につなげたのである．

この時期，日本生態学会や日本陸水学会などが相次いで，建設を一時中止して環境アセスメントを実施するよう求める声明・要望書を出した．当時，生態系について詳しく調査することと，自然保護（生態系保全）の重要性を訴えることが密接に結びついていた．その結果，専門への限定という学会の抱える制約のもと，調査研究を求めるだけで社会的なインパクトをもった主張になったのである．

さらに，環境運動の参加者による調査研究も活発になった．1990年秋には長良川下流域生物相調査団が組織され，堰運用前の生態系を捉えた多くのデータ

が残された．ほかにも大小さまざまなグループが長良川の自然について調査をおこない，その成果は 1995 年から開催された「長良川研究フォーラム」で発表された．ここでは，運動参加者が自らの重んじる目的・価値（生態系の保全）を具体化するために科学を利用しており，生態学的な調査研究と自然保護を求める運動との距離が小さくなっていたことが読みとれる．

住民訴訟における科学

第 2 期においても，訴訟の局面では，運動を支えるのに重点を置いた争点志向の研究活動が必要とされた．1982 年に提起された「住民訴訟」では，山内克典と嶋津暉之という 2 人の研究者が原告側証人となった（長良川河口堰建設差止訴訟原告団ほか編，1998）．山内は上述の長良川下流域生物相調査団の団長であり，長良川河口堰が生態系に及ぼす影響について証言した．嶋津は東京都環境科学研究所に勤めるかたわら，長良川河口堰のほかにも多くの河川開発に反対の立場からかかわってきた研究者である（帯谷，2004）．長良川の問題でも，利水・治水・環境・費用対効果などの幅広い争点について資料を収集・分析し，原告（運動側）の主張を科学的根拠の面から支えた．嶋津のこうした仕事は河川工学の学術的評価とは離れた形で進められており，専門と争点による分類では，専門外・争点内の領域に位置づけられる．

6　批判的科学ネットワークと環境問題における公共性

本章では，長良川河口堰問題を第 1 期と第 2 期に分け，それぞれの時期における科学委託と批判的科学ネットワークについて分析してきた．図 2 は分析結果をまとめたものである．第 1 期の環境運動と科学は，一言でいえば「消極的」な関係だった．KST 調査にかかわった研究者は，ほとんど運動との関係をもたなかった（専門内・争点外）．これに対して「市民の会」では科学への懐疑的・消極的な姿勢が見られ（専門外・争点内），運動と科学の乖離は大きかった．第 2 期には環境運動と科学の関係は「積極的」なものへと転じた．自然保護協会の委員会には多くの研究者が参加し，行政と対峙して調査研究が進められた．生態系調査を進めることが運動を支える根拠になるという認識が広がり，運動

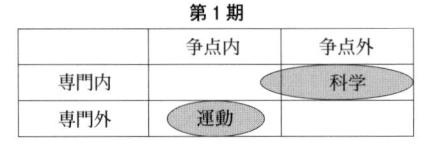

	第1期	
	争点内	争点外
専門内		科学
専門外	運動	

	第2期	
	争点内	争点外
専門内	運動／科学	科学
専門外	運動	

図2　第1期・第2期における環境運動と科学の関係

参加者が学術的にも評価されうる形で調査研究を進めた例が見られた．訴訟の局面では，第1期と同様に，自らの専門分野に限定せず，幅広い争点に取り組む研究者が大きな役割を担った．

批判的科学ネットワークにおける研究者の役割

第2期には，大きく分けて2つのタイプの研究者が環境運動とかかわっていた．1つは，西條のように，環境運動とのかかわりを専門分野の範囲内に限定し，そのなかで学術的にも社会的にも評価されるような調査研究を進める「専門志向の研究者」である（専門内・争点内＋専門内・争点外）．自ら調査をおこなって新しい事実を発見し，学会や学術誌などの場で発表することで，既定方針の抱える問題点を明るみに出すという役割を果たした．もう1つは，嶋津のように，自らの専門分野に限定せず，社会的争点に応じて研究対象を広げる「争点志向の研究者」である（専門内・争点内＋専門外・争点内）．専門外の領域になるため，調査・実験に必要な設備・スキルはもっていないものの，環境運動と目標を共有しており，行政の議論の飛躍や矛盾点を指摘し，既存の文献を組み合わせて運動側の主張を裏づける役割を果たした．

環境運動のなかで科学が果たす役割は，科学の生産・流通・利用という3局面に応じて，発見，媒介，討議の3つに分けることができる．

- 発見（生産局面）：自ら調査研究をおこない，環境問題の被害を見つけ出し，原因を特定する．争点があればさらなる調査研究によって決着をはかる．
- 媒介（流通局面）：当該問題に関する学術的な研究成果や，そのほかの知識・情報を集め，実際に使える形で提供する．
- 討議（利用局面）：環境運動の主張を合理的に構成するのを助け，討議の場

で自ら意見を述べる．その上で，受け入れ可能な解決策を探る．

　専門志向の研究者はおもに発見と媒介の役割を担い，争点志向の研究者はおもに媒介と討議の役割を担う．調査研究によって問題をより深く理解するという点では専門志向の研究者が必要になるし，専門志向の研究と環境運動や対策論議をつなぎ合わせ，議論全体を支えるという点では争点志向の研究者が必要になる．専門志向と争点志向の役割の違いを論じる際に参考になるのは，H. M. コリンズとR. エバンス（Collins and Evans, 2002）の提唱する「貢献型の専門性」と「対話型の専門性」という区別である．彼らによれば，科学技術の問題に向き合うときの専門的能力には2つのレベルがある．1つは専門分野の知的生産に貢献できるというレベル（貢献型の専門性）であり，もう1つは，知的生産はできないものの，専門家と対話して専門知を活用できるというレベル（対話型の専門性）である．さまざまな領域の知識・情報を結びつけ，さらに問題にかかわる当事者たちの生活知を活用して対策を練る上では対話型の専門性が必要になる．この分類を使えば，専門志向の研究者は貢献型の専門性，争点志向の研究者は対話型の専門性をもっているといえる．

批判的科学ネットワークが形成されるための条件
　専門志向の研究者と争点志向の研究者は，どちらが望ましいというものではなく，それぞれが異なる役割を果たしている．それでは，専門志向の研究者や争点志向の研究者が批判的科学ネットワークに参加するのは，それぞれどのような場合か．
　まず，批判的科学ネットワークに加わる争点志向の研究者が増えるための条件は2つ考えられる．(1) 環境運動が活動を広げ，多様な地域・職業から多くの賛同者を集めること．それに伴って，争点志向の研究者の参加も増えていくと考えられる．(2) 政治的活動への参加を躊躇させるような社会的圧力から研究者が守られること．大学・研究機関での業績評価や研究費の配分などの際，政治的介入に対して学術的評価の独立性を担保できる仕組みが必要になる．
　次に，行政に批判的な立場をとりつつも，学術的にも評価されるという専門志向の研究者としての活動が可能になるには，3つの条件が必要になる．(1) 問

題解決志向の研究が学術的業績として評価されうる状況にあること．本章の事例では，保全生態学が学問分野として確立しつつあったことが大きかった．(2) 環境運動を展開する上で科学研究が進むことが必要であり，研究が進むことで運動側の問題認識はますます深まっていく，という考え方が共有されていること．そのためには，ネットワーク型の環境運動の発達や，環境運動が科学にアクセスする回路の確保が重要になる．(3) 幅広い研究者が参加しやすい媒介的な場が確保されていること．長良川河口堰問題では日本自然保護協会の「委員会」という形で，政治的主張には慎重だが，批判的な論点をもつ研究者が参加しやすい科学的議論の場が確保されていた．

テクノクラシーと市民参加，公共性

批判的科学ネットワークの形成は，環境問題の政策決定において公共性を担保する上でも大きな意味をもっている．これまで環境問題の政策を決めるのは専門家の仕事とされ，専門家とみなされない当事者，すなわち地域住民や消費者などは議論の場から排除されることが多かった．専門家や技術官僚が合理的な基準によって政策を決める仕組みのことを「テクノクラシー」と呼ぶ．ダムや堤防などの河川管理の分野では，大雨の規模・頻度やダム立地に適した地形など，専門知識がなければ判断が難しい項目がたくさんある．そのため，技術官僚を中心に立てられた長期的な計画に基づき事業が進められてきた．

しかし最近では，テクノクラシーの弊害が指摘され，市民参加型の意思決定への転換が求められている．河川開発に伴う自然破壊が大きな問題となったり，公共事業を受注する企業への「天下り」が批判されるなかで，一部の専門家だけで政策を決めることは通用しなくなった．テクノクラシーに代わり，地域住民をはじめとする多様な人々が参加して政策を決めるべきだという考え方が出てきた．こうした取り組みの一例としては，2001年に設置された「淀川水系流域委員会」が挙げられる（古谷，2009）．この委員会は，河川工学の専門家だけでなく，流域に住む住民や河川生態系の専門家なども参加して，完全公開のもとで進められた．そして，ダムに頼りすぎず，流域全体で洪水を受け止める体制づくりなど，今後の治水のあり方をめぐる議論が活発になされた．

市民参加型の意思決定を進めるとき，議論の場を作ることは非常に重要であ

るが，それだけでは公共的議論に対して十分に開かれた状態は達成できない．公開された情報を理解し，必要に応じて不足しているデータを自ら作りつつ，内在的に議論を戦わせることは，専門家にしかできないからだ．U. ベックはリスク社会における専門分化（サブ政治の増大）と民主主義の関係について考察するなかで次のように述べている．

> 医学と医学が対決し，原子物理学と原子物理学が対決し，人間遺伝学と人間遺伝学が対決し，情報工学と情報工学が対立する．このような対決が存在し得て初めて，実験室の中で，われわれの将来がどのように扱われているかについて知ることが可能になる（Beck, 1986=1998: 458）．

科学の生産局面へのアクセスが独占されている状況で，いくら審議過程を透明化しても（流通・利用の局面だけを改めても），それだけでは内部で起きていることは十分に見えてこない．行政と環境運動が対立するとき，それぞれの立場に十分な研究資源を有する専門家がつき，科学と科学が対峙することで，専門的領域で起きていることが公衆からも見えるようになる．長良川河口堰の例でいえば，生態学と生態学，河川工学と河川工学が向き合うことが必要になる．そのためには，専門志向の研究者と争点志向の研究者の両方が批判的科学ネットワークに加わり，生産・流通・利用の各局面において行政側の科学と対峙することが求められる．こうして意思決定のプロセスを公衆に対して開く点にこそ，批判的科学ネットワークの固有の重要性がある．本章の分析の上に立ち，批判的科学ネットワークの形成を可能にする社会的条件を整えることが，環境問題をめぐる意思決定を真に公共的なものにすることにつながると思われる．

1) 表中の「(4)」は，専門からも争点からも外れており，問題解決への貢献は期待できない．
2) http://www.nacsj.or.jp/old_database/nagaragawa/nagara-990701-no438-3.html （2009年3月現在）．

【文献】
Beck, U., 1986, *Risikogesellschaft auf dem Weg in eine anderne Moderne*, Suhrkamp（東廉・伊藤美登里訳，1998,『危険社会——新しい近代への道』法政大学出版局）．

Collins, H. M. and R. Evans, 2002, "The Third Wave of Science Studies: Studies of Expertise and Experience," *Social Studies of Science*, 32(2): 235–296.
古谷桂信, 2009, 『どうしてもダムなんですか?――淀川流域委員会奮闘記』岩波書店.
Hannigan, J. A., 1995, *Environmental Sociology: A Social Constructionist Perspective*, Routledge (松野弘監訳, 2007, 『環境社会学――社会構築主義的観点から』ミネルヴァ書房).
松本三和夫, 2009, 『テクノサイエンス・リスクと社会学――科学社会学の新たな展開』東京大学出版会.
村上哲生・西條八束・奥田節夫, 2000, 『河口堰』講談社.
長良川河口堰建設差止訴訟原告団ほか編, 1998, 『論争・長良川河口堰――長良川河口堰建設差止訴訟控訴審資料集』長良川河口堰建設差止訴訟原告団.
帯谷博明, 2004, 『ダム建設をめぐる環境運動と地域再生――対立と協働のダイナミズム』昭和堂.
新藤宗幸, 2002, 『技術官僚――その権力と病理』岩波書店.
立石裕二, 2011, 『環境問題の科学社会学』世界思想社.
宇井純, 2006 [1971], 『公害原論――合本』亜紀書房.
Yearley, S., 1992, "Green Ambivalence about Science: Legal-Rational Authority and the Scientific Legitimation of a Social Movement," *British Journal of Sociology*, 43(4): 511–532.
横山尚巳, 2000, 『サツキマスが還る日――徹底検証 長良川河口堰の三〇年』山と渓谷社.

【謝辞】
　本章は東京大学に提出した博士論文の一部をもとに,大幅に修正を加えたものである.研究を進めるにあたり,小林愛,西條八束,田中豊穂,茅野恒秀,中井達郎の各氏にインタビューをおこない,川那部浩哉氏から資料をご提供いただいた.ご協力いただいた皆様に感謝を申し上げる.本章の研究は,科学研究費補助金(若手研究(スタートアップ)21830149,若手研究(B)23730512)の助成を受けたものである.

執筆者一覧（執筆順）

盛山　和夫（せいやま　かずお）　東京大学名誉教授／関西学院大学社会学部教授

佐藤　健二（さとう　けんじ）　東京大学大学院人文社会系研究科教授

瀧川　裕貴（たきかわ　ひろき）　東北大学大学院文学研究科 GCOE 助教

三谷　武司（みたに　たけし）　法政大学社会学部等非常勤講師

常松　淳（つねまつ　じゅん）　東京大学大学院人文社会系研究科助教

似田貝香門（にたがい　かもん）　東京大学名誉教授

宮本　直美（みやもと　なおみ）　立命館大学文学部准教授

吉野　耕作（よしの　こうさく）　上智大学総合人間科学部教授

飯島　祐介（いいじま　ゆうすけ）　東海大学文学部専任講師

李　永晶（リ　エイショウ）　華東師範大学国際関係・地域発展研究院準教授

松本三和夫（まつもと　みわお）　東京大学大学院人文社会系研究科教授

寿楽　浩太（じゅらく　こうた）　東京電機大学未来科学部助教

定松　淳（さだまつ　あつし）　東京大学教養学部附属教養教育高度化機構特任講師

立石　裕二（たていし　ゆうじ）　関西学院大学社会学部准教授

編者紹介

盛山　和夫　（せいやま・かずお）
東京大学名誉教授／関西学院大学社会学部教授
［主要著作］『社会階層』（共著，東京大学出版会，1999 年），『年金問題の正しい考え方』（中央公論新社，2007 年），『社会学とは何か』（ミネルヴァ書房，2011 年）

上野千鶴子　（うえの・ちづこ）
東京大学名誉教授／立命館大学大学院先端総合学術研究科特別招聘教授
［主要著作］『家父長制と資本制』（岩波書店，1990 年），『生き延びるための思想』（岩波書店，2006 年），『ケアの社会学』（太田出版，2011 年）

武川　正吾　（たけがわ・しょうご）
東京大学大学院人文社会系研究科教授
［主要著作］『連帯と承認』（東京大学出版会，2007 年），『社会政策の社会学』（ミネルヴァ書房，2009 年），『政策志向の社会学』（有斐閣，2012 年）

公共社会学 1
リスク・市民社会・公共性

2012 年 7 月 31 日　初　版

［検印廃止］

編　者　盛山和夫・上野千鶴子・武川正吾

発行所　財団法人　東京大学出版会
　　　　代 表 者　渡辺　浩
　　　　113-8654　東京都文京区本郷 7-3-1 東大構内
　　　　電話 03-3811-8814　Fax 03-3812-6958
　　　　振替 00160-6-59964

印刷所　研究社印刷株式会社
製本所　牧製本印刷株式会社

© 2012 Kazuo Seiyama, et al.
ISBN 978-4-13-050177-4　Printed in Japan

®〈日本複製権センター委託出版物〉
本書の全部または一部を無断で複写複製（コピー）することは，著作権法上での例外を除き，禁じられています．本書からの複写を希望される場合は，日本複製権センター（03-3401-2382）にご連絡ください．

公共社会学　盛山和夫・上野千鶴子・武川正吾(編)　　　A5 各 3400 円
[1] リスク・市民社会・公共性　[2] 少子高齢社会の公共性

社会階層　豊かさの中の不平等　原純輔・盛山和夫　　46・2800 円

連帯と承認　武川正吾　　　　　　　　　　　　　　　A5・3800 円

格差社会の福祉と意識　武川正吾・白波瀬佐和子(編)　A5・3700 円

テクノサイエンス・リスクと社会学　松本三和夫　　　A5・5000 円

日本の不平等を考える　白波瀬佐和子　　　　　　　　46・2800 円

現代の階層社会　　　　　　　　　　　　　　　　　A5 各 4800 円
[1] 格差と多様性　佐藤嘉倫・尾嶋史章(編)
[2] 階層と移動の構造　石田浩・近藤博之・中尾啓子(編)
[3] 流動化のなかの社会意識　斎藤友里子・三隅一人(編)

グローバル化・社会変動と教育　H.ローダーほか(編)　A5 各 4800 円
[1] 市場と労働の教育社会学　広田照幸・吉田文・本田由紀(編訳)
[2] 文化と不平等の教育社会学　苅谷剛彦・志水宏吉・小玉重夫(編訳)

ここに表示された価格は本体価格です．御購入の
際には消費税が加算されますので御了承ください．